本书为“西餐服务在线开放课程”成果

西餐服务知识与服务技能

何兰兰　王　敦　著

合肥工业大学出版社

图书在版编目(CIP)数据

西餐服务知识与服务技能/何兰兰,王敦著.—合肥:合肥工业大学出版社,2021.8
ISBN 978-7-5650-4958-3

Ⅰ.①西… Ⅱ.①何…②王… Ⅲ.①西式菜肴—餐馆—商业服务—高等职业教育—教材
Ⅳ.①F719.3

中国版本图书馆 CIP 数据核字(2020)第 156738 号

西餐服务知识与服务技能

何兰兰 王 敦 著　　　　责任编辑 秦晓丹

出 版	合肥工业大学出版社	**版 次**	2021 年 8 月第 1 版
地 址	合肥市屯溪路 193 号	**印 次**	2021 年 8 月第 1 次印刷
邮 编	230009	**开 本**	787 毫米×1092 毫米 1/16
电 话	人文社科出版中心:0551-62903205	**印 张**	13.75
	市 场 营 销 部:0551-62903198	**字 数**	335 千字
网 址	www.hfutpress.com.cn	**印 刷**	安徽昶颉包装印务有限责任公司
E-mail	hfutpress@163.com	**发 行**	全国新华书店

ISBN 978-7-5650-4958-3　　　　定价:48.00 元

如果有影响阅读的印装质量问题,请与出版社市场营销部联系调换

前　言

随着我国改革开放的深入和现代化建设步伐的加快，我国与海外各种交流日益增多，大批外国客人踏上中华大地。他们来参观、游览、谈生意，了解古老的东方文化；同时，他们也品尝到了闻名世界的中国美味佳肴。外国朋友初来中国时对中餐非常喜欢，但随着时间的推移，就会逐渐产生想吃顿西餐的愿望，这是人们长期养成的生活习惯所致。就像我们中国人到了国外，吃上几顿西餐后就非要找一个中餐馆就餐一样。现在国内城市到处都设有西餐厅，在满足这部分客人需求的同时，也丰富了我们的餐饮文化。这样，西餐服务知识和技能就需要从业人员去了解和掌握，以便为客人提供规范的服务。西方各国的菜肴及服务方式有一定差异，但也有许多相同或相似的地方。本书以西餐服务知识与服务技能为研究主题，从西餐膳食、菜式、餐具与酒具等基础知识入手，对西餐服务礼仪、服务类型、餐台布置等进行阐述，并在此基础上对西餐菜肴、酒会以及宴会服务做进一步叙述。

本书由南宁职业技术学院何兰兰老师、王敦老师共同撰写，由于知识储备与研究方向的局限，在内容和框架方面难免有不妥之处，欢迎广大读者批评指正。

何兰兰　王　敦

2020 年 6 月

目 录

第一章　西餐概述

西餐，是欧美各国菜点的统称。西餐文化，是一名西餐厅服务人员所必须了解和掌握的知识。

第一节　西餐膳食概述

一、西餐概念

自从12世纪意大利女子凯瑟琳·德·麦迪西嫁与法皇亨利二世，把罗马的饮食文化介绍到法国之后，法国人就融会了两国的精华，奠定了其饮食文化的基础。后来又经路易十四、路易十五的提倡，法国的饮食获得了空前的发展，涌现出好几个出色的厨师，他们编写各种烹饪书籍，统一了称谓，厘定了标准。从此，烹饪术就成了一种专门的学问，影响遍及欧洲大陆各国。由于西餐始源于西方，我们将所有西方国家的菜统称为西餐。无论是菜式还是摆设方面，其与中国菜都有很大区别。很多人认为西餐以牛排为主，事实是否这样，很难判断，但牛排确是西餐的特色。西菜方面也有很多花样，其中也有很精细和很别致的。

西餐食品有冷盘、汤、意粉、肉类、海鲜、大盘、蔬菜、沙律、甜品、芝士及小食等，饮品方面有果汁类、特饮类、咖啡及茶等。

酒是西方人士喜爱的一种配菜饮料。各种菜式应配什么酒类，其实并无严格的规定。美食家凭其多年的经验，发现某种菜式如果配以某种酒类，吃起来则味道更加可口，滋味更觉浓郁。这样他们就把这些配搭加以归纳总结，制定了一些规则，供人们参考。

法文在饮食业中占有很重要的地位，这是由于在欧洲，法国是最注重饮食业的国家。12世纪以来，法国出现了很多杰出的厨师，他们编写了不少饮食名著，系统地将菜式的名称及其烹调方法加以阐明。这些内容丰富的菜谱，直到今天仍为世界各国所采用。如果对于法文菜单没有多少认识，就难免会感到不便。

西方人对饮食很讲究，他们不仅对食品要求高，而且对服务要求也相当高。他们认为钱币除了买食品以外，也买服务。所以我们要高度重视服务态度、餐品质量和环境布置，三者的良好配合才会有成功的效果。

二、西餐早餐膳食品种

西式早餐大致由水果类、谷类、奶类、面包类、蛋类、肉类、饮料类组成。不同国家和地区的西式早餐大致根据人们的饮食习惯和要求而有所不同。

（一）水果类

加工水果：主要是烩水果，如烩桃子、烩荔枝、烩枇杷等。

新鲜水果：主要有西瓜、香蕉、苹果、甜橙等时令水果。

（二）谷类

玉米片、谷麦片、卜卜米、燕麦片等。

（三）奶类

普通牛奶、脱脂牛奶、酸奶等。

（四）面包

吐司、羊角面包、丹麦面包、杂粮面包等。

（五）蛋类

煮鸡蛋：当客人点煮鸡蛋时，要问客人需要几成熟的。3 分钟的是半熟，即蛋白已经熟了但是蛋黄还没有凝结；如果是 7 分钟的就是全熟的鸡蛋。在给客人上煮鸡蛋时要用专门的蛋盅，下面要配上底碟，底碟上放把小匙，同时要配盐、胡椒以及烤面包。

煎蛋：煎蛋分 3 种，即单面煎蛋、双面煎嫩蛋、双面煎老蛋。

炒蛋：炒蛋是将鸡蛋打散后加入牛奶，在文火上边炒边搅，要求鸡蛋熟，但是没凝结的硬块颜色是浅黄色。炒蛋通常要搭配烤面包片。

水波蛋：将蛋在沸水中煮至客人需要的成熟度，通常分为 1 分钟、3 分钟和 5 分钟，通常要搭配烤面包。

庵列蛋：又称蛋卷，是在鸡蛋饼里放上火腿、洋葱或是蘑菇等肉类或蔬菜，配上奶酪，用文火煎熟，一边煎一边将鸡蛋卷起来。

（六）肉类

香肠：通常经过水煮或是油煎，趁热食用。

火腿：通常是冷食的。

培根：许多人喜欢把熏肉煎得焦透再吃。

（七）饮料类

果汁、咖啡、红茶、可可等。

三、西餐早餐套餐种类

西餐早餐主要有 3 种类型，分别为欧式早餐（也称大陆式早餐）、英式早餐和美式早餐。这 3 种套餐，可以在一定的范围内视个人爱好进行选择搭配，收取固定的费用。

（一）欧式早餐菜单构成

各种果汁，面包、牛角包或丹麦甜饼，黄油、果酱，咖啡或茶。

（二）英式早餐菜单构成

果汁或水果，冷或热的谷物食品，各式鸡蛋或鱼类，各色面包，黄油、果酱，咖啡或茶。

（三）美式早餐菜单构成

果汁或水果，冷或热的谷物食品，各式蛋类配以肉食（小香肠、火腿等），各色面包，黄油、果酱，咖啡或茶。

四、西餐午晚餐膳食

西餐午晚餐一般由前菜、汤类、副菜、主菜、甜品、咖啡或茶组成。与早餐一样，午晚餐套餐根据套餐价格、就餐性质有多种款式的搭配。通常比较正式的宴会选用上述整套内容。一般来说简易套餐基本选用两三道菜点。

（一）前菜

前菜也称开胃品或头盆，即开餐的第一道菜，可分为冷前菜和热前菜 2 种。

前菜一般多用水果、蔬菜、海鲜、熟肉等制成，配以各种沙司，具有口味清淡、颜色鲜艳、装饰精美、具有特色、分量较少等特点，主要起到让人增进食欲的作用。

比较著名的冷前菜有鱼子酱、法式鹅肝酱、烟熏三文鱼、虾仁鸡尾杯等，奶油鸡酥盒和焗蜗牛是比较著名的热前菜。

（二）汤

客人未点前菜的情况下，汤就作为第一道菜上。西餐中汤有清汤和浓汤之分，也可分为冷汤、热汤。

清汤的制作工艺十分复杂，是用大量的高品质原材料经过长时间耐心熬煮后过滤而得的。清汤看似澄清寡淡，实则味道非常醇厚，是汤中精品。而生活在寒冷地带的人们则喜欢用含有丰富蛋白质和脂肪的浓汤来驱散漫漫长冬带来的寒意。浓汤是在制汤过程中加入一定量的面酪和奶油或制成茸状的蔬菜，使汤汁增稠。制成后的浓汤要求表面没有油脂或杂质，口味纯正香滑。清汤和浓汤分别装在不同的汤盆内上桌并搭配使用不同的汤匙。汤也起到开胃的作用，在西餐便餐中有时选择了开胃品就不再用汤或者用汤就不选开胃品。各国比较著名的具有代表性的汤类菜肴有意式蔬菜汤、俄式罗宋汤、英式牛尾清汤、法式洋葱汤、蘑菇浓汤等。冷汤的品种较少，有德式冷汤、俄式冷汤等。

（三）副菜

副菜，也称中盘，通常作为西餐中的第三道菜。

副菜通常选用各种鱼类、虾类及贝类等海鲜作为菜肴的原料，其中白肉鱼、对虾、龙虾最为常用。烹调的方法有水煮热焖、油炸、清蒸等。此道菜肴的肉质鲜嫩，比较容易消化。比较著名的副菜有整条酿馅鳜鱼、焗奶酪蟹盖等，如在整套菜肴中没有肉类菜肴，副菜也可以作为主菜。在用龙虾、螃蟹等副菜时会用到一些专用餐具。

（四）主菜

主菜是一套西餐菜肴的精华所在，制作考究，装饰精美，既考虑菜肴的色、香、味、形，又注重营养成分搭配。

主菜中畜肉类菜肴的原料通常取用牛、羊、猪等各个部位的肉，其中最有代表性的是牛肉或牛排。主菜中的禽类菜肴一般取用鸡、鸭、鹅、火鸡等作原料。禽类菜肴除烤火鸡等需整形上桌的菜肴外，一般都去骨烹饪。比较著名的有红烩鸭脯、橘子烧野鸭、各式铁扒等。

通常还有各种蔬菜作为主菜配菜，常用的有土豆、花椰菜、胡萝卜、芹菜、芦笋、玉米、蘑菇等。蔬菜的烹调方法多种多样，主要是为了突出和配合主菜的口味特色，同时兼顾菜肴营养元素的搭配。

（五）色拉

色拉可放在肉菜后，也可与肉菜同时提供。色拉主要的种类有生蔬菜色拉及鱼、肉色拉等。和主菜同时服务的色拉，称为生蔬菜色拉，一般用生菜、西红柿、黄瓜、芦笋等制作。鱼、肉、蛋类制作的色拉一般不加味汁，在进餐顺序上可以作为头盘。

（六）甜品

甜品是西餐中的最后一道菜，分软点、干点、湿点 3 种。软点大都热吃，例如煎饼、烤饼、松饼等以早餐供应为主；干点都是冷吃，例如各类派、黄油蛋糕、水果馅饼等，通常作为下午茶点；湿点主要有各式冰激凌、果冻、布丁等，冷热都有，常作为午晚餐的点心。

（七）咖啡和茶

午、晚餐的咖啡和茶通常在客人用餐完毕后根据客人的要求送上，同时还应上淡奶和糖。

小知识

1. 西方人饮用咖啡的习惯：通常早晨有选择在早餐前饮用的，也有选择在早餐后饮用的；午、晚餐通常选择在用餐完毕以后再饮用。

2. 牛排按其部位可分为沙朗牛排（也称西冷牛排）、菲利牛排、T 骨牛排等，根据牛腩所在部位的肉质的不同采取不同的烹调方式。

3. 与主菜一起上桌的蔬菜配菜的装盘通常按白色、青色、红色从左至右排列。

4. 甜品在西餐中的地位不亚于主菜，笼统地讲其包括主菜后的所有食物，如糕点、冰激凌、乳酪、水果等，一般分量较小、造型美观。根据客人的需要如果要上乳酪的话，一般放在主菜与甜食之间。尽管大多数中国人不习惯乳酪的强烈气味，但对大多数西方人来说乳酪却是一道不可或缺的美食。乳酪的品种多达 500 种以上，发酵时间长短、储存方法以及添加物的不同造就了各种风味迥异的乳酪，最常见的有新鲜乳酪、白霉乳酪、蓝纹乳酪等。乳酪可以直接食用，也可以与水果、酒、面包配着吃。

第二节　西餐菜式分类

西菜大致可分为欧美式和俄式两大菜系。欧美菜系包括英、法、美、意等国的主要菜式以及西班牙、葡萄牙、荷兰等国的少量菜式。

一、英式菜

（一）英式菜的特点

英式菜的特点是油少，以清淡、甜酸、鲜嫩、焦香为适口。英式菜烹调时一般只用黄油、盐、胡椒粉和某些必要的香料，配菜较少。其调味很少用酒，调味品大都放在餐台上由顾客自己选用。常备的调味品有醋、生菜油、芥末、番茄沙司、辣酱油、精盐、胡椒粉等。其烹调方法多用烧、烤、熏、煮、蒸、烙、铁扒等。英式菜的主要名菜点有烤羊鞍、野味番、薯烩牛肉、冬至布丁、牛尾浓汤、牛排腰子等。

（二）英式名菜介绍

1. 烤羊鞍

羊鞍即羊脊肉。选择肥嫩的重约3千克的羊鞍，修去浮油，撒上胡椒粉和盐，浇上猪油，放入热烤炉内烤，烤至八成熟时取出，切成薄片，如原状放在羊鞍骨架上装盘，浇上沙司，旁边配上刀豆、番茄和煮土豆便成。

烤羊鞍的特点：本色，经煸烤后，香气浓郁，羊肉肥嫩，是上好的西式菜肴，适用于宴会。

2. 牛尾浓汤

牛尾浓汤是英国菜中常用的一个菜式，是将牛尾煮一下，撕去外膜，拆去骨，再用小火煮熟，加洋葱、胡萝卜、番茄酱、面粉、牛肉汤等调和而成。其特点是汤较浓，味鲜而香，适用于午餐和宴会（如不加面粉作浆调和即为牛尾清汤）。

二、美式菜

（一）美式菜的特点

美式菜的特点是咸里带甜，忌辣味，喜欢清淡。美式菜是在英式菜的基础上发展起来的。由于美国特产丰富，食品种类繁多，畜牧业发达，因此铁扒一类的菜较普遍，如各种牛肉、鸡肉、猪肉等常用铁扒炉烘烤。用水果做原料或配料是美式菜的独特之处，如菠萝焗火腿、苹果烤鸭、紫葡萄烧野味等。美式菜也包括以水果为主料的各式色拉和点心，早餐一般配有各种果汁。美式菜的调料也常放在餐桌上供客人自行调制。其主要名菜点有华道夫色拉、T骨牛排、丁香火腿、美式火鸡、糖油煎饼带熏咸肉或火腿、马里兰式炸鸡、美式花旗大虾等。

（二）美式名菜介绍

1. 华道夫色拉

华道夫色拉是用熟鸡肉、熟土豆、白芹菜、新鲜苹果肉、胡桃肉、鲜奶油加色拉油、沙司拌匀而成。其味道鲜美、色泽淡雅，是著名的美国色拉，适用于宴会和晚餐。华道夫色拉如作为菜肴中的配菜，则应去掉其中的鸡肉。

2. T骨牛排

选用牛腰部肉，去筋拍松后，抹上盐、胡椒粉、生菜油，放在铁扒架上烤至八成熟，待呈焦黄色时，装入盘里，淋上黄油，旁配炸土豆片和时令蔬菜。牛排生熟程度由客人自选。

三、法式菜

(一) 法式菜的特点

法国历来以“衣”“食”著称于世，尤其讲究饮食。法式菜是西菜中最有地位的菜，不仅因为它的历史悠久，而且因为其烹饪技术务求精美于外、美味其中。

法式菜的特点是选料广泛、用料新鲜、做工精致，一般用牛肉、蔬菜、禽类、海味和水果配菜，蜗牛、黑菌、蘑菇、芦笋、洋百合、马兰鹅肝或龙虾等是上好的原料。法式菜一般烧得比较生，有的只烧到七八成熟，尤其是吃生牡蛎，讲究的是吃刚从水中捞出来的活体；在调料上用酒较重，而且什么菜用什么酒都有严格的规定，如清汤用葡萄酒、海味用白兰地、火鸡用香槟、水果和甜点用甜酒或白兰地等。法国人也喜欢吃蔬菜，法式餐每道菜都必须配蔬菜。法国人还爱吃新鲜水果和新鲜奶酪。此外，法式菜之所以享有盛名，还在于它有许多客前的烹制表演，如青椒牛排、苏珊特馅饼等。其主要名菜点有马赛鱼羹、巴黎龙虾、法式蜗牛、红酒山鸡、鹅肝酱、奶油千层酥等。

(二) 法式名菜介绍

1. 鹅肝酱

鹅肝酱是法国著名菜肴之一。它是用特别的饲养方法育肥的鹅，专取其肝，去筋、去胆，放在猪油锅里熬煎，加香料调味，用小火；焖熟；冷却后，绞细，再加黄油和鲜奶油调和；然后，将明胶融化，倒入模子里，中间填入鹅肝酱，放入冰箱冷冻；食用时，将模子在热水里稍烫，扣在盆子里，即可上席。

鹅肝酱制作精细，多有花纹装饰，晶莹剔透，犹如水晶球，滋味鲜美，为冷盆菜中的佳品，也可作为其他菜中的配菜。

2. 马赛鱼羹

将鲳鱼、鳜鱼、红洋鱼、鳗鱼肉切块；将蔬菜、香料用黄油炒过后放入烩锅，加入清汤和调味品便成为马赛鱼羹的汤料；临吃时，将鱼块放入汤内煮数分钟，起锅装盘；如再加入半只煮熟的明虾、数只河虾和蛤蜊，则更显地道。马赛鱼羹的特点是嫩黄色，味浓软香，多种鱼肉各有鲜味，亦汤亦菜，尤宜热吃。

四、意式菜

(一) 意式菜的特点

意大利的烹饪技法与法国相似，却是欧洲大陆烹饪的鼻祖。意大利菜的特点是口味浓郁，讲究原汁原味，烧烤菜较少。其烹调技术多为炒、煎、炸、红烩、红焖等。意大利菜的调味品，除盐与胡椒外，以番茄汁、橄榄油为主，较少使用其他调味品。意大利人喜欢吃面食，把各种面条（通心粉、实心粉）、馄饨、面疙瘩作为餐中食品。其中，仅是面条的品种就达40余种，长、短、粗、细、空心、圆形、扇形、弯曲等各类形状皆有，烹制方法也五花八门。意大利海鲜种类很多，意式焗鱼制法别致，味道鲜美，风行于欧洲各国。此外，意大利的番茄酱、腌腊品、奶酪也很著名。其主要的名菜点有通心粉素菜汤、铁扒干贝、焗馄饨、奶酪焗通心粉、比萨饼、蘑菇焗鳟鱼等。

（二）意式名菜介绍

1. 奶酪焗通心粉

通心粉为意大利的面食，奶酪焗通心粉是意大利菜肴的代表之一。将通心粉放入开水锅内汆至八成熟，用黄油、奶油和鲜奶调和制成的白沙司拌和，再盛入盘内，撒上奶酪粉，浇上黄油，移入烤炉焗黄即可。其特点是奶油色、味香而松软。

2. 比萨饼

比萨饼是意大利的传统煎饼，闻名世界。将发面擀成圆薄饼，在平底锅内加黄油用中火两面煎黄；将番茄、蒜头切碎，放在煎饼上，移入烤炉内焗黄，撒上奶酪粉即可。有的比萨饼还放上沙丁鱼、大蒜末、蘑菇等，清香适口，别有风味。

五、俄式菜

（一）俄式菜的特点

俄式菜是世界上最著名的菜式之一。由于俄罗斯地处寒带，其食物大多热量较高，因而俄式菜的特点是油大味重，制作较为简单，讲究实惠。肉类和家禽及各式各样的肉饼菜均烧得很熟才吃，但咸鱼和熏鱼大都生吃，如鳕鲟、鲑鲱等。俄式菜肴的味道很浓醇，酸、甜、辣、油、咸各味俱全。其调味品特别重用酸奶油，甚至沙司和有些点心也加酸奶油。俄罗斯人以面包为主食，喜欢吃酸牛奶、酸黄瓜、酸白菜、碎猪肉冻、名贵的鱼子酱以及用鱼肉、鸡蛋、蔬菜等制成的发面包子。其主要的名菜有串烧山鸡、什锦冷盘鲭鱼饺子、酸黄瓜汤、冷苹果汤、鱼肉包子、白塔鸡卷、果酱奶油派、鱼子酱、莫斯科红汤等。

（二）俄式名菜介绍

1. 鱼子酱

鱼子酱大都以鲟鱼卵和鲑鱼卵加工制成。鲟鱼卵是黑色的，相应的酱称黑鱼子酱。鲑鱼卵是红色的，相应的酱称红鱼子酱。它们都适宜生吃，营养丰富，多用于高级宴会中的小吃。

鲟鱼长一般可达 3 米多，性成熟迟，一般需 10 年左右，分布于欧洲、亚洲和北美洲，我国有东北鲟、中华鲟和长江鲟（我国的中华鲟和长江鲟是重点保护水生动物，国家规定不得捕食)。鲟鱼子经过加工腌制后是非常珍贵的佳肴，判断鱼子酱品级的公认标准是口感佳、滋味美、外观好。

鱼子酱可放在淡的不涂黄油的面包或麦皮面包上吃，或放在饼干或吐司上加些柠檬汁吃，也有和碎石蛋或碎洋葱一起吃的。好的黑鱼子酱价格昂贵。鱼子酱罐头一旦打开就不能久藏。在俄国，鱼子酱是非常名贵的菜肴，好的黑鱼子酱只有在高级豪华的宴会上才有供应。

2. 罗宋汤

这个菜又叫莫斯科红汤。它是将牛肉、牛骨、洋葱、番茄、蒜茸、卷心菜等煮成汤后，再加入红菜头（罐装）和柠檬汁，使汤呈红色，放酸奶油。应注意的是加红菜头后不可久煮，否则汤色晦暗不美观。

此菜特点是汤热味鲜、牛肉酥嫩、略带酸味、色红味浓，是很受欢迎的俄国名菜。

小知识

1. 法国菜是西菜中最有地位的菜，法国人也以自己的烹饪技术而自豪，称它为西方文化最亮的明珠。

2. 英国人最喜欢的烹饪方法是煮、烤、煎、铁扒。煮和铁扒更普遍，特别是牛肉，喜用大块烹制，然后切片或切块食用。英国人对羊肉和野味更感兴趣，家禽和野味大都是整只或大块地烧烤，并喜爱在腹内塞馅，如以栗子肉酿馅的烤火鸡，就是一道必备的传统圣诞大菜。

3. 美式菜以英式菜为基础，但烹调方法有所发展、有所变更。由于美国是个移民大国，所以英国菜到美国之后在口味上发生了很多变化，变得能为更多的人所喜爱。铁扒一类的菜在美国较为普遍，特别是各种牛排，如T骨牛排、菠萝火腿排等。

4. 意大利人喜欢各种面食，仅面条一类就有通心粉、实心粉等。面可做成各种形状和不同种类的食品，其中有专供做汤的，还有供煮的和焖的，以及供包馅的。此外，各式馄饨也是意大利的面食特色。

第三节　西餐调味沙司

一、适用于开胃菜、色拉的沙司

奶油沙司，乳白色，脂含量高，奶香浓郁，常用于海鲜色拉。

色拉油沙司为清亮的色拉油加入香料及调味料调制而成，酱状浓缩制品，具有浓郁味道，一般用于蔬菜色拉。

白沙司是奶油沙司的一种，脂肪含量相对较低，是色拉中最常用的一种调味沙司，适用于各种色拉。

千岛沙司，淡橘色带深色小颗粒，口味略酸微甜，常用于海鲜色拉。

蛋黄沙司用蛋黄、盐、芥末、醋搅拌而成，颜色奶黄带鸡蛋香味，一般用于蔬菜色拉。

醋沙司用醋、油、芥末、胡椒混合而成，酱汁色深，一般用于蔬菜色拉。

苹果沙司味甜，是热沙司的一种，有浓浓的苹果香味，适用于水果色拉。

二、适用于主菜、刷菜的沙司

鞑靼沙司是在色拉酱里加入白煮蛋蛋黄、蒿菜、洋葱、酸黄瓜、芹菜等调成，适用于极鲜嫩的生牛肉和海鲜。

诺曼底汁是在鱼骨高汤中加入牡蛎、蘑菇的汁液、生奶油、蛋黄等调配而成，奶黄色、味浓，适用于海鲜类菜肴。

培西沙司是在鱼骨高汤中加入白酒、奶油、青葱、芹菜等熬煮而成，色黄、鲜美，适用于海鲜菜肴。

红酒沙司是在用小牛肉熬成的汤汁内加入红葱头、洋葱和大蒜，爆香后，撒入面粉，再加入红葡萄酒。红酒沙司色红，酒香浓郁，适用于牛排。

德国风味沙司是以鸡的肝脏、凤尾鱼、荷兰芹等为原料调制而成，适用于羊肉、牛肉等红肉。

奶油鸡高汤沙司是在鸡高汤熬煮成的酱汁内加入蘑菇和奶油调配而成，非常适合搭配鸡肉菜肴。

美国沙司是在用鱼骨熬成的高汤中加入番茄、洋葱、芹菜和虾油调制成的白沙司，口味香浓，适用于海鲜菜肴。

三、餐桌上的调味品

瓶装番茄酱用于油炸类菜肴。

黑胡椒、盐视个人喜好添加。

醋视个人喜好添加。

橄榄油一般用于蔬菜色拉和米饭。

芥末常用于牛肉类菜肴。

辣椒籽辣汁常用于比萨等咸味点心。

AL 酱汁用于牛排、羊排菜肴。

烧烤汁用于烧烤类菜肴。

辣酱油用于肉类、鱼类或禽类菜肴。

枫叶糖浆用于甜食。

淡奶用于甜食、咖啡、红茶等。

巧克力糖浆用于甜食、巧克力饮料。

小知识

沙司的种类很多，有各种口味，主要分成冷沙司、热沙司。冷沙司用于冷菜，热沙司用于热菜。沙司一般用肉类清汤、蔬菜、奶油、酸奶油、牛奶和香料等调制。原则上说，菜肴是浅色的就用浅色的沙司，菜肴是深色的就用深色的沙司。

第四节 西餐的基本礼仪

作为西餐厅的服务人员，要为客人提供优质的西餐服务，就必须了解和懂得西餐礼仪，这样才能在服务中有的放矢地为客人提供尽善尽美的服务。

一、餐前礼仪

穿着正装。高档西餐厅提供给客人一个优雅而华贵的进餐场合，过于随便的穿着会影响西餐厅的大环境、降低西餐厅档次。

女士优先。在西方国家，男士对女士的尊重和照顾被看作是良好教养的表现，所以在交际场合处处体现出女士优先的原则。例如，在进入餐厅时男士应为女士拉门，请女士先走；而进入餐厅后男士也应照顾女士脱挂大衣并为女士拉椅，照顾女士入座；点菜时请女士先点，如代为点菜则应征求女士意见；在用餐完毕离开餐厅时，男士应先给女士拉椅并照顾女士穿大衣。而受到男士悉心照顾的女士也应落落大方地接受男士的照顾并及时点头致谢，方不失礼。所以我们服务人员在服务时也要注意遵循女士优先的原则，并能适时地配合男宾照顾好女士。

用餐时客人的手提包一般放在自己左脚边（因为右边是服务人员的服务位置，如果放在右脚边会妨碍服务人员的工作）。小型的女士手袋可以放在桌上，如比较大的包则应该交给服务人员寄存。所以服务人员在接待客人入座时可以适时地给客人以指点。

餐巾是给客人在就餐过程中擦嘴之用，服务员为客人铺设餐巾时应将餐巾对折后平铺在客人的腿上而不要挂在脖子上，也不要用盘子压住。当客人临时起身离开餐桌时，服务员应帮助客人将餐巾重新简单折叠后放在客人左手边餐桌上。

二、进餐礼仪

喝汤。进餐时嘴里发出响声在任何时候都是粗鲁并缺乏教养的表现，尤其是在喝汤时，不要吸着喝，如果汤太烫了，请不要用嘴对着汤吹气，用餐者可静等片刻等汤凉一点再喝。喝汤时汤匙进口，不要横着汤匙喝汤，而要将匙较尖部分送进口。汤快喝尽时，用左手将汤盆朝外向倾斜盛汤，不要将汤盆朝怀内倾斜，以防将汤弄到自己的身上或影响左右的客人。

吃面包。西餐早餐一般用吐司，午晚餐用罗尔，在吃面包时一般不直接把面包放在嘴里咬着吃，也不能用刀切，而是用手将面包撕下来放进嘴里，抹黄油和果酱也应先将面包掰成小块再抹，不能将刀送入口中。

吃牛排。在吃牛排等大块原料做成的菜肴时，应该将食物切成可以一口吃下去的大小，不要一口气把一整块食物都切掉，因为这样一来食物容易冷，二来如牛排这类食物美味的肉汁流掉会影响口味，应该从左至右切一块吃一块。

餐具落地。如果在用餐过程中手中的餐具不慎掉到地上，作为客人，不要亲自弯腰捡拾，应召唤服务员更换新的餐具。而作为一名服务员，看见了就应立即主动上前捡起并更换，不要等到客人召唤了才捡。

传递物品。如果要用桌上的调味等物品又够不到的话，客人不要站起身子伸长手去够，而应该请一同进餐的人或服务员传递一下。一般餐桌调味品两位客人合用一套。

说话。在西餐厅不能大声喧哗或召唤他人，嘴里有食物时不开口说话，应该等嘴里的食物都咽下去再讲话；否则会被视为没礼貌，缺少修养。通常在说话和喝酒前要用餐巾擦一下嘴。

用餐。尽量避免刀叉与餐盘的撞击声音，每次送入口中的食物不宜过多，不能用刀子送食物进嘴里。使用刀叉时要左手持叉右手持刀，刀刃应向里，在不用刀时也可以右手持叉。说话时不可以用刀叉指向他人。在进餐过程中的暂时停顿时（如饮酒、讲话等），刀叉应在盘边摆成“八”字形，表示等一会还要接着吃；如果已经吃完了或不想再吃下去了，应该将刀叉交叉或平行放在盘子中央，这时服务员会上前收走盘子。

饮酒。用高脚玻璃杯饮酒时不要用整个手掌紧握杯身，这样会显得紧张，而且杯子上会留下许多手印，很不雅观。应该用 3 个手指优雅地托住杯子的下半部露出大部分的杯身，这样就可以欣赏到酒液的颜色以及香槟酒上升的漂亮的气泡。在饮酒前应确保嘴里的食物已经全部咽下。

在西方人看来，将吃进嘴里的东西再吐出来是餐桌上一种极为不雅甚至是粗鲁的行为，所以，凡带骨的菜肴一般在入口前将骨头小心剔掉，如果不小心将骨头吃进嘴里，应用餐巾遮住口部，将骨头吐在叉上或放在餐盘一边才不显失礼。

三、餐后礼仪

用餐完毕后，女士在桌旁补妆或照镜子是不合适的，应该去洗手间补妆。吸烟不仅危害健康，而且会污染整个餐厅的空气，所以目前在大多数西餐厅都是被禁止的。

用餐完毕后，男士要照顾同桌的女士先行离席，同时要为女士留意是否有遗留物品。

小知识

西餐服务讲究女士优先，所以要先为女士服务，再为男士服务。如女士有同行的男士照顾时，服务员要为男士提供方便。

第二章 西餐服务

在饭店物质条件已经确定的情况下，服务水平的高低主要取决于服务人员自身的素质。因此，加强餐厅服务人员的素质教育是提高餐厅服务质量的根本途径。

第一节 西餐服务员的素质要求

一、思想素质

良好的思想素质是做好服务工作的基础。餐厅服务人员思想素质要求具体如下：

（一）树立正确的服务观念

优秀的餐厅服务员，首先要树立正确的服务观念，要认识到为宾客服务是自己神圣的天职，做到有意识地培养自己对餐厅服务的浓厚兴趣，努力进取，尽职尽责，全心全意为每位就餐宾客服务好。

1. 树立一切从宾客出发的观念

餐厅服务就是要尽量为宾客提供最美好的消费感受。“宾客至上、服务第一”，“客人就是上帝”。服务员要想客人之所想、急客人之所急、做客人之所需。应随时注意观察和了解客人的喜怒哀乐，协助客人解决困难并满足其需求，让宾客高兴而来、满意而归。

2. 更新服务观念

客人来到餐厅不仅仅是为了品尝美味佳肴，他们同时希望享受到轻松的氛围、体贴的照顾，从而获得美好的消费享受。服务员在餐厅这个特定场合要放下“个人尊严”，为宾客殷勤服务。要牢牢记住“客人总是对的”，即使客人在某些方面有错，也应将“对”让给客人，站在客人的立场上为客人着想。

（二）具备良好的职业道德

职业道德是餐厅服务员在整个餐厅服务过程中所应遵守的行为规范和行为准则。主要包括：

1. 满腔热情、客人至上

优质的服务是从优良的服务态度开始的。服务员应做到主动、热情、耐心、周到、文明、礼貌地为宾客服务。

① 主动热情的服务。服务员要处处为宾客提供方便，像对待自己的亲人一样接待宾

客。在宾客开口之前主动服务，真正从心里理解宾客、关心宾客，始终做到笑容满面、精神饱满、语言亲切，对宾客关怀备至。

② 耐心周到的服务。做到在任何情况下，不急躁、不厌烦，善始善终地为宾客提供体贴周到的服务。如果宾客有误会，或者有意见，甚至有抱怨和不满情绪时，服务员要虚心听取，尽量解释，绝不能与宾客争吵；同时，在服务内容和项目上，要想得细致周到，时时为客人、处处为客人。不仅要提供共性的规范化服务，也要实行个性化服务，以满足宾客偶然的、个别的、特殊的正当服务需要，将餐厅服务工作做得尽善尽美、体贴入微、有求必应。

③ 文明礼貌的服务。文明礼貌服务是餐厅服务的起码要求，是服务员自身素养必不可少的组成部分，也是自身完美人格的体现。主要表现为：

端庄、文雅的仪表、仪态；

文明、礼貌、生动、亲切的服务语言；

遵守公德，尊老爱幼，关心体贴残疾和体弱年迈的宾客；

遵时守信，严格执行餐厅服务规范；

理解宽容，互尊互助，做到不卑不亢。

2. 敬业、勤业、乐业

服务员要热爱本职工作，遵守餐厅各种规章制度和劳动纪律，严格执行服务程序和操作规范，勤奋工作，不怠慢客人，不做不利于餐厅的事，不说有损餐厅的话。

3. 诚信无欺、真实公道

餐厅服务是一个可以为顾客感知或认同的公平交易。要树立质量第一、信誉第一、顾客至上的观念，讲求诚信服务，不随意涨价和乱收费用，为顾客着想，为顾客节约，当好顾客的参谋。

4. 遵纪守法、廉洁奉公

违法、违规和不遵守纪律都是不允许的。服务员要自觉学习法律法规知识，知法用法，自觉遵纪守法，不断增强道德意识和自我约束力。遵章守纪、廉洁奉公，做到不贪不占、克己奉公、不谋私利、勤俭节约。

5. 团结协作、顾全大局

服务中要相互支持、相互帮助，不能只图自己方便而把困难和责任留给他人。要做好传、帮、带工作，团结协作，共同为顾客提供优质的服务，体现团队协作服务精神。如餐厅服务员与厨师的团结配合，以及传菜员、酒水员与收银员之间的配合等，都十分重要。

二、业务素质

餐厅服务人员业务素质的基本要求如下：

（一）熟练掌握专业操作技能

餐厅服务的每一项工作、每一个环节都有自己特定的操作标准和要求，如托盘、摆台、餐巾折花、斟酒、上菜、分菜和服务人员的接待能力、语言技巧等。因此，餐厅服务人员要努力学习，刻苦训练，熟练掌握餐厅服务的基本技能，明确各项服务的规格、程序和要求，做到服务规格化、标准化、程序化。

（二）讲究各种服务礼节

餐厅服务中的各种礼节贯穿于服务的各个环节，归纳起来，主要有问候礼节、称呼礼节、迎送礼节、操作礼节、仪表礼节、宴会礼节等。餐厅服务人员掌握服务礼节，做到礼貌待人，对于提高服务质量具有极其重要的意义。

（三）具备良好的文化素养

具有良好的文化素养和广博的社会知识，不仅是做好服务工作的需要，而且有助于服务人员形成高雅的气质、广泛的兴趣和坚韧不拔的意志。餐厅服务人员须掌握的知识有：烹饪知识，商品知识，营养卫生知识，心理学知识，酒店设备的使用、保养、维修知识，餐旅文学知识，旅游地理知识，美术与音乐方面的知识，民俗和法律方面的知识等。其中，特别重要的是语言运用知识，不仅要会讲标准的普通话，还要掌握一至两门外语。

（四）具有人际交往的能力

餐厅服务是一种特殊的人际交往。餐厅服务人员在与餐厅宾客的交往中，必须坚持“宾客至上”“客人总是对的”等原则。为了使彼此的交往能够和谐地进行，餐厅服务人员应当采取宾客乐于接受的方式进行服务。这就要求餐厅服务人员具备一定的人际交往能力。

三、身心素质

餐厅服务人员的身心素质包括生理素质和心理素质。

（一）健康的体格

餐厅服务人员“日行百里不出门”，无论是值台员，还是迎宾员、传菜员、酒水员，其在工作中的站立、行走、托盘、上菜等，都要求具有一定的腿力、臂力和腰力。所以，餐厅服务人员必须有健康的体格才能胜任此项工作。

（二）敏捷的思维

餐厅服务人员须有十分清晰、敏捷的思维能力。在餐厅服务的第一线，由于宾客的就餐需求、心理状态等各不相同，会出现各式各样的问题，如就餐投诉、寻衅闹事、醉后失态、突发急病等，都需要得到服务人员的及时处理。在处理这类问题的过程中，餐厅服务人员的良好思维能力是不可缺少的。

（三）健全的心理

餐厅服务人员的心理素质要求，通常包括吃苦耐劳、任劳任怨、承受委屈、果断处事等能力，以及宽容他人、敢说敢为、不畏艰难、性格开朗等品质。餐厅服务人员的绝大部分时间都在与宾客打交道，发生误解、导致宾客不悦而不得不忍气吞声、强颜欢笑的情况时有发生。服务员必须沉得住气，以大局为重，忍受委屈，正确对待和处理某些矛盾和误会。

（四）端庄的仪表

餐厅服务人员处在接待工作的第一线，仪表端庄大方，态度和蔼可亲，举止有礼有节，会给宾客留下美好的第一印象，使宾客对整个饭店产生好感。餐厅服务人员的仪表包括容貌、体形、服饰等。

第二节 西餐服务员对客交际礼仪

一、礼貌礼节规范

（一）礼貌规范

坚持礼貌礼节、周到服务，既是宾客的要求，也是优良的餐厅服务的表现形式。

1. 服务态度要求

服务中的礼貌体现在态度上，简单地概括为“真诚的服务”。做到诚恳、热情、和蔼、周到、耐心。主要体现在以下方面：服务迅速、敏捷、准确，做到眼勤、脚勤、口勤、手勤、心勤；对宾客不懂的（如菜单）向他们做适当介绍，并乐于回答他们的问题，做到“百问不烦，百拿不厌”；做好有针对性的服务，并尽量记住客人的姓名、座位、喜欢的食品等；能适当调动宾客低落的情绪，让他们感到就餐愉快；放好窗帘，调好音乐音量，尽量使宾客感到舒适；帮助客人将食品包装好，尽可能满足客人提出的合理要求；等等。

2. 微笑服务要求

服务员是永远的微笑者。服务中，亲切自然的微笑，可以对宾客的心情和情绪产生一种愉快的导向作用，给顾客留下甜美的“第一印象”。具体要求是真诚，微笑一定要适宜，要自然坦诚，是发自内心的，不可故作笑颜、假意奉承；要掌握好笑的分寸，不该笑时不笑，该微笑时不能大笑，不能有轻蔑的笑，应流露出亲切、柔美、愉快的微笑。同时，微笑服务要与仪表和举止相结合，再灿烂的微笑，如果是仪表不整、举止不当，也不会使宾客产生好感。最后，微笑服务要始终如一，对客人一视同仁；每一名服务员，在每一个服务环节都应坚持微笑服务。

3. 敬语服务要求

使用敬语服务，要求餐厅服务员为宾客服务时，以客人为中心，以诚为本，用“真、善、美”的语言服务客人、打动客人；做到谈吐文雅、语调亲切自然、音量适度、优美动听、讲究语言艺术，回答客人问题准确、简明，能根据不同宾客恰当运用服务敬语。

① 为宾客服务有“五声”，即宾客来时有迎声，遇到宾客有呼声，受到帮助有致谢声，工作失误有致歉声，宾客离店有送声。

② 经常使用“十字”文明用语，即“您好”“请”“谢谢”“对不起”“再见”。

③ 正确运用敬语服务的技巧。一要说好问候语。问候要亲切，面部表情应自然大方，不能扭捏作态。称呼时，对男士统称为“先生”；对女士婚前称“小姐”，已婚称“夫人”或“太太”。二要语言准确，注意分寸。如问对方叫什么名字、人数多少时，不能说：“您叫什么名字，有几个人？”而应说：“我该怎么称呼您呢？请问有几位？”问客人需求时应说：“先生，您想用点什么？”而不应说：“先生，您要什么饭？”三要掌握好语调。如迎客时说的“您好”“请进”“请坐”等用语的声调应响亮而富有朝气，客人离店时说的“再见”“欢迎下次光临”等用语应亲切、热情，音量不能过大；避免用“嗯”“唔”“喂”等。

四是与客人交谈时，应有良好的身体姿态，精力要集中，两眼尽量注视对方，表情轻松，多露微笑，与宾客保持一步半的距离为宜，讲话音量应低于客人；听客人谈话不要左顾右盼、双手东摸西摸，要多注意聆听，不要抢话。五是客人之间交谈时，不能趋前旁听，不要在一旁窥视，更不要随便插话干扰，如有急事须立即与客人说时，应趋前说声“对不起，打扰一下可以吗？我对这位先生有急事相告”；当双方发生不同意见或产生误会时，不要勉强说服客人，更不能抬杠；尽量少用手势，不要给宾客手舞足蹈的感觉，不得已时应抬手臂、伸手掌，掌心向上，以肘关节为支点在小范围内活动。

（二）礼节规范

礼节是指向他人表示敬意、问候、祝颂之类的各种习惯和仪式。

1. 称呼礼节的要求

宾客光临餐厅时，服务员如能称呼客人的姓名，将会给客人带来一个惊喜，因此要学会尽快记住客人的姓名（包括职衔、身份、婚姻状况等）。称呼时要用尊称，切忌用“喂”称呼客人，如男宾称为“先生”，已婚女宾称为“太太”“夫人”，若无法断定对方婚否，可称为“女士”。如知道职衔，要在“先生”“小姐”前冠以职衔，如“博士先生”“××教授”“××团长”。需要称呼多位客人时，应遵循先个人后整体，先近后远，先称呼主人、主宾和最年长者的原则。

2. 问候礼节的要求

问候礼节要根据时间、场所、情景、接待对象和客人的风俗习惯等的不同而变化。如与客人初次见面时应主动说：“您好，欢迎光临。”平时见到客人时应说：“您早!”“早上好!”“下午好!”“晚安!”遇见客人询问时应说：“请问有什么需要帮忙吗?”遇到节日、生日等喜庆之日应说：“祝您生日快乐!”“祝您圣诞快乐!”客人离店时应说：“欢迎您再次光临!”

3. 应答礼节的要求

在回应客人的召唤及答复客人询问时必须起立，站立姿势要好，背不能靠他物，做到表情自然，语言亲切，面带微笑，精力集中，认真聆听。要让客人将话讲完，不要随便插话，如有事打扰客人时，应先用商量、请求的口吻说“对不起，打断一下”等。回答客人的询问不要轻易说“不行”“我不知道”等否定语。接受客人吩咐说：“好，明白了!”“好，马上就来。”不能及时为客人提供某种服务时应说“对不起，请您稍候，我马上就来”等。

4. 迎送礼节的要求

宾客行至餐厅门口，迎宾员要主动向客人打招呼问好，笑脸相迎。接待中坚持按先主宾后随从、先女宾后男宾、老弱病残优先的顺序进行服务。宾客用餐后走出餐厅大门，应向宾客告别说“欢迎您再次光临”。

5. 操作礼节的要求

操作礼节主要是服务人员在日常工作中的礼节。服务员应做到仪容整洁、举止大方、态度和蔼。工作场所要保持安静，不能大声喧哗，不准开玩笑，不准哼小曲；做到说话轻、走路轻、操作轻；递送物品时要用托盘；迎客走在前，送客走在后；行走中遇到客人，应主动打招呼，并主动让道。

二、处理好宾客的抱怨

遇见因服务的态度、菜品的质量或口味及卫生等方面引起的问题而遭客人抱怨的，服务员必须认真对待。处理时，一是用明确的态度点头回应并积极地聆听客人的陈述，认真调查，弄清事实，并说“我知道了”“这样很好”“多谢指教”等。二是牢记处理抱怨时不要找理由，不要辩解，只要道歉。三是尽量肯定顾客、认同顾客，重视顾客的自尊心及优越感，如有可能，应及时做好笔记，边聆听边重复记录要点，要让顾客感觉到你对他们提出的各种抱怨既有热情又有诚意，你是站在顾客的立场上来考虑问题的。四是当客人处于愤怒状态时，千万不要打断他的诉说，应保持冷静，一定不能与其发生争执。五是能很快解决的问题要立即解决，让客人百分之百满意。总之，给客人以诚恳真挚的感受，其结果是能更好地解决问题。

三、学会服务中常见失误的处理

不慎将汤、菜汁洒在客人衣服上时，首先要诚恳地向客人道歉，并立即找一块干净的湿毛巾为客人擦拭污迹（如是女士，最好由女服务员为其擦拭），最后根据效果和客人的态度，决定是否为客人拿去洗涤。

宾客发现饭菜中有异物时，服务员应首先向客人表示歉意，然后将其立即撤下来，并仔细分辨是否有异物，如有异物，应立即为客人重新做一份饭菜，同时再次向客人表示歉意。

客人在餐厅醉酒时，服务员可给客人介绍一些不含酒精的饮料，同时主动递上热茶、香巾；如客人呕吐，要及时清理污物；如客人醉酒闹事，要平静地解决，或立即向主管领导报告。

客人在餐厅损坏餐具时，服务员应首先关心询问客人是否被碰伤或被扎伤，并立即将破碎的餐具清理干净，为客人换上干净的餐具，请客人继续用餐。结账时要婉言向客人提出收取赔偿费。

第三节 顾客类型与应对方法

谈到顾客类型，我们要意识到在实际生活中每个人都属综合型。所谓综合型，即多种性格特征都在其身上有体现。一般分为 7 种顾客类型。

一、自信、坚定型客人

这种人我行我素，行为果敢，从他的眼神和面部表情上即可看出“我知道，我想做什么”。对策：

冷静、镇定地迎接客人；

为客人提供快速服务，等待会使他很恼火；
呈上菜单、酒水单，然后接受点菜；
对这种客人引荐起不到什么作用；
用餐完毕，立即撤台，清理台面，并问客人是否满意。

二、犹豫不决型客人

客人进入餐厅后，就显示出犹豫不定，用害怕的目光注视四周，并且步履小心，进进退退，拘束不安。对策：
在选择座位时，服务员要协助客人；
在菜肴、饮料方面要提供多种选择；
引荐要用适当方式，以便于客人接受；
若客人面部表情和手势表现出不安时，应及时问清原因。

三、兴奋、啰唆型客人

他边走边说地进入餐厅，入座后仍喋喋不休，对菜单、酒水单也不停地评论。对策：
克制和礼貌是最高尚的待遇；
教训客人的做法要避免；
不提反对性意见。

四、易激动、神经质型客人

这种人匆匆忙忙，引人注目。当无人注意他的时候，他会很容易激动起来。当他必须在桌旁等候的时候，他会极不耐烦，并不时敲桌子，尽管有些客人先于他而等待很久了。对策：
即使再冷静也难以使客人平静下来，应该提些短小精悍的问题，加快服务速度；
不要重复，这只会令客人不悦；
对于客人的叫骂，不要觉得受到了侮辱；
来回走动的速度快一些，这样会让客人感到你在尽力为他做一切。

五、多疑型客人

这种类型的客人最难以应付。他觉得周围的一切都充满了欺骗和讹诈，生怕自己也上当受骗。这种人对待服务员经常是冷嘲热讽，评头论足。对策：
耐心向客人解释，不要伤害客人；
有礼貌地与客人谈论话题；
客人有其他需求时，不要表现出不耐烦，而是要深表歉意。

六、吝啬型客人

这种人在生活中的唯一不开心就是花费太多的钱，对吃喝也是如此。他们喜欢打听菜的价格，而且总是埋怨价格太高。所以，服务员对这种人往往瞧不起。对策：

对这种人要倍加关注，以礼相待；

吝啬型客人难以马上做出决定，尽管如此，还要耐心等待；

向客人推销菜肴时，不要选择价格太高的菜。

七、傲慢型客人

这种人大声喧哗地走进餐厅，对服务员不屑一顾。他很容易被得罪，经常说“对此我了解得太多了”“对此你不明白”“别说笑了”。这种类型的客人往往难以对付。对策：

千万不要把客人的不信任当成人身攻击；

向客人引荐时要小心，否则会使客人生气；

提供的菜肴要和你引荐的一样；

我们的服务要让客人产生“物有所值”感。

第三章 西餐的餐台布置与摆设

本章以西餐餐台为探讨主旨，先对西餐餐具、酒具及服务用具做简单的介绍，再对餐巾折花与摆放以及西餐餐台的铺设做详细的阐述，以便大家更仔细地了解西餐服务知识。

第一节 西餐常用餐具、酒具及服务用具

西餐厅餐具通常可分为三大类：金属餐具、玻璃器皿和瓷器。可根据餐厅档次的不同选用不同质地的餐具。这里主要介绍西餐厅中的常用餐具、餐盘和酒具等。

一、常用餐具

① 餐刀、餐叉（大刀、大叉）。配套一起使用，主要用于食用西餐中除海味之外的所有主菜。

② 沙拉刀、沙拉叉（小刀、小叉）。配套一起使用，主要用于食用开胃菜、沙拉、甜品、水果。

③ 鱼刀、鱼叉。配套一起使用，主要用于食用除开胃小吃或需要其他锋利的刀以外的所有鱼类、海鲜类菜肴。

④ 牛排刀。用于切割牛肉，比餐刀锋利，有明显的锯齿。

⑤ 黄油刀。用于切黄油和将黄油、果酱刮涂在面包上。

⑥ 圆汤匙。用于食用浓汤类菜肴。

⑦ 大餐匙。用于食用清汤类菜肴，亦可当服务匙用。

⑧ 点心叉、点心匙。用于食用甜品、蛋糕等。

⑨ 茶、咖啡匙。用于搅拌茶、咖啡，略小于点心匙。

⑩ 冰激凌匙。前端平齐的小匙，吃冰激凌专用。

⑪ 长柄匙。匙柄特别长，用于搅拌冰茶、冰咖啡或食用圣代冰激凌。

⑫ 服务叉、服务匙。服务叉、匙的使用须注意大小要配套，一般使用大号的餐叉、匙，用于桌边分菜服务。

二、基本餐盘

① 餐盘。直径 25 厘米，用作摆台的摆放盘，也可用作大盘（主餐盘），用于盛装主菜。有时也在服务时作底碟用。

② 面包盘。直径 15 厘米，用于盛装面包、芝士、水果、蛋糕。

③ 甜品盘。直径 18 厘米，用于盛装各类甜品。

④ 鱼盘。直径 20 厘米，用于盛装鱼类菜肴。

⑤ 汤碗。直径 20 厘米，用于盛装浓汤，亦可作粥类碗，在早餐时用作燕麦片碗或面食碗。

⑥ 清汤碗与底碟。用于装清汤，注意须与相称的底碟配套使用。

⑦ 蛋盅。用于装白煮蛋。

三、常用酒杯

① 水杯。水杯是各类玻璃杯中使用最多的，主要适用于盛装各类饮料、啤酒、冰水等。水杯形状可分为一般水杯和高脚水杯，通常点菜和宴会铺台都要使用此杯。

② 红葡萄酒杯。主要适用于盛装红葡萄酒，其高脚酒杯的形状，既可避免手部高温接触杯身影响品质，又便于品酒时的嗅觉及视觉的鉴赏。常用于点菜和宴会铺台上摆放。

③ 白葡萄酒杯。主要适用于盛装白葡萄酒，其形状类似于红葡萄酒杯，但杯身和容量都比红葡萄酒杯略小些。

④ 香槟酒杯。主要适用于盛装香槟、气泡酒。常见香槟酒杯有两种款式：一种为浅碟形，另一种是郁金香形香槟酒杯。这种酒杯能使香槟酒特有的气泡更好地显示出来，而且能使香槟酒的发泡时间更长一些。

⑤ 鸡尾酒杯。主要适用于盛装各类鸡尾酒，具有多种造型，常见的有 V 形鸡尾酒杯和细颈鸡尾酒杯，大小也很不一样，一般的鸡尾酒杯能装 120～150 克酒。

⑥ 白兰地杯。主要适用于盛装白兰地，其杯身较特别，杯肚较大，杯口较小。

⑦ 果汁杯。主要适用于盛装各类果汁、冰红茶等，常用于自助早餐餐台上的摆放。

⑧ 柯林杯。主要适用于盛装各类长饮类鸡尾酒。

⑨ 啤酒杯。主要适用于盛装啤酒，一般设计以可倒入一罐或小瓶啤酒为其容量。

⑩ 高球杯（海柏杯）。主要适用于盛装各类碳酸饮料及鸡尾酒。

⑪ 古典酒杯（老式酒杯、传统酒杯）。酒杯造型平底、宽口、直身，主要适用于盛装加冰块的威士忌酒或特殊鸡尾酒。

⑫ 纯饮杯（短饮杯）。喝烈酒所使用的小酒杯，适合纯饮烈酒。

⑬ 巴德酒杯。适用于盛装巴德酒（一种常用的甜酒）。

⑭ 雪利酒杯、波特酒杯。用来饮用强化酒精的葡萄酒的专用酒杯。多用于西餐宴会中。

⑮ 马克杯。主要适用于盛装生啤酒。此杯体积较大，其盛酒容量也较多，杯也比较厚，结实耐用。

小知识

作为一名西餐服务员，不仅要认识西餐中常用的各种餐具，还要学会储存和保养各类餐具。例如，玻璃餐具在清洗后要立即倒置烘干，在放置到储藏架上之前要把每一个玻璃杯用干净餐巾擦亮，在擦玻璃杯时可以准备一瓶热水在边上，将杯口罩在瓶口会更容易擦干净。又如，银质餐具最好在泡有柠檬片的热水中浸泡片刻再擦，同时在擦的过程中要始终用餐巾包裹住银质餐具，不能用手直接接触，这样银质餐具才能被擦得很亮。

第二节　餐巾折花与摆放

一、餐巾折花与摆放的基础知识

（一）餐巾及餐巾花的作用

餐巾，又名口布、茶巾、茶布、席布、席巾、花巾等，各地有不同的叫法。它是餐桌上专用的保洁方巾。因此，餐巾首先是一种保洁用品，供宾客在进餐过程中使用。宾客把它衬在胸前或放在膝盖上，可以防止汤汁污染衣服，起到清洁卫生的作用，有的宾客在就餐前还用餐巾来擦一下餐具。

将餐巾折叠成千姿百态的花形，对席面能起到点缀美化的作用，它能营造宴会隆重热烈的气氛，给宾客以艺术上的享受。餐巾花还是一种无声的语言，传递着宾主之间的感情。

运用餐巾花不同花形的摆放，还可以起到识别标志的作用。如一桌宴席中，有一朵餐巾花特别醒目高大，而其他餐巾花则低矮小巧，宾客便知道这一席位是主人席。又如多桌宴席，一桌餐巾花的造型不同于其他席面的餐巾花，来宾就会知道这一桌是主桌，根据自己的身份恰当地选择餐桌和席位，以免出现尴尬的场面。

（二）餐巾花的分类

1. 按折叠方法和摆放工具的不同分类

按餐巾花的折叠方法和摆放工具的不同，可分为杯花和盘花两大类。

杯花制作工序多、造型美观逼真，一般需插入杯中完成造型，取出杯子即散开，散开后餐巾皱褶较多。杯花一般用于中餐宴会。盘花制作比杯花简单，造型完整，成型后不会自行散开，可放于盘中或其他盛器及桌面上。盘花常用于便餐、散座、西餐、茶市等，也可以作台面摆设。盘花由于造型简单、叠法快捷，符合现代生活的快节奏，且散开后皱褶较少，成为餐巾花的发展趋势。但由于它的造型一般不如杯花那样美观、精巧、逼真，所以高档的中餐宴会一般还是选用杯花。

2. 按外观形状分类

按餐巾花的外观形状分类，可分为动物类、植物类和实物造型类。

（1）动物类

动物类可分为禽鸟类，如孔雀、鸽子、鸳鸯、天鹅等；走兽类，如长颈鹿、白兔、松鼠等；昆虫类，如蝴蝶、蜻蜓等；鱼虾类，如金鱼、对虾等；两栖动物类，如青蛙、海龟等。

动物造型有的塑其整体，如孔雀、金鱼等；有的取其特征，如大象的鼻子、兔子的长耳等。

（2）植物类

植物类花形，有梅花、桃花、迎春花、玉兰花、茶花等；按叶、茎、果实等又有春芽、荷叶、树桩、竹笋、蔬菜等。

（3）实物造型类

实物造型类，是模仿日常生活中各种实物折成的餐巾花，如花篮、宫灯、折扇、帽子、衬衫、领带、披肩等。

（三）餐巾花的选择和摆放要求

1. 餐巾花的选择

餐巾花的选择一般应根据宴会的性质、规模、规格，冷菜的名称，季节时令，来客的宗教信仰、风俗习惯，宾主座位的安排，台面的摆设需要等方面因素来考虑。其总的原则是：

① 根据宴会的性质选择花形。如婚嫁喜庆酒席可选择鸳鸯、喜鹊等；老人寿宴，可选择仙鹤、寿桃等。

② 根据宴会的规模选择花形。一般大型宴会可选用简单、快捷、挺括、美观的花形，每桌可只选用一种花形；每桌的主人位可以折不同的花形，统一中有区别，这样整个宴会桌面的折花摆设就显得整齐、美观。小型宴会可以在同一桌上使用各种不同的花形，花、鸟、鱼、虫等各类搭配，使席上折花形状各异，丰富多彩。

③ 根据菜单内容选择花形。如用荷兰冷盆的宴会席，应配以各式花类的花形，设计成“百花齐放”；鱼翅为主的宴会席，可配以各式鱼虾类的花形；品尝杭州名菜为主的宴会席，可选与西湖名胜或名菜有关的花形。

④ 根据季节选用花形。如春天选用迎春花、春芽等；夏天选用荷花、玉兰花、石竹花等；秋天选用枫叶、菊花等；冬天则宜选用冬笋、梅花、梅桩、仙人掌等。用台面上的不同花形可反映出季节的特色，使之富有时令感。

⑤ 根据宾客的宗教信仰、风俗习惯及爱好选择花形。如泰国人喜欢睡莲，埃塞俄比亚人喜欢马蹄莲，美国人喜欢山楂花，埃及人喜欢莲花，法国人喜欢百合花，英国人喜欢蔷薇，佛教徒喜欢僧帽折花等。

⑥ 根据宾客的性别、年龄选用花形。如给老人选择寿桃、仙鹤，给女宾选择孔雀、鲜花，给小孩选择小鱼、昆虫、小鸟等。

⑦ 根据宾主席位的安排选择花形。宴会主人席位上的餐巾花称为主花，主花要选择美观而醒目的花形，其目的是使宴会的主位更加突出。

⑧ 根据工作闲忙选择花形。工作轻闲，时间充裕，可以选择造型比较复杂的花形；

工作较忙，时间紧，可选择造型比较简单的花形等。

⑨ 同桌最好不要选择形状相似的花形。

2. 餐巾花的摆放要求

同样的几种餐巾花，不同的搭配摆放，在整个台面所产生的效果是截然不同的。因此，在摆放时要有些讲究。

① 主花要摆插在主位，一般的餐巾花则摆插在其他宾客席上，高低大小搭配应错落有致。

② 将观赏面朝向宾客席位。单面观赏的花形如孔雀开屏，要将头部朝向宾客；多面观赏的花形要选择一个最佳观赏角度摆放。

③ 形状相似的花形错开并对称摆放。

④ 各餐巾花之间的距离要均匀、整齐一致，餐巾花不能遮挡台上用品，不要影响服务操作。

⑤ 如果是杯花，插入杯中要恰当地掌握深度，并注意杯内餐巾的整齐。

（四）餐巾折花注意事项

餐巾折花虽然操作工具简单，但操作要求相当高，是一项技术性较强的工作，在整个制作过程中应注意以下几点：

1. 做好操作准备

折花前要选择好平整、清洁的餐巾，干净、光滑的筷子，干净、光滑的操作台和摆放的餐具（如杯子或盘子）。

2. 讲究卫生

餐巾的原本作用就是保洁，因此，操作时餐巾、工具、操作台、杯子或盘子、手都要干净，不能用嘴咬，不能多讲话，以免溅入唾沫。

3. 一次折成

操作前要考虑好花形，操作时要掌握要领，姿势自然，手势轻巧、灵活，用力得当，间距均匀。造型要胸有成竹，看准角度，一次折成，以免返工。因为折叠过的餐巾，上面会留下一条条折痕，第二次折叠的餐巾花在造型上就会受到影响，效果就不好。因此，服务人员要掌握餐巾花的基本折叠方法，有过硬的折叠技巧和良好的艺术审美观。

二、西餐餐巾花的折叠

西餐餐巾花的折叠多采用盆花，一般折叠比较简单的花形，叠、折、卷、捏是用得比较多的技法，下面介绍 8 款盆花花形。

（一）企鹅漫步

① 将餐巾对角折叠，并成倒三角形摆放。

② 将三角形的两个角向下折叠，对正三角形的另一个角，呈菱形。

③ 将菱形的上面一个角固定一点，菱形左右两个角向中间缝线折叠。

④ 再两边对折并两边对齐，同时将下半部分餐巾翻起，捏鸟头。

⑤ 稍加整理即可。

（二）主教圣帽

① 将餐巾对折成长方形，在长方形的上下各取一个中心点。

② 左下角向上折至中心点，右上角向下折至中心点。

③ 将餐巾翻面，下边对正上边对折，右边三角形不动，拉出左边的三角形。

④ 将左边三角形对角折叠，放入右边三角形的折缝中。

⑤ 再将餐巾翻面，同法将右边三角形对角折叠，放入左边三角形的折缝中。

⑥ 将下面部分撑开成圆形即可。

（三）祝寿蜡烛

① 将餐巾对角折叠，并呈正三角形摆放。

② 将下边向上折叠 3 厘米宽边。

③ 将餐巾翻面，先折 1/3，再将其余部分全部卷完。

④ 将留下的一角插入夹层内。

⑤ 把外面的一层翻下，稍加整理并略加固定即可。

（四）扇面送爽

① 打开餐巾，反面朝上。

② 将左右两边的餐巾向中缝线对齐折叠，折成 1/4 长方条。

③ 将长方条状餐巾向同个方向再对折。

④ 将餐巾竖向摆放，再以一正一反分成 8 等分。

⑤ 将双层部分向上，下半部分握于手中，用右手大拇指与食指将内层的餐巾向外拉翻折成直角，翻一面，同样将餐巾向外拉翻折成直角。

⑥ 将折叠好的餐巾用劲压一下，打开并稍加整理即可。

（五）水仙盆景

① 餐巾呈正方形折叠。

② 将餐巾的四片巾角部分转至下面，然后将其向上翻折成三角形。

③ 固定顶部一点，将餐巾向里中缝线对齐折叠。

④ 将底部突出部分餐巾向后、向上折叠。

⑤ 将两边的下半部分向下对折后捏于左手。

⑥ 右手将四层巾角拉成不同的角度，稍加整理即可。

（六）兔耳仙客

① 将餐巾对角折叠，并呈正三角形摆放。

② 将正三角形的两个角往上折，对正另一个角，呈菱形。

③ 将三角形下面的角向上折后再向下反折，形成一个有裂缝的小三角形。

④ 将餐巾翻面，将左右两个角向中间折叠，并将左角插入右角夹缝内。

⑤ 将下面部分撑开成圆形状，将上端的两个三角形往下翻少许。

⑥ 稍加整理即可。

（七）荷花盛开

① 餐巾反面朝上，并呈正方形摆放。

② 将餐巾的四个角向上对正中心点折叠成菱形。

③ 再将四个角向上对正中心点对正折叠一次。

④ 将餐巾翻面。第三次将四个角向上对正中心点对正折叠一次。

（八）西服折巾

① 将餐巾对角折叠，并呈倒三角形摆放。

② 将三角形上面的边向后翻折 2 厘米的边。

③ 将两个角向下折叠，左角与右角略加重叠，同时调整西服领子的宽度和高低位置。

④ 将左右两角向后折叠，折叠时调整西服两肩的宽度，并调整好西服正身的折叠大小比例。

⑤ 将下面部分也向后折叠，塞入折缝内。

⑥ 稍加整理即可。

三、餐巾花的摆放

盆花应放在盆子的正中，所选折花应根据餐盆比例，大小要适中，不能超过盆边，更不能超过台边。

主花摆放在主位，一般选择美观醒目、区别于其他餐巾的花形，以显示对重要宾客的重视。其他餐位餐巾花则摆放高低均匀、大小匀称、错落有致，以达到整体的协调效果。

小知识

餐巾折叠时应注意以下事项：

1. 折叠餐巾花前，首先必须洗净双手。
2. 餐巾折叠应在光滑、清洁的台面上进行，切忌为图方便在托盘上进行。
3. 折叠前应先考虑好花形，一次折成，以避免餐巾反复折叠影响餐巾的挺括美观。
4. 折叠时不能用托盘压餐巾花，不能用牙齿咬来帮助折叠餐巾。

第三节　西餐餐台的铺设

一、西餐铺台的基本规则

（一）餐具的摆放

餐具放置要根据菜单，按照规定的次序，由外至里摆放，刀背向右。

摆台时在一套餐具里不能出现两件形状、大小相同的刀叉。

特种餐具不在布置台面时放置，而是在上这类菜肴时才放在客人桌上，有时直接放在餐盘里。

（二）杯子的摆放

对于一套餐具来说，不能同时有 4 只以上的杯子，通常只有在正式宴会上摆放 4 种杯子，即水杯、红葡萄酒杯、白葡萄酒杯及香槟杯。

在餐桌上也不能同时放置 2 只同样大小形状的杯子。

杯子按大小顺序排列，小杯子在右，大杯子在左。

（三）拿取餐具、酒具的正确方法

拿餐盘时，拇指要紧贴盘边。

拿餐叉餐刀时，手要拿在把柄两侧，不可以用手直接触摸刀面、叉顶端。

拿酒杯时，手要拿杯底或杯脚，注意不能触及杯口。

（四）台布的铺设与更换

1. 台布的铺设步骤

步骤一：站立在主线相邻一边的桌边方向，将折叠好的台布的开口处朝向自己摆放。

步骤二：用双手将台布向两边打开，将台布摆放在餐台的中间。

步骤三：用双手大拇指和食指捏住台布的中间层，拇指与中指夹住台布上面一层，双手向两边伸开。

步骤四：将台布向上提一下，上身前倾，同时松开拇指与中指夹住部分的台布，将台布的最下层部分向前面台边垂挂摆放下去。

步骤五：轻轻朝自己的方向拉开台布并顺势调整台布的中心线，使之铺设于餐台的正中。

步骤六：调整台布，调整时拉起台布的一边轻轻地抖动，直至达到标准为止。

2. 台布的更换步骤与方法

步骤一：先将餐台后端台布向餐台中间提起后折叠至餐台的一半，将花瓶和调味瓶挪向餐台的后端。

步骤二：再将餐台前端部分台布向餐台中间折叠并收拢后放于近处的餐椅上。

步骤三：参照台布的铺设步骤一。

步骤四：参照台布的铺设步骤二。

步骤五：参照台布的铺设步骤三。

步骤六：参照台布的铺设步骤四。

步骤七：轻轻朝自己方向拉开台布并顺势调整台布的中心线，使之铺设于餐台正中，留出后端部分台布向前折叠。

步骤八：将花瓶和调味瓶放于餐台中间的位置。

步骤九：最后调整台布，直至达到标准。

3. 台布铺设标准要求

主线凸出定位准，台面平整无皱折，四边下垂均整齐，四角对称都均等。如是长方台铺设两块台布时，则应注意重叠处要平整。

二、西餐铺台基本餐酒用具介绍

（一）台布

西餐台布的颜色通常为白色。

也有些西餐厅在白色的台布上再铺设一块台心布，台心布的风格、主体色调与餐厅吻合，以此来点缀餐台。

餐台布的配用。正方形餐台一般选用正方形台布，选用正方形台布配用规格通常是根据餐桌的规格来定：例如，80 厘米见方的餐台配用 140 厘米×140 厘米的正方形台布。长方形餐台要根据餐台的大小选择台布，可选择长方形台布，也可选几块正方形台布接起来用。台布下垂的尺寸为 30～70 厘米，也可用台裙来弥补。

（二）垫纸

简易西餐铺台不铺设台布时用垫纸，在铺台时摆放在餐位居中位置，将要铺设的餐具摆放在上面。

（三）展示盆

餐厅一般使用直径 24～25 厘米白色瓷质平盆作为展示盆，也可使用直径大于 25 厘米的其他颜色、质地的平盆作为展示盆。

用于午晚餐铺台或宴会铺台，可根据各种不同的需求选用具有独特风格的花色图案的展示盆来搭配烘托餐厅的气氛。

在铺台时可作为餐具摆放定位之用，摆放在餐位居中位置。

（四）面包盘

通常使用直径 15 厘米白色瓷质平盘。

用餐时用来摆放面包。

是各类西餐铺台必用餐盘，摆放在餐位的左侧。

（五）餐刀

餐刀：用于一般西餐厅的铺台，与餐叉配套一起使用，用于食用任何菜肴。

小刀：通常与小叉配套使用，用于食用开胃菜、沙拉、甜品、水果。

鱼刀：通常与鱼叉配套使用，用于食用鱼、海鲜类菜肴。

大刀：通常与大叉配套使用，用于食用西餐中的主菜，是各类正餐铺台必摆餐具之一。

牛排刀：刀口带锯齿形状。

（六）餐叉

大叉：通常与大刀配套一起使用，用于食用西餐中的主菜，是各类正餐铺台必摆餐具之一。

生蚝叉：用于食用生蚝。

田螺叉：用于食用田螺。

蛋糕叉：用于食用蛋糕、苹果派等点心。

（七）匙

餐匙：用于一般西餐厅的铺台。用于食用汤类菜肴。

浓汤匙：用于食用浓汤。

清汤匙：用于食用清汤。

点心匙：用于食用甜品。

咖啡匙：饮用咖啡时搅拌用。

茶匙：略比咖啡匙小些，饮用茶时搅拌用。

（八）其他

黄油刀：用作切黄油和将黄油、果酱刮涂在面包上，是各类铺台必摆餐具之一。

水杯：供餐时用来斟倒饮用水。

葡萄酒杯：分为红葡萄酒杯、白葡萄酒杯，用于午晚餐铺台。红葡萄酒杯比白葡萄酒杯的杯肚大些，高度比白葡萄酒杯低些。

餐巾：供客人擦嘴用。

其他：包括盐盅、胡椒盅、牙签盅、花瓶、台号牌、烟缸等。

三、西餐铺台、餐酒用具摆放顺序与规则

（一）西餐餐台铺设顺序

餐椅定位→铺设台布→摆垫布或垫纸、摆展示盆→摆放餐用刀、叉、匙→摆放面包盆、黄油刀→摆放甜品叉、甜品勺→摆放饮具、酒具→摆放餐巾→铺放盆花、烛台→摆放台号牌、牙签盅等。

（二）6人位西餐宴会铺台铺设方法与要求

① 餐椅定位。将餐椅“2＋1＋2＋1”均匀整齐摆放（2个长边各摆放2把座椅），餐椅离开桌边1厘米。

② 铺设台布。站在主人位相邻的一边，铺设台布，2块台布接口重叠处应注意平整，台布正面朝上、主线突出居中、四脚下垂部分相等。

③ 摆展示盆。将展示盆摆放在餐位的正中餐台边1.5厘米。如展示盆上有标志或图文则应注意标志在上，图文正面朝向客人。

④ 摆餐刀、餐叉、汤匙（大刀、鱼刀、浓汤勺、小刀，大叉、鱼叉、小叉）。摆放顺序由里向外，分别为大刀、大叉、鱼刀、鱼叉、汤勺、小刀、小叉。刀口朝里，左叉右刀，大刀、大叉各距展示盆1厘米，刀叉之间相距0.5厘米，刀叉距离桌边1.5厘米，鱼刀、鱼叉距离桌边5厘米。

⑤ 摆甜品叉、勺和面包盘、黄油刀。甜品叉、甜品勺平行横放在展示盆前，距离展示盆1厘米，甜品叉在里，甜品勺在外，甜品叉、甜品勺之间间距0.5厘米。而面包盘摆放在餐叉的左侧，距离小叉1厘米，中心点与展示盆中心点在一条直线上；黄油刀搁于面包盘中心线右1/4处，刀口向左。通常在上主菜之前收去这些餐具。

⑥ 摆饮具、酒具。由左上依序往右下，按先水杯，后红葡萄酒杯、白葡萄酒杯的顺序依次摆放，水杯距离大刀3～5厘米。杯肚间隔1厘米，3个杯中心点连成一条直线并呈45°角。

⑦ 摆餐巾花。摆放于每个展示盆的正中，餐巾花形的正面朝向客人。

⑧ 摆盆花、烛台（也可在铺台布后摆放）。盆花应摆放在餐台的居中位置，铺设烛台应压在台布的中心凸线上，底部离盆花距离均等，两个烛台方向一致，对称呈一条直线。

⑨ 摆放盐盅、胡椒盅、牙签盅等用具。牙签盅压台布主线，距离烛台位置 10 厘米；盐盅、胡椒盅间距 1 厘米，左面是盐盅，右面是胡椒盅。盐盅、胡椒盅与牙签盅间距 2 厘米，且正对正副主人位置。

四、咖啡厅早餐铺台、餐用具摆放顺序与规则

（一）早餐铺台顺序

铺台布→垫布或垫纸→放台料、花瓶→摆餐具→餐刀、叉→面包盘→黄油刀→求司杯→咖啡杯具→餐巾。

（二）早餐铺台餐用具摆放规则

垫布或垫纸：摆放在餐位的正中，距离餐台 1.5 厘米。

调味品、牙签盅、口纸杯：按餐厅规定进行铺设。

餐刀、餐叉：将餐叉、餐刀分别铺在餐席的左侧、右侧；左侧为餐叉、右侧为餐刀，刀刃方向朝左；餐叉与餐刀之间的距离一般为 25～30 厘米。餐叉、餐刀离桌边的距离为 1.5 厘米。如有餐巾距餐台边 5 厘米，餐巾花应正面朝向客人。

面包盘、黄油刀：面包盘摆放在餐叉的左侧，距离餐叉 1 厘米，距离桌边 1.5 厘米。黄油刀搁于面包盘中心线右 1/4 处，刀口向左。

求司杯：求司杯摆放。

咖啡杯具：咖啡杯置于咖啡垫盘上，摆放在餐刀右侧，距离餐刀 1 厘米，咖啡垫盘底线与餐席中心在一条直线上；咖啡杯杯口向下，杯柄向右呈 45°角；咖啡匙放置于咖啡杯的外侧，搁于咖啡垫盘上并平行于咖啡杯杯柄。

餐巾：摆放于每个餐位的正中，距餐台边 5 厘米。餐巾花形正面朝向客人。

五、西餐厅午晚餐铺台

（一）价位中低档西餐厅铺台

一把餐刀、一把餐叉；一块餐巾，也可用纸巾；一个杯子，既可当酒杯，也可当水杯用。这套简单的基本餐具是一位客人就餐时最低限度必须使用的餐具。一般用于价位中低档餐厅，通常在餐厅开餐前进行铺设。如果客人点了其他菜肴，就在这套餐具的基础上相应增加其他餐具，以满足客人的需求。有开胃菜时，如有汤菜，汤勺应放在刀的外端；如果前菜是沙拉，勺应改为叉。有饭后甜品时，根据甜食种类不同，可以摆放一把叉和一把勺，或者一把刀和一把叉。

（二）高档西餐厅铺台

一个展示盆，一块餐巾，一把餐刀，一把餐叉，面包盘和黄油刀，一个酒杯和一个水杯。这套餐具的铺设一般用于比较高档的餐厅，也是在餐厅开餐前进行铺设。同样，如果客人点了其他菜肴，就在这套餐具的基础上相应增加其他餐具，以满足客人的需求。

（三）根据菜肴内容铺台

西餐点菜餐厅与中餐点菜餐厅在铺台上有一个明显不同的特点，即西餐点菜餐厅需要

完成两次铺台，一次是在客人就餐前的铺台，另一次是在客人点完菜后。由于客人点的菜不同，有的客人点得多，有的客人点得少；有的客人可能点了开胃菜又点汤，有的客人则不选择点开胃菜而选择点甜品。服务员应根据客人点菜的内容，在上菜前在已铺设的餐台基础上添补并调整餐具。下面介绍4种套餐的餐台铺设。

A套：

菜单内容：冷开胃菜、汤、主菜、甜品。

餐具配备：小刀、小叉，汤匙，大刀、大叉，甜品叉、甜品匙。

必铺餐具：展示盆、餐巾、面包盘、黄油刀、水杯、红葡萄酒杯。

B套：

菜单内容：汤、鱼、主菜、甜品。

餐具配备：汤匙，鱼刀、鱼叉，大刀、大叉，甜品叉、甜品匙。

必铺餐具：展示盆、餐巾、面包盘、黄油刀、水杯、红葡萄酒杯、白葡萄酒杯。

C套：

菜单内容：汤、主菜、甜品。

餐具配备：汤匙，大刀、大叉，甜品叉、甜品匙。

必铺餐具：展示盆、餐巾、面包盘、黄油刀、水杯、红葡萄酒杯。

D套：

菜单内容：开胃菜、汤、鱼（虾）、主菜、甜品。

餐具配备：小刀、小叉，汤匙，鱼刀、鱼叉，大刀、大叉，甜品叉、甜品匙。

必铺餐具：展示盆、餐巾、面包盘、黄油刀、水杯、红葡萄酒杯、白葡萄酒杯。

（四）摆换酒具

酒具也需要按照客人所订酒水重新进行摆换。如客人只喝红葡萄酒，则应从客人右侧撤下白葡萄酒杯；如客人喝白葡萄酒，应撤掉红葡萄酒杯，并将白葡萄酒杯挪到主刀上方2厘米处。

如客人订香槟，摆放方法为香槟杯放至主刀上方2厘米处，红葡萄酒杯在香槟杯右下方45°角的地方，白葡萄酒杯摆放在最后，3个酒杯的间距1厘米，并在一条斜线上。

如客人订矿泉水或软饮料，水杯应该放在离客人右手最近而不妨碍用餐的位置。

小知识

西餐铺台与中餐铺台有很大的区别，铺台的方式通常分为零点铺台和宴会铺台两种。

西餐一般选用方桌、长方桌，用餐采用分食制。通常正方台只能摆放2～3把座椅，不摆放4把，只有长方台才可摆放4把座椅。其最大的特点还是在餐具方面，需根据不同的就餐内容铺设不同的餐具。目前有许多餐厅都采用通用型，如使用餐刀、叉，无鱼肉主副之分，汤勺也无浓汤和清汤之别，佐餐酒杯也不分红酒与白酒。由于餐具统一，补给也方便，员工的训练简单，对经营者来说，节省了开支。但对用餐讲究的西方人来说，他们讲究标准化，讲究什么菜肴用何种器皿及刀叉，所以在一些高档的西餐厅，仍按一定的规格标准使用餐具。

六、宴会摆台

（一）西餐宴会的台型设计

西餐宴会台型设计按厅堂的大小和自然条件来布置。一般有“一”字台、“T”字台、“口”形台、“山”形台、“E”形台等，总的要求是左右对称、出入方便。目前我国较流行的主桌为“一”字台，其他用圆桌，这样排列及使用较为灵活、方便。

（二）西餐宴会的席位安排

确定台型后，要按就餐人数安排座椅。主人的座位应正对厅堂入口处，其视线应能纵览全厅。

西餐宴会的席位安排，一般家庭式西餐宴会习惯是长台的一端为主人席位，另一端为女主人或副主人席位。主人的右侧为主宾客，左侧为第三宾客。副主人右侧为第二宾客，左侧为第四宾客，其余交错类推。这种宴会席位排法的优点是气氛较随和，有两个谈话中心。

一些国家和地区，特别是较为正式的宴会，更喜欢主人和副主人座席相对安排在长台长边中央位置，将宾客按顺序交叉安排在长台左右，这样可使全桌形成一个交谈中心而又不至于冷落宾客。

（三）西餐宴会台面摆设

1. 台布铺设（以 8 人座 240 厘米×120 厘米的长方桌为例）

宴会铺台布一般由 2 人一组合作进行。因为餐台较长，单人铺设易将台布弄皱或弄脏，也不便操作。

长餐台往往用多块台布拼铺而成，铺设时应在餐厅从里往外铺，让每块台布的接缝朝里，以步入餐厅的客人不易看见接缝为原则。台布重叠部分不少于 5 厘米，台布中线相连，呈一条直线，台布下垂部分的 4 个边要平行相等，台布下沿正好接触到餐椅边沿。

2. 台面公用物品的摆放

台面中心留出摆放鲜花的位置。从中心开始向右方向依次摆放烛台、牙签筒、盐和胡椒粉盅、烟灰缸，四物呈菱形。鲜花与烛台相距 20 厘米，烛台与牙签筒相距 10 厘米，牙签筒与盐盅和胡椒粉盅相距 2 厘米，盐盅和胡椒粉盅与烟灰缸相距 2 厘米，盐盅与胡椒粉盅相距 1 厘米。如要摆放火柴，则摆在烟灰缸右沿，面向上。从中心开始向左方向的台面摆放与向右方向的台面摆放形成中心对称。

3. 餐盘（垫盘、装饰盘）

用左手垫上餐巾托住盘底，从主人位置按顺时针方向用右手在每个席位正中摆放餐盘。注意盘的花纹图案或店徽要摆端正。盘边距离桌边 1 厘米，盘与盘之间距离要相等。

4. 餐刀、餐叉、汤匙

摆银餐具时，要将此次宴会使用的全部刀、叉、匙都摆在餐台上，使宾客明了此次宴会的菜式和道数。从餐盘的右侧自左向右依次摆放主菜刀（热菜刀）、鱼刀、汤匙、开胃品刀（冷菜刀），刀口朝左，匙面向上，刀把、匙把与桌边垂直，离桌边 1 厘米。然后再从餐盘的左侧从右到左依次摆放主菜叉（热菜叉）、鱼叉、开胃品叉（冷菜叉），叉面向上，叉与桌边垂直，离桌边 1 厘米。鱼刀、鱼叉要向前突出，离桌边 5 厘米。

5. 面包盘、黄油刀、黄油盘

在开胃品叉的左侧摆面包盘，盘与叉相距 1 厘米，面包盘中心与餐盘中心连接线平行于桌边，在面包盘内靠右侧边沿处摆放黄油刀，与桌边垂直，刀口朝面包盘盘心。黄油盘摆在面包盘右上方，距面包盘 3 厘米，黄油盘的左侧与面包盘的垂直于桌边的直径延长线相切。

6. 水果刀、叉和点心匙

在餐盘的正上方从上到下依次平行横放水果刀、点心匙、水果叉。刀把向右，刀口向下；匙把向右，匙面向上；叉把向左，叉面向上。也有不放刀的。还有一种摆放方法是先水平放刀，刀把向右，刀口向下；在刀的上面交叉放上匙和叉，刀、叉、匙中心点重合，匙和叉的把向下斜，倾斜角度与水平线不要太大。

7. 酒具

摆酒杯时，只能用手握酒杯的杯颈摆放，禁止拿杯口或将手指伸入杯内污染酒具。酒具一律摆在餐刀上方位置。在餐刀上方从最高的水杯摆起，从左到右依次降低。3 个杯子从左到右、从上至下分别是水杯、红葡萄酒杯、白葡萄酒杯。3 个杯子杯心在一条与桌边呈 45°角的直线上，白葡萄酒杯的右侧与开胃品刀右侧延长线相切，杯刀相距 3 厘米。4 套杯则在 3 套杯的基础上，将白葡萄酒杯向下移 1～2 厘米，在其上方放置香槟酒杯，各酒杯杯身之间相距 1 厘米。

8. 餐巾花

西餐用的餐巾花通常是花形统一的盘花，将叠好的餐巾花摆放在餐盘正中。不同花样要注意花样和高低不同的餐巾花搭配摆放；如用杯花，则应插在水杯里，但西餐宴会很少用杯花。

9. 菜单

就餐人数较少时，每人摆一份菜单；人数较多时，可两个席位摆一份菜单，间隔摆放，至少每桌两份。

10. 椅子

椅子正对着餐盘，椅子边沿正好接触到台布下沿。

11. 鲜花

最后在台面中心摆上鲜花，鲜花高度不超过宾客就餐时的水平视线。

七、冷餐会、酒会摆台

（一）冷餐会摆台

冷餐会的设计近似于自助餐的设计，但其规模一般要比自助餐的大，因此布置要华丽，场面要壮观，气氛要热烈，环境要高雅，给人以舒适、高贵的感觉。冷餐会一般有设座和立式两种就餐形式。

冷餐会的摆台要根据宴会厅的形状和实际情况，根据参加冷餐会的人数来决定主食品台、副食品台或甜品台的布置和食物分量。

食品台可以是圆形、长方形、S形、T形或Y形。

食品的摆放形式多种多样，除了设置完整的自助餐台外，也可将一些特色菜分立出来，如色拉台、甜品台、切割烧烤肉类台子等。

吧台要根据参加冷餐会人数的多少来决定。50人以上最好设2个吧台，50人以下设1个吧台就可以了，但不可没有。吧台前部分只陈列少量的酒，以陈列酒杯为主；后部分以陈列酒、饮品为主。饮品的大部分放于冰箱冷藏，宾客饮用时才拿出来分斟给客人。

收餐台上只放餐巾纸和烟灰缸，它是供宾客放用过的餐具的，服务员要注意及时收走用过的餐具。

致辞台设在靠墙一边的中间，使主人能关注到宴会的每一个角落，能调动冷餐会气氛。

设座式的冷餐会要摆好宾客用餐桌，桌上的餐具有餐叉、餐刀、汤勺、甜品叉、面包盘、面包刀、餐巾、胡椒盅、盐盅。在立式冷餐会上，有的主人和主办单位要求在贵宾厅为贵宾、重要领导、年纪大的宾客建立贵宾席，为此要按西餐宴会摆台方法摆台。

（二）酒会摆台

酒会以酒水为主，略备小吃，不设座椅，仅放适量的小桌或茶几，以便宾客随意走动。

小桌上铺设台布，准备好纸、杯子、烟灰缸、牙签筒、鲜花等，全部与餐桌摆放一致。

根据酒会通知单备足各类酒品、饮料，布置好酒台。

酒会的食品、饮料由服务员用托盘端送，也有一部分放置在小桌上。

八、西餐摆台要领

摆台时，按照一底盘、二餐具、三酒水杯、四调味用具、五艺术摆设的程序进行。

餐盘正中，盘上方横匙，左叉右刀，先外后里，刀口朝盘，叉面、勺面朝上，酒具在右上方，主食在左。

摆放在台面的各种餐具要横竖成线，有图案的餐具要图案方向一致。每套餐具之间不要混淆，全台看上去要整齐、大方、舒适。

餐具与菜肴配套，酒具与酒品配套。

边摆边检查餐具、酒具，发现不清洁或有破损的要马上更换。

摆台结束时要进行全面检查，仔细观察是否有漏项或错摆。如发现问题，应及时纠正、弥补不足。

摆台必须遵循整洁有序、尊重食俗、适应需求、配套齐全、方便就餐、方便服务、艺术美观的原则。

第四章　西餐服务的类型

西餐服务，是指服务人员接待食用西餐的宾客而进行的服务工作，包括提供舒适的就餐环境以及一整套规范的服务。作为一名餐厅服务人员，应该了解西餐的特点，掌握西餐服务的程序和方法，以便为宾客提供优质的服务。

西餐服务起源于欧洲的贵族家庭，在不同地区有着不同的服务方式。西餐服务经过多年的归纳、总结和演变，形成了现在常见的法式服务、俄式服务、英式服务和美式服务。尽管有的西餐厅为了协调其菜单、设施和形象而把两种或两种以上的服务方式结合起来使用，但在特色餐厅里则保留了每一种服务方式别具一格的特点。

第一节　英式服务

英式服务又称家庭式服务，主要适用于私人宴会。

一、英式服务的特点

英式服务的特点主要表现在以下几个方面：

① 食品和配菜都是盛在方盘中或大碗中送到餐桌上，由男主人从大方盘中把菜肴分到客人的餐盘里，然后递给站在主人左边的服务人员，再送给女主人、声望高的客人及其他客人。如果进餐过程中大方盘中的食品不够，可将剩菜盘撤下，换上盛满食品的另一个盘子，送到餐桌上。

② 英式服务开始时常常是上汤。服务人员把热汤盘放在男主人面前，男主人盛满每一个汤碗，再由站在其左边的服务人员根据主人的吩咐送给每一位客人。在所有英式服务中通常是将第一碗汤递给女主人。

③ 盛满食品的餐盘可由服务人员递给每一个客人挑选，也可由客人自己拿取后再挑选自己喜爱的菜。肉类主菜是由男主人切分后放在餐盘里，蔬菜和其他配菜是由女主人分派到盛有肉类主菜的餐盘里。

④ 甜点由女主人分好，经服务人员装饰后再递给客人。

⑤ 所有的饮料都由男主人来调制和服务。

⑥ 英式服务在加拿大通常不用服务人员，所有一切招待客人的工作，都由男女主人来完成。一般是将菜在厨房准备好，盛在大方盘或大碗中送到餐桌并摆放在餐桌中央，由客人自己挑选。

二、英式服务的分工

英式服务有时在饭店宴会厅举行的私人宴请席上采用。英式服务是一种非正式的由主人在服务人员或仆人的协助下完成的特殊宴会服务方式。男主人负责所有肉类主菜的切分、汤类菜肴的分盛及饮料酒水的调制。女主人负责蔬菜和其他配菜的分盛及甜点的分配。服务人员或仆人负责所有菜品的取递或传送。

三、英式服务的优缺点

英式服务的气氛活跃，也节省人力，但节奏较慢，客人得到的照顾较少，主要适用于家庭宴会，很少在大众化的餐厅里使用。

第二节　法式服务

法式服务是起源于法国、高贵而烦琐并十分讲究礼节的一种西餐服务方式，流行于西方的上流社会。让宾客享受到精致的菜肴、尽善尽美的服务和优雅浪漫的情调是法式服务的宗旨。法式服务服务周到、节奏缓慢、用餐费用昂贵。只有能花得起时间、支付得起昂贵餐费的人，才有机会享受到这种方式的服务。

一、法式服务的特点

法式服务的特点主要表现在以下几个方面：

① 广泛使用银器，在客人餐桌边的旁桌或手推车上进行最后的加热和烹调，并由服务员或助理服务员用加热过的盘碟盛菜给客人。

② 传统的法式服务相当烦琐，如宾客用完一道菜后必须离开餐台，让服务人员清扫完毕再继续入席就餐，这样耗时很多。餐厅还必须准备许多用具，每餐的食品很多，浪费也很大。现在，这种服务方式已经不多见了。

当今流行的法式服务是将食品在厨房全部或部分烹制好，用银盘端到餐厅，服务人员在宾客面前做即兴加工表演。如戴安娜牛排、黑胡椒牛柳、甜品苏珊煎饼就是服务人员在烹制车上进行最后的烹调加工后，切片装盘端给宾客的。又如凯撒色拉是服务员当着宾客面制作，装入色拉木碗，然后端给宾客。

③ 传统的法式服务对服务人员要求非常严格。专业服务人员大部分接受过训练，这种训练包括服务人员在职业学校接受科班训练，并要经过几年的实习之后才能升为助理服务员。助理服务员不能单独从事服务工作，必须与首席服务员一起工作 2 年后方能成为正式服务员。

④ 法式服务的突出特点是一桌餐饮服务需由 2 名服务人员来共同完成，并且他们有各自分工。

二、法式服务的分工

法式服务的 2 名服务人员既有分工，又相互协作。

首席服务员的职责：

① 没有领班时，应先安置客人入席。

② 请客人点菜并做记录。

③ 为客人供应所需的酒类及饮料。

④ 在燃焰烹制车上完成菜肴及点心的最后烹饪工作。

⑤ 给客人送账单及结账收款。

助理服务员的职责：

① 把首席服务员所记录的点菜单送到厨房。

② 在厨房按菜单要求准备好菜肴，用托盘把菜肴端进餐厅，放在旁桌或烹制车上。

③ 将首席服务员烹调好的菜肴送给客人。

④ 撤餐具，收台。

⑤ 在自己可能的范围内协助首席服务员。

三、法式服务的优缺点

法式服务是一种非常豪华的服务，最能吸引宾客的注意力。客人受到周到、细致的招待，服务也十分高雅。但是，法式服务要使用许多贵重餐具，需用烹制车、旁桌，故餐厅的空间利用率低，可服务的客人较少，同时还需要较多的经过培训、具有高度专业化知识的男服务员，服务进程很费时间。

第三节　美式服务

美式服务又称为“盘子服务”，是餐厅服务中最普遍、最有效的服务方式之一。服务人员根据客人的点菜，在厨房将菜肴装盘并加以装饰，再用托盘端到餐厅，送给客人。美式服务是一种快速、经济的餐饮服务方式。

在美式宴会服务中，客人进入座席之前应先倒冰水，将奶油及面包放在黄油碟及面包盘上，菜肴在厨房盛好后由服务人员端进餐厅。除饮料由服务人员从客人的右侧供应外，所有盘碟的食品都用左手从客人的左侧供应。

一、美式服务的特点

美式服务的特点主要表现在以下几个方面：

① 服务人员用托盘端菜。

② 热菜必须在临上菜时才能盛到餐盘里，或放在蒸汽台上保持温度。

③ 每一道菜都必须按照菜谱程序烹调和装饰。

④ 所有食品用左手从客人左侧上。

⑤ 所有饮料用右手从客人右侧上。

⑥ 在上下一道菜之前，必须先撤掉用过的餐具和杯子，用右手从客人的右侧收拾餐

具及盘碟。

⑦ 当客人坐在墙角处或小房间时，上述原则可灵活变动。

二、美式服务的优缺点

美式服务简单明了，服务速度快，餐具成本低，人工成本低，空间利用率及餐位周转率都十分高，有利于有限数量的服务人员为数量众多的宾客提供服务。由于各项成本降低，用餐费用也相对较低。

除了缺乏表演性服务及烘托餐厅气氛不足外，美式服务是最理想的服务方式。因此，美式服务常用于各类宴会，也是西餐厅、咖啡厅中十分流行的一种服务方式。

第四节　俄式服务

俄式服务是一种简便迅速而又不失高雅的西餐服务方式，起源于俄国的沙皇时代，在许多方面和法式服务相似。它十分讲究礼节，风格雅致，客人获得周到的服务。俄式服务虽然采用大量的银制餐具，但服务员的表演较少，注重实效，讲究优美文雅的风度。

俄式服务由于简便、迅速，很快显示出其服务优势，超出当时占统治地位的英式服务和法式服务，成为当时王室里最流行的服务方式，而今又被大多数豪华饭店所采用。

一、俄式服务的特点

俄式服务的特点主要表现在以下几个方面：

① 俄式服务的主要技巧在于各种食品直接盛入银制大餐盘里，从厨房端到餐厅，然后由服务人员分配到事先放在每位客人面前的餐盘里。

② 摆热的空盘时，服务人员用右手从客人右侧按顺时针方向绕桌进行；用银盘上菜时，先将盛菜银盘端上桌子让客人观赏，再用左手垫餐巾托着托盘，右手持服务叉匙，从客位的左侧按逆时针方向绕台给宾客派菜。

③ 在食品派送过程中，服务人员对食物的供应量要留有一些余地。如果能给客人一些额外想要的菜，那是会使客人高兴的。所有未从大餐盘中分给客人的食品应直接送回厨房。

④ 俄式服务中汤的派送方式有两种：一是用汤盘盛，热汤盘放在大银盘子里，中间垫上一块叠好的方餐巾，接着，从厨房把汤端到客人面前。如果汤盛在大餐碗里，应从大餐碗里舀到客人的汤盘里。二是将汤盛在一个银杯里，直接把盛汤的银杯送给客人。

汤的派送是俄式服务中唯一能够采用两种方法服务的。

二、俄式服务的分工

俄式服务由一名服务人员来完成整套的服务程序。菜肴全部是在厨房里准备的。

三、俄式服务的优缺点

由于所有的服务工作都可由一名服务人员来承担，俄式服务比起需要两名服务人员配合工作的法式服务来有很大的优点：

① 每桌宴席只需一名服务人员。

② 服务迅速。

③ 比其他许多服务方式费用低。

④ 是一种优雅且档次较高的服务。

⑤ 节省服务设备和空间。

⑥ 菜肴事先在厨房分切好，所以能确保每份的分量。

⑦ 浪费少，因为所有没分到客人餐盘里的食品都能送回厨房中再用，而不是扔进垃圾箱。

⑧ 可给每位客人适当的照顾。

俄式服务的缺点：

① 一开始就要在餐具上有一次大的投资。

② 用一个大银盘服务，在客人很多的情况下，最后服务到的客人看到的只是大盘子里余下的最后一份菜，而且菜也可能变凉。

③ 如果同一团体客人中点菜内容不同，服务人员就必须分别从厨房端出许多个餐盘。

第五章　西餐的菜肴服务

切片被视为席间服务技巧中最难掌握的技术之一。切片人的技能当然是必不可少的，但某些规则应该严格遵守。本书中所描述的切片技术适用于用右手握刀的人。

第一节　肉类的切片

一、九条戒律

① 摆在盘上的整块肉在切片前和加工前要向宾客展示。

② 切刀应适合要切的肉。

③ 刀要磨快，刃要锋利。这条规则也适用于餐刀。在商店里可以买到不锈钢刀，锋利且保持时间长。

④ 在工作当中，刀要轻盈地握在手里：手腕关节灵活，可以使手臂来回移动得到调整。如果薄刀刃弯曲了，说明手握刀太死板。

⑤ 应该得到一片整齐的肉。刀的移动不能在肉上留下任何痕迹，如条痕或波纹。因此，建议不要用锯的移动方法切片，而要几乎用刀刃的长度从头滑到尾。

⑥ 逐渐放松手腕关节，同时力求在操作当中不使刀刃弯曲，尽管刃很薄。

⑦ 在分切时，要用叉子撑住肉，或扁平按住肉的上部，或用叉子尖，但不要插进肉内。这个方法对白肉类是建议，对红肉类则必须执行。

⑧ 切片后的肉片，摆在盘内，绝对不能在上面浇调味汁。实际上，应使肉的质量以及肉烤的精确程度显示出来。这项规则有个例外，就是需要调味汁和配菜的是炖得很老的牛前腿肉。

⑨ 绝对不能手持刀并使刀尖朝前走动，以避免在服务移动中可能出现的一切事故。

总之，切片者有必要养成动作优美的切片习惯，就是说，在身体直挺的同时，头部低到可以跟随工作的位置为止。实际上，上半身几乎俯在要切片的肉上，给人一种不舒服的“卷缩”的感觉。

在将一块红肉切片时，服务员可以不顾服务的优先顺序，先为喜食较熟的前几片肉的宾客服务，然后再为那些喜欢半生不熟的、靠中心部位的肉的宾客服务。

二、牛排骨肉

首先应准备一块大约有 5 根肋骨的牛排骨肉（牛前后肋骨的中间部位）。

这块牛排骨肉在制作前要去掉筋头巴脑，同时去掉排骨肉上面另有用处的一层覆盖物和脊柱下面的平骨。

牛排骨肉的重量在 3.5～5 公斤，可以保证为 10～15 位宾客服务；要在烤炉里烤至三分熟。

用具：一块约 40 厘米×30 厘米、厚至少 3 厘米的切板，板上有一个槽沟，在四角当中的一个角里有一个接血用的小斗。一把切刀（薄刃）。

在餐厅里，牛排骨肉可以在一辆加热车上切片。

切片：将牛排骨肉立于切肉板上（这样放置可以保留肉的血汁），肋骨朝左，骨头尖朝切片者；借助一把叉子或一对叉头相对的叉子（不要插进肉里）撑住排骨肉，或借助一块餐巾。

横向片下第一片儿；为了露出半生不熟的肉，如果需要可以再片下一片儿。

匀称地为每位宾客沿着整个排骨肉的横面切下一片肉，将每片肉放在一个事先适当加热的盘子里。去掉肋骨需用一把去骨刀，然后继续切片。

当第一次服务结束时，切片者将排骨肉送回厨房的烤箱内，等候再次为宾客服务。

服务：在肉的旁边摆放些蔬菜（奶酪土豆、烤焦的土豆、法式豌豆、约克夏布丁等）和调味汁，端上芥末。

注意：如果切片者没有经验，可以将排骨肉放倒（肋骨在下）像切牛腰肉那样垂直地切，同时考虑到肋骨。

三、铁扒牛排

铁扒牛排是一块 500～800 克重的厚里脊肉片，一般供 2～3 人食用。

在已剔除筋头巴脑的、重 2.5～3 千克的牛里脊中心切开。

在称为头部的牛里脊肉的一端，切下供铁扒的里脊肉，大约每人 180 克。在另一端，靠尖的部位，切下腓力里脊肉，每人 100～150 克。

用具：一块切板或一个热盘、一把切刀、一把叉子。

切片：铁扒牛排要相当生，随煎盘端到餐桌附近。借助于叉子和刀子将牛排放在切板上；用刀托肉的下面，用叉背按住肉的上面轻轻将牛排提起。

切下第一片肉，保存在一个热盘内。如果是给 2 位宾客，斜着切成 2 块或 4 块；如果是 3 位宾客，就切成 3 块或 6 块。将肉平放在 2 个或 3 个热盘里。

把肉头或切坏的肉片，用两个盘子压榨出血汁浇在盘中的肉上，上面的盘子底部要绝对干净，事先要检查一下。

服务：快速服务，以防变凉。给每位宾客上一盘肉。上配菜。

如果事先预订好的话，为宾客上贝亚耐兹调味汁（一种用黄油、鸡蛋制成的调味汁），或推荐芥末。然而，很稠的、不可能溅起汤汁的贝亚耐兹调味汁可以在配菜前浇上。

注意：保证事先将宾客用的餐刀磨快。

四、烤牛里脊

应为每位宾客准备150～180克里脊肉，要用一条整条的、2.5～3.5千克的、没有去除筋头巴脑的里脊肉。它可能从头部至尾部越来越窄。

里脊肉应仔细去掉筋头巴脑部分，也就是将皮和脂肪全部去掉。

用具：一块切板或一辆活动加热车，在这种情况下，开水锅要用一小块金属片覆盖，以防止里脊肉在与隔水烤食物用的锅的热度接触中被烤得更熟。一把切里脊肉刀，一把带齿刀，用于切包住里脊肉的面层，使面层在切片时不至于断裂。

切片：烤肉在服务时要半生不熟。

切去第一片。

根据牛里脊的粗细，切成7～10毫米厚的片。

服务：用适当热的盘子服务。

将肉片摆在盘内右侧；如果有两片肉，要将两片肉重叠起来。

将摆好肉的盘子给客人端上。

将配菜摆在盘子的空余地方，浇上调味汁。询问宾客是否要芥末。

如果肉是在活动加热车上切片，加热车上一般有两个槽子，一个用于盛调味汁，另一个用于盛配菜；调味汁和配菜将根据宾客口味添加。

如果肉是放在盘里端上桌的话，调味汁要盛在调味汁碗里，配菜放在另一个煎盘内或一个蔬菜盘内。

在这种情况下，为宾客第一次服务后，肉应该送回厨房保温。不然的话，就留在加热炉上保温。

五、烤牛腰肉

要为每位宾客准备一块180～250克净重的牛腰肉或下脊肉，剔除筋头巴脑部分。

用具：一块切板，一把切刀，两把叉子。牛腰肉也可像牛里脊肉那样摆在加热车里服务。

切片：用两把叉子伸到肉下面，但不要插入肉内，平横提起放于切板上。

用一把叉子背抵住肉。切去第一片，直至切到半生的部位。

为每人切2～3毫米厚的薄片，动作要轻柔。

为每人盛上两片肉。

服务：用热盘。摆一片或两片在盘内右侧。

上配菜和调味汁。询问是否需要芥末。

六、煨牛尖

剔除筋头巴脑的牛尖（前臂肉）在制作过程中会减轻重量。要准备260～300克的生肉，以得到140～150克的熟肉。

牛尖炖4或5个小时，盛在平底锅里或放在一个高边的煎盘内，并放入配菜：小胡萝卜、萝卜、豌豆、小洋葱，并浇上调味汁。

用具：一块切板，一把切刀。

切片：用叉子和刀尖将肉提起，沥干汤汁。

将肉的尖部朝向右侧摆在切板上，斜着轻轻地从左至右、由上往下切成3～4毫米厚的薄片。

服务：用热盘服务，每盘1～2片肉。

浇调味汁，加入配菜。也可以上蒸土豆或面条。

注意：煨牛尖也可凉食，连同配菜和调味汁都可“冷食”。

七、牛舌

一条牛舌有1.5千克重。

（一）猩红牛舌

这项在肉食店里完成的制作可以冷食，单独的或配其他肉类制成（如火腿、烤牛肉、仔牛肉等）。

用具：一块切板，一把切刀。

切片：把牛舌放在切板上，圆的一侧向外（或朝宾客），舌尖朝左，用一块折起来的餐巾按住牛舌。

从喉部一侧斜着切下第一片，以便一次将舌皮部分及连接舌皮的少量肉和支撑舌皮部分的交点拉下来。

将舌头切成1毫米厚的薄片。把舌头的薄膜去掉。

服务：将舌肉摆在煎盘或餐盘里，单独或配其他冷肉类。同沙拉一起端上。上芥末。

（二）炖或煮牛舌

用具：一块切板，一把切刀。

切片：舌头应在工作台上去筋去皮。它的外观应刺激人的胃口，剥皮时要心细。

在切片中考虑到喉部附近的肌肉很嫩，绷得很紧，而舌尖部位却很干。

用叉子内侧按住舌肉。

如同猩红舌肉切片那样，但要交替切舌头的两端，以使每位客人都可以得到两种不同类型的肉。

服务：放在一个热盘子里。

舌肉平行摆好，覆盖盘子的2/3。

将配菜摆在旁边。

将调味汁浇在舌肉旁边，除非客人希望将调味汁浇在舌肉上。

注意：最通常的做法是辣汁舌肉配土豆泥。阿尔萨斯式煮牛舌配腌酸菜，斯特拉斯堡香肠和薄猪肉一起食用。

八、小牛大腿肉

小牛大腿肉是位于小牛臀部内侧的肉。

小牛大腿肉适宜炖。它同肥肉（黄油和脂肪）一起放在一个封闭的器皿中炖，用溶于黄油的蔬菜使之产生芳香味。

小牛大腿肉呈不规则圆锥形。

用具：一块切板，一把切刀，一把叉子。

切片：用叉子抵住肉，用刀刃托底提起，沥汁，然后放在切板上，尖部朝左，较宽的部位朝右。

在确认肉是由刀刃切片的同时，切去第一片。

按肉的宽度，将肉切成2～4毫米厚的片。

服务：将1片或2片肉摆在热盘内。

将配菜摆在一旁。

将调味汁浇在肉的旁边。

上芥末。

九、小牛胸骨肉

小牛胸骨肉是由5块一级肋骨肉连在一起构成的。

用具：一块切板，一把切刀，一把叉子。

切片：沥汁，放在切板上，凸起的、烤成金黄色的一面朝向客人。

从右侧切去第一片，放置一边或送回厨房，除非客人表示愿意食用。

将盘子放在切板旁边。

在每一侧骨头的左右垂直下切。

服务：为每位客人上一块带骨肉或上一块不带骨肉。上配菜。将调味汁浇在肉旁。上芥末。

十、小牛腰子肉

这是一种牛腰脊肉，里边顺着长度方向带着1个或2个腰子。应考虑为每位宾客准备180～250克的腰子肉。

用具：一块切板，一把切刀，两把叉子。

切片：腰子肉从厨房端出，烤过，但尚不成形。

用两把叉子，但不能插入肉内，提起并放在切板上。从右侧切下第一片，不要将肉按得太紧。

为每位客人切一片。

将剩余的腰肉送回厨房或保持温度，以便再次服务。

服务：随切随将肉片放在热盘内。

上配菜。

将调味汁浇在腰肉旁边。

上芥末。

注意：可使切腰子肉简单些，用一把甜食铲将腰肉片固定，在放入盘内前将肉片放倒。

十一、生火腿

贝尤纳火腿、帕尔玛火腿、威斯特法伦火腿或当地火腿。

用具：一块大理石底座，一个用于支撑火腿的爪形工具，骨把朝左，火腿肉朝上（如果没有爪形工具，也可将火腿立着放在一个厨房的工作台的抽屉里，推紧抽屉撑住火腿）。一把切火腿刀，一把尖头刀。

切片：如果是在乡村，切片一般较厚，但为使味道更香更美，火腿片切得薄些更为可取。将火腿固定住，用左手握住骨棒。

横着将火腿上的脂肪层片去，直至露出红肉。

去除火腿的无用部分，刀口为1～2厘米宽，重复这项操作直到满足顾客要求为止。

切刀轻盈地来回移动，从左至右片下一片火腿，火腿片要薄、平滑、匀称。

必要时，用尖刀将第一块骨头去掉，然后继续切片。用一把肉食店用的锯锯开骨关节，而后用半圆凿清理下面部分火腿肉，翻过火腿放在爪形支架上，以继续切片。

服务：边切片，边将火腿片（至少2片）平摆于一个大凉盘上。

上小酸黄瓜或小酸洋葱头。

注意：在档次较高的餐厅里，火腿下面部位的肉不用。

在任何情况下，不能在客人面前用锯，同样不能用火腿半圆凿，凿刃呈长圆柱体，沿着凿刃有一裂槽，用它锋利的末端穿过肉。

十二、熟火腿

最常见的是约克式火腿。其经过3个星期的腌制直到火腿内部已带有咸味，再烘烤8个小时。当火腿连有里脊尾部时，切面就长；如果只是火腿，切面就短。

用具：一块切板或一个爪形支架，一把长刃刀。

切片：将火腿放在切板上，用左手拿一块茶巾握住骨把，朝骨把方向呈“V”字形切开2个切口，切下这块火腿。

由高往低、斜向从骨把附近开始切片，直至骨头；火腿片要大约1毫米厚。

尽可能平地切片，火腿片均匀、美观。

翻转过火腿，继续由高往低切片。当切到骨头时，切下火腿下部肉。

服务：盘子的凉热根据火腿的凉热而定。

把火腿片摆在盘的一端。

如果是凉火腿，要配沙拉，如可能用小盘或半月形小盘。

如果是热火腿，要为调味汁和配菜留下足够的地方。

上芥末。

注意：巴黎火腿（也称白火腿或半咸火腿）是一种快速制作的去骨火腿，要在短时间内制成。火腿被置于长方形、圆柱形或“曼陀林”形的模子里准备烘烤。火腿将用机器或手工切成薄片，就像切牛腰肉那样。

十三、羊腿

仔羊腿烧至五成熟或玫瑰红色（即四成熟），绵羊腿烧至三成熟。

用具：一块切板，一把刃薄而窄的切刀，一个加热炉，一把羊腿骨夹子或一块茶巾。

切片第一种方法：

应尽可能快地切片，以避免将肉片放在加热炉上烤热。左手拿一把羊腿夹子或一块茶巾扶住羊腿骨，腿肉凸出部分朝上。在腿根附近呈“V”字形处切去第一片。由高向低，从靠近骨把的腿肉开始切片；只要可能就绕过腿骨，尽量一刀将腿肉和腿肉内侧部位同时切开。这样，羊腿肉将与肌肉纤维垂直地被切开。

这种切片方法可以被视为最理想的方法。实际上，肌肉纤维被刀刃切断，肉吃起来就很嫩，而且这也是最节省的方法。

切片第二种方法：

像前边说过的那样扶住骨把。从腿肉的上层开始切片，几乎水平，以得到大片的、顺着肌肉纤维切下的肉片。切到骨头时，翻转过来，按照同样的原则，切割腿肉内侧。这种方法可以使肉片大些，看上去很漂亮，但肉不会太好吃，因为是顺着肌肉纤维切片的。

服务：询问客人喜欢什么程度的肉，“适中或全熟”（靠外边的肉或“根肉”）或“半生不熟”（羊腿中心部位的肉）。

直接摆在客人的盘子里，或用一个热盘摆放随时切下来的肉片，这个盘子要在加热炉上保温。

这道菜总是用热盘子服务，摆在客人面前。

肉片摆在盘内右侧，给配菜和调味汁留出地方，调味汁盛在调味汁碗内。

注意：不管有没有调味汁，绝不要把盛着整只或已切好的羊腿肉片的盘子放在旺火的加热炉上。绝不要加热作为配菜的绿色蔬菜。

对于人数较多的用餐，也可以在烘烤前去掉腿骨，只留下骨把，在这种情况下，就可以像切烤牛里脊那样切片。

十四、小羊或绵羊脊肉

脊肉是位于大腿肉与排骨肉或方块肉之间的那一部分，小羊或绵羊脊肉可以连同动物的尾巴一同制作。

用具：一块切板，一把切刀，一把叉子。

切片：向客人展示菜盘。

动作利落，避免把肉放在加热炉上加热，也不能放在骨头和肉皮上（腰肉内侧），否则肉会烧熟，且失去玫瑰红色。

将肉置于切板上，热盘在切板左侧。

切开脊肉的左侧（或右侧），去掉肉皮。

顺着平骨直切到垂骨。

垂直地将脊肉切成约 5 毫米厚的片，摆在切板上。

用一把刀和一把叉将肉翻过来，片下里脊肉，并竖着分切成 2 条或 3 条。

在切板上将脊肉转过来，重新开始右侧（或左侧）相同的操作。

服务：在每个盘上摆 1 条里脊肉和 2 块里脊肉。

随后上配菜和调味汁。

也可以上一种薄荷汁：粗略剁碎的薄荷叶，1 升白葡萄酒和 0.25 升白醋，浓缩成 0.75 升的汁，再加 150 克的白糖粉。

注意：也可顺着立骨切开，横刀片肉。如果肉变凉，需要加热，可以用蓄电加热炉，用肉皮或骨头垫底，将里脊肉放在上边。

十五、小羊胸骨肉

一块胸骨肉由 5 块前胸骨组成。

用具：一块切板，一把切刀，一把叉子。

切片：首先展示方肉块；用一把切刀和叉子将肉块置于切板上，立直，骨尖在上，肉在下，凸起的、烤成金黄色的一侧朝向客人。

用叉尖插住下部，使其立住。

一次切下 2 块胸骨肉，然后再切 2 块；或每次切下 1 块胸骨肉。

在盘上将胸骨肉摆成原样，或平放。

斜着由上往下切片，给人一种肉片较大的感觉。

服务：用热盘服务。

给每位客人 1 块双骨胸肉或 2 块单骨胸肉，骨尖交叉（堆成金字塔形）。

配菜和调味汁盛在旁边。

十六、小羊肩肉

小羊肩肉很少烤制，在这种情况下，它被称作“羊肉块”的一部分，同羊腿和羊胸肉一起摆在保温车上。这种分法可使羊身上所有部位都得到利用。然而，羊肩肉特别适合于制作塞肉馅，用一种肉或加香料的香肠肉馅塞进去骨后的羊肩肉里；随后用绳捆扎和烘烤。

也可以用英国式方法，把加香料的面包芯填塞在羊肩肉里。

用具：一块切板，一把切刀。

切法：按照羊腿的标准，羊肩肉在骨头周围没有多少肉可以片。

人们将借鉴第二种方法。塞馅羊肩肉，也称“包子”，放在切板上垂直切片。肉片约 1 厘米厚，使客人可以得到 1 块或 2 块塞馅肉片。

服务：用热盘服务。

两种制作方法都可以配土豆，最好上“女面包师”或瓦朗西纳米饭（米饭里加有蘑菇丁、红辣椒和豌豆）或法式豌豆。

上调味汁。

十七、小羊后腿带脊肉

后腿带脊肉构成了动物的尾部。它包括 2 条羊腿和与前排骨相接的脊肉。后腿带脊肉可以同动物的尾巴一起制作。这块肉要烤制。

用具：一块切板，一把薄刃尖刀，一把叉子。

切片：向客人展示羊后腿及配菜；用一把切刀和叉子将羊后腿置于切板上，腿骨朝左。

在尾巴附近髋关节处将羊腿与脊肉切开。

羊腿肉切片，切去羊脊肉皮。

横着或竖着片，从肉多的地方朝骨头方向切下脊肉。

将脊肉翻过来，把美伏里脊肉片下，切成片。

服务：准备热盘。

给每位客人盛上腿肉、脊肉、美伏里脊肉。

上配菜。如果是时令鲜菜，可以直接摆在肉的旁边。

上调味汁。

十八、野猪腿或小野猪腿

野猪腿或小野猪腿在腌制后烘烤。

用具：一块切板，一把根据肉块大小而定的切刀。

切片：借鉴羊腿的切法。

小野猪腿可按羊腿的第二种方法切片；而野猪腿块较大，可以按羊腿的第一种方法切片。

服务：将1块或2块野猪肉摆在热盘上。

上栗子泥，最好要不带甜味的，或芹菜泥，长生花心。也可以上土豆泥。

上胡椒调味汁或腊味调味汁。

第二节　鱼虾类的分切

鱼肉很脆嫩，尽可能避免无用的操作，因为从服务用盘转到客人用盘，会使鱼肉受到损坏或变凉。

在分切小鱼时，诸如比目鱼和成片的鱼，操作要非常准确，以便在客人的盘中分割时使餐盘保持洁净。

如果在服务用盘中切片，要细心将鱼按原样重新摆在客人的盘内。

一、龙虾

一只活龙虾重500～750克，适于2位宾客食用。分割只应用于冷龙虾。如果是铁扒，它在烘烤之前就已切开，但要根据以下所述的程序服务。

浇汁龙虾不属于分割范围。

用具：一块切板，一把刀身宽厚的切刀，一块白布（餐巾或工作用巾）。

操作：熟的冷龙虾应照烘烤后蜷缩的样子分切。将龙虾拉长放在切板上，只会破碎龙虾肉，损坏它的外形。左手用白布握住龙虾，壳和头在左，放在切板上，尾巴折在下面。

左手按住虾壳的同时，用白布支撑住它。先插入刀尖顺着虾身用刀切开尾部，从左至右在切板上转过龙虾，握住已切开的尾部，顺着虾身劈开胸壳。

去掉已被切成两半的虾肠。

用一把叉子和一把匙子将虾肉提起，去掉虾腿。如果宾客愿意食用虾腿，劈开腿壳，也可得到些虾肉。

服务：鱼刀、叉、螯虾夹或核桃夹。

一个洗手碗摆在餐盘附近。

将半个没壳的龙虾肉摆在冷盘中的右侧，切面朝上。

如果宾客愿意的话，摆上龙虾腿。

为宾客送上刺山柑花蕾、煮鸡蛋片、少许生菜心，或上蛋黄酱什锦菜。

让宾客自己挑选调味汁：奶油蛋黄酱、粗调味酱、雷莫拉德调味汁（一种用芥末和醋等调制成的调味汁）、香料芥末醋酸调味汁。

二、螯虾

螯虾可以在市场上买到，300～2000 克不等。大螯虾特别适合做美式龙虾。

挑选 600～800 克螯虾（供 2 人食用）或小个的 350 克左右的螯虾。螯虾在烧烤后凉食或浇葡萄酒奶油汤汁热食。烧烤时要小心，不要把螯虾从壳上碰下来。

用具：一块切板，一把切刀，一块白布（餐巾或工作用巾），一把叉子，一把匙子。

操作：用一块白布扶住螯虾。

将螯虾摆在切板上，虾在左，尾巴折在下面。

去掉大小不一的虾腿。像切龙虾那样切开螯虾。

用切刀的圈背捣碎虾腿壳，而后，用一块餐巾盛接从壳上剥下来的虾肉。

将虾壳里的肉用一把叉子和一把匙子拽出来。

服务：准备一个热盘。

上鱼刀、鱼叉、螯虾夹，如果没有，上一把核桃夹和一把螯虾刮匙。

准备一个洗手碗。

将螯虾摆在盘中右侧，切面朝上。

上奶油蛋黄酱什锦菜或其他配菜。

上调味汁。

三、鲮鲜

这是一种比大鲮鱼小些的鱼，一般习惯做成奶油浇汁式或整条水煮式。选用 800～2000 克的鲮鱼。

用具：整条鲮鱼只需用叉子和匙子，脊肉很容易脱落。

操作：核实鲮鱼已修整好，去除背部可能残留的小刺。

顺着鱼身用匙在脊肉下面滑片，片去上面的鱼肉。

重复同样的操作，片下鱼腹部的肉。

去除鱼中心骨刺。

片下剩余的另外半条鱼的 2 片鱼肉。

服务：热盘和鱼刀、叉。

把一条或数条鱼脊肉片朝上摆在热盘里。

给宾客端上，上蒸土豆和调味汁或黄油汁。

四、狼鲈

这是一种肉质很脆嫩、大小不一的海鱼（180～3000 克）。

它可以成份或大块服务（给每位准备 250～300 克）。

可冷食，也可热食，水煮或炉烤。

用具：如果鱼是热食，需要一个加热炉。一把工作用鱼刀，一把匙子和一把叉子。

分割：将盘中鱼向宾客展示；如果是冷食鱼，将鱼摆在工作台上；如果是热食鱼，就放在加热炉上。

如是烤鱼或“面拖”鱼，要保留鱼皮。

如果是热的水煮鱼，用一把鱼刀在鱼肉与鱼皮之间滑片，去掉上层鱼皮，放在剩菜盘内。

用匙边将鱼背部的小骨刺去掉，切去鱼尾。

用鱼刀或鱼叉插在中心骨刺下面，从鱼尾滑片向鱼头。

在鱼头处将骨刺切断。

用一把叉子和一把匙将上半部鱼肉翻过来摆在菜盘边上（肉朝上），去掉骨刺。

服务：用匙边或鱼刀按份切分；去除小骨刺，根据鱼的烹调方法，将每份鱼摆在冷盘或热盘里。

为每位宾客上一盘，随后上配菜及相应的调味汁。

注意：较大的狼鲈不可冷食，鱼皮要在厨房去除；鱼身浇上冻汁，使其发亮，并加以装饰。服务时，可以在上片顺着鱼中心骨刺切开，然后用鱼刀或厨房的不锈钢刀分切。

五、比目鱼

为每位宾客准备 180～250 克的比目鱼，有时是 300 克。

不管是煎或“面拖”、煮、铁扒、裹面包屑、浇汁，比目鱼一定要在烹制前处理好，去除黑皮，用剪子剪去鱼头、脊刺和腹刺。

用具：一把鱼刀，一把或两把叉子，一把匙子。

第一种操作方法：

在一个热盘内修整比目鱼，同时用匙去除那些很容易剔掉的脊刺和腹刺。

从鱼头到鱼尾切开一条线。

用两把叉尖从鱼中心骨刺上片下两片鱼脊肉，放在盘内。

而后，从鱼中心骨刺片下鱼腹部的两片鱼肉。

将两片重叠的脊部鱼肉连同重叠的腹部鱼肉恢复原形，并排摆在宾客的热盘内。

第二种操作方法：

在一个热盘内修整比目鱼。

用匙顺着鱼中心骨刺从头到尾切开一条线。

用鱼刀或平匙沿着中心骨刺从头滑到尾，以片下上面的鱼肉。

同时用鱼刀、平匙向一边滑片，去掉中心骨刺。

将上面的鱼肉重新叠落在下面的鱼肉上，恢复比目鱼的原样。

第三种操作方法：

按照第二种方法操作，但铲起上面的鱼脊肉放在宾客的热盘正中，方格印朝上。如果是铁扒比目鱼的话，去除骨刺，分隔下面的鱼脊肉和上面带方格印的鱼脊肉重叠摆放。

服务：鱼刀、叉。

配菜随着不同的烹调方法而改变，但重要的是始终为不浇汁的比目鱼准备柠檬；柠檬要单独送上，从不摆在可能会有油污的盘子上。

调味汁（鸡蛋黄油汁、荷兰奶汁、黄油汁）将摆在准备好的鱼旁边。蒸土豆球或炸土豆片有时可代替配菜。

六、大菱鲆

一条2～3.5千克重的大菱鲆适合5～8人食用。

大菱鲆放在棱形烧鱼锅内煮熟，而后小心连同炉箅子一起取出，鱼已在炉箅子上烤熟，黑皮朝下。把鱼移到一个垫有凹凸花纹纸或工作餐巾的银盘上。

用具：一把鱼刀，一把鱼叉，一把汤匙，一个加热炉。

分切：向宾客展示鱼盘。把盘子放在加热炉上。

用刀围着鱼切去鱼翅和鱼刺。

用刀从鱼头到鱼尾，沿着中心骨刺切开。从中心切缝分起。

拆下每份放在热盘上，小心将鱼肉翻个，白肉朝上，宾客将欣赏到鱼的质量和鱼的白肉。

抬起中心骨刺，同时亦将鱼尾掀起，用匙在骨刺下面直滑向鱼头，然后去除骨刺。

将下片的鱼肉分切成份，去掉黑皮，鱼皮留在盘上；鱼白肉总是朝外露放在热餐盘上。

服务：鱼刀、叉。

根据鱼的准备过程，将热盘子摆在客人面前。

上蒸土豆球。

上调味汁（荷兰汁、奶油调味汁、黄油汁）和柠檬。

七、鲑鱼

鲑鱼有许多种：根据来源它们的重量在3～6千克不等。鲑鱼越大越好分切、操作。

不管鲑鱼是凉是热，它的表皮一定要在操作之前去掉。冷鱼可以简单浇上汤冻或再点缀一下。

用具：一个大支架盘或一个由两头为圆形的长方板构成的盒，板下面垫着洁净的白布。一把鱼刀，但最好使用一把不锈钢刃的刀，薄而锋利，可以在鱼较结实的肉上切出薄片。

分切：把在板上或盒上的鲑鱼搬到工作台上。从鱼尾开始，每隔 8～10 厘米横向用刀从鱼肚切向鱼背，深至中心鱼骨。

在这些切缝之间，将鱼切成 0.5～1 厘米宽的片。

鱼片平放在盘内右侧；它们的片数要根据鱼被提取的部位和长度而定。每千克鱼应准备 6～7 个盘子。

当鱼上片部分被切完时，去掉鱼刺（就像做大鲮鱼一样）。特别要小心避免碰碎留在盘中的鱼肉。

鲑鱼的下片按照上片切片。

服务：鱼刀、叉。

一般冷鲑鱼配蛋黄酱什锦菜、半个番茄、半个煮鸡蛋、生菜心和不同的蛋黄酱调味汁。热鱼配蒸土豆球及荷兰调味汁。

八、熏鲑鱼

一“扇”熏鲑鱼重 3～4.5 千克。它是顺着鱼身从中心骨刺劈成，存放于干燥和烟熏环境之中。

最常用的鲑鱼为苏格兰、挪威和法国的。

用具：一块平滑的 75 厘米长、24 或 25 厘米宽的木板，一把长刃刀，一把厨房用尖刀。

切片：熏鱼一定要平着片，使得到的鱼片又薄又宽。

把鱼摆在木板上，头朝右，皮在下。

用小尖刀从鱼尾到大约鱼的 1/3 处轻轻切去鲑鱼的两边，以便把鱼肉从鱼皮上分开，去掉小鱼刺（如有残留的话）。

用同一把小刀切去烟熏的表皮，尽可能片得薄些。用大刀从右向左片，片出从很窄到一片就能盖住盘子的片儿。注意总是要几乎平着片。

继续切片直至板上只剩下鱼皮，越来越往右片，鱼片越显得宽。

根据需要，清理硬皮和表皮。

在某些鲑鱼上，随着切片的进行，人们会发现紧贴板上的鲑鱼皮的中心，有一部分鱼皮在两条鱼脊肉的相交处很潮湿，要用刀尖切去。

如果第二天还要继续片的话，要用油轻轻抹在片过的鱼肉上，用硫酸处理过的纸包好。

服务：凉盘子。

不锈钢甜食刀或银水果刀和甜食叉或鱼叉。

送上热烤面包片，面包片要放在一块餐巾里（为了保持热度和湿度），同时上黄油和柠檬。

九、份鱼

鳟鱼：鲜鱼不去头，除非客人提出异议。

“面拖”式鳟鱼连同表皮服务。

水煮或“奶汁”鳟鱼去皮服务：在客人面前去掉鱼皮，一把鱼刀在鱼肉和鱼皮之间从头向尾滑动。

如果是“奶汁”鳟鱼，去皮就可在鳟鱼盘里或热盘里进行。

服务：放在一个热盘上。

如果是面拖或铁扒，连皮服务。

如果是水煮，就像做鲜鱼那样去掉表皮。用鱼刀或匙边切去鱼头，然后去除背刺。

借助一把叉子将上片鱼肉翻在盘子旁边，同时用刀在鱼骨下面从头滑向尾。

去除鱼骨刺。两片鱼肉朝上。

端上，而后浇上调味汁和配菜。

火鱼：连头一起服务。

铁扒火鱼一般配一个柠檬和鳀鱼油。

油炸小鱼：整条服务，小鱼放在一个热盘里，配半个柠檬。

无须鳕鱼或蛙鱼块、片。

水煮：借助一个餐具垂直提起鱼，去掉中心骨刺。

用一把叉子尖扎入表皮与肉之间，轻轻卷动叉子，鱼皮即卷在叉齿上。

油煎细鱼：端来时是什么样就怎样服务，只是去掉中心骨刺。

铁扒蛙鱼：鱼皮可以去掉，剔除中心骨刺。

菱鲆鱼片：去头的整菱鲆鱼从中间向尾部劈开，然后根据所需的数量，斜着切片。

如果是水煮，去掉黑皮，把带刺鱼肉摆在盘上。

如果是铁扒，切分但不去皮。

调味汁：配水煮鱼，上荷兰汁或奶油调味汁。配油煎或铁扒，上贝亚恩调味汁（鸡蛋、黄油调味汁），或什龙调味汁（鸡蛋、黄油、番茄酱调味汁），或雷莫拉德调味汁（芥末、醋调味汁），或粗调味汁（芥末、蛋黄酱）。

配冷鱼，上以蛋黄酱为主料的调味汁。

第三节　禽类和野味的分切

这一节里介绍了一些禽类和野味的分切。它们的种类很多，以至于在这本书中不能全部加以介绍。

一、小鸡（供 4 人食用）

一般人们估算一只 600～900 克的雏鸡足够 2～3 人食用。

一只 1000～1800 克的大雏鸡适合于 3～4 人食用。

用具：一块切板或一个盘子（凉或热视具体情况而定）。一把磨得很快的餐刀或一把小切刀。

分切：为能很好地分切，一只小鸡应烧得恰到好处，如果太熟，鸡肉会坚硬而难切。

在用刀刃插进鸡脖子开口处的同时，提起小鸡，用叉子插进鸡尾部，垂直支撑住，以使汤汁流出来（只限于熟小鸡）。

将鸡放在切板或盘子上，侧卧于一只腿上，鸡胸朝向客人，脖子朝持刀人的右侧。

平握叉子插入肥腿处，使叉尖插进鸡腿关节下，用这种方法可以撬起鸡腿而不致撕断鸡腿肉，因为骨头承受着叉子的拉力。

右手握刀，切开鸡腿周围的表皮；然后把鸡平放，重新将刀插入鸡脖子开口处；撬起将要从鸡壳上折下的鸡腿，或用刀协助将鸡腿与鸡壳之间关节切开。

用刀尖切开鸡腿关节，但不要将大腿和小腿分开；还要切去小腿下面的鸡爪，它在烹调时保留，以防止筋收缩。

将鸡翻过来，对另外一只鸡腿施以同样的方法。

将鸡背朝下，用叉子牢牢插入鸡壳内撑住；用刀尖顺着鸡胸骨将鸡胸肉从骨壳上切下来，然后在鸡胸骨上继续滑刀，直到切开至翅膀关节处。

将鸡侧放，用叉尖插入膀尖下面，以便能够将翅膀撬起；为使这项操作容易些，用刀刃在翅膀下顺着骨壳滑切，将仍然紧贴的鸡肉从壳上切下来。

对另一只翅膀施以同样的方法。

服务：上大刀、叉；按座次顺序询问女士的喜好，或腿或翅膀；盛在大热盘内。如果是凉鸡，盛在凉盘内。

上配菜和调味汁。

二、小母鸡和阉鸡

人们估计应需要一只 1.8～2 千克的小母鸡供 5～6 人食用，一只 1.9～2.3 千克的阉鸡供 6～7 人食用。

用具：一块切板，一把切刀。

分切：分切一只 4 人食用的小鸡，要注意下面几点。

从鸡身上拆下鸡腿，随后完全切开腿关节，以便分开大腿和小腿（除了供 5 人食用，在这种情况下，鸡腿将按照 4 个 1/4 小鸡那样操作）。

鸡翅的分切：按照 4 个 1/4 的小鸡那样操作，但不是沿着鸡胸骨切开，而是距鸡胸骨至少一厘米处切开鸡胸脯肉，以留出一块鸡胸脯肉。

至于分切鸡胸脯，平放鸡身，鸡胸朝向持刀者，脖子朝右；在脖子下面从每一边的壳上切开称为“叉子”的小骨头关节。

将叉子牢牢插入鸡身，并提起来。

用刀切去两边的鸡肉。

用刀刃按住鸡胸脯肉，用叉子拉、拧，以脱离开鸡壳，鸡壳要干净、无肉。

按人数分切鸡胸脯肉。

服务：大刀、叉。

根据客人的需要，一盘盛一块鸡肉。

上配菜和调味汁。

注意：价值的排列和上菜的顺序为 2 个翅膀、鸡胸脯、2 只大腿、小腿配胸脯肉。

供 5 人食用：胸脯—2 个翅膀—2 只腿（关节劈开）。

供 6 人食用：2 个翅膀—2 只大腿—每个小腿配半片胸脯肉。

供 7 人食用：翅膀切成小块（使胸脯价值更高）。2 个翅膀—半片胸脯肉—2 只鸡大腿 1 只鸡小腿各配 1/4 的胸脯肉。

别忘记“鸡骶骨肉”。

三、雏鸡和仔鸡

雏鸡也称为汉堡雏鸡，个头小，肉味美。有 300～400 克重，供 1 人食用。仔鸡或小黄鸡有 500～800 克重，供 2 人食用。

用具：一个热盘，一把餐刀，一把餐叉。

分切雏鸡：

用刀、叉夹住放在工作盘内。折去两只腿，摆在客人餐盘中店徽的左右两侧或在这个位置上。

在双翅上深切一刀，但不要从骨壳上分下来，将它们与膀尖关节平行地切开。

将胸骨上半部分（鸡胸脯）和连接的两个膀尖摆在客人餐盘里的两只腿之间。

准备甜食刀、叉。上配菜和调味汁。

分切仔鸡：

摆在工作盘内，朝向切片者，用叉子按住。

从胸脯上端开始直切到脖子处。完全切成两半，每位宾客应享有一个翅膀和一只腿。

半只仔鸡可以照切时的样子服务，但最好能折去腿，劈开关节，从翅膀处去除骨壳的下端。

在宾客的盘子里摆半只仔鸡或一只腿和一个翅膀。

上配菜和调味汁。

准备一把大刀和大叉。

四、鸭子

一只 1.6～2 千克的鸭子适合于 4 人食用。

用具：一块切板，一把餐刀或切刀，一把切削刀，一把叉子，一个加热炉。

分切：用刀、叉撑住，滴净汤汁。

切去两只腿，可能需要用刀尖切一下连接骨壳和大腿的关节。

从大腿上切去小腿。这项操作比起切小鸡来要费力得多，因为鸭子的形态不一样。去鸭爪。

将鸭腿上的脂肪去掉。

在右翅下面横切一刀，开始片里脊，随后切去膀尖。将鸭子翻过来，对左翅进行同样的操作。

装菜盘将在加热炉上保温，里脊居中，膀尖在一边，腿在另一边。

服务：把热盘摆在每位宾客的面前。

端上菜，首先上两只腿和一片肉，然后上一个小腿、一个膀尖和两片脊肉。

上配菜。

上调味汁，一般为沙司。

注意：鸭子可以像鸡一样分切；但腿肉较硬，希望能使每位宾客都得到少许里脊肉。如果宾客想要去掉鸭皮，就在膀尖的切口处用叉尖插入鸭皮，卷圈去皮。

五、小山鹑

小山鹑一般只供一人食用。有时也可两人食用。成本决定了选择小山鹑多于大山鹑。

用具：一个工作盘，一把餐刀，一把餐叉。

分切与服务：

把小山鹑放在工作盘上，胸脯转向分切人的右侧。用餐叉撑住，在腿和胸之间滑刀切至骨壳底部。

将山鹑转过来，另一面采取同样的方法分切。

胸脯和翅膀将由胸骨连在一起。

两只腿将由骨壳连接。

摆一副餐具、一把刀和一把叉在客人面前，小山鹑胸脯朝客人，摆在热餐盘上，给客人端上。

上配菜和调味汁，也可以用面包心或炸面包屑制成的调味汁。

腿肉要保温，只有大腿肉从骨壳上剔下来以后再给客人盛上。

注：鸽子可以按照小山鹑一样服务。

六、山鸡

取一只 1.3～1.5 千克的山鸡供 4 人食用。

用具：一块切板，一把餐刀或一把切刀，一把切削刀，一把餐叉。

分切：在盘上滴净汤汁。

用刀、叉将山鸡移至切板上。

拆去双腿，切断小腿。

顺着腿肚切开，取出骨头。

将 4 块腿肉放在加热炉上的盘子里。削片翅膀，像之前提到的鸭子一样。

服务：准备一把大刀和大叉。

在每个热盘里盛一块大腿肉，随后盛一或两块胸脯肉盖在上面。

上配菜和调味汁。

可以上一种用面包心制成的调味汁或荔枝果酱调味汁，或越橘果酱调味汁。

七、火鸡

火鸡仍然是圣诞节的传统菜肴，每年至少食用一次。根据雌雄性，它的重量为 3～5 千克不等。在烹调前给每位客人准备 400～500 克，并考虑到头、爪、内脏、骨架的重量和烹调后的减重。

用具：一块切板，一把切刀，一把切削刀。

分切：火鸡塞馅与否，其削片技巧都是一样的。

如只是烤火鸡，用刀、叉将火鸡提起来，像其他禽类那样滴净汤汁。

把火鸡放在切板上。

用"厨"刀将腿切去，就像切小鸡那样，但火鸡腿肉较硬。

切开腿关节。

分切上腿部，如果下腿部也需要的话，顺着腿肉按照客人的数量，有几位就切几份。

像片鸭子一样片大块胸脯肉，但要格外小心，因火鸡肉较干。

摆在餐盘里。

服务：准备一个热盘子，刀放在右侧，叉放在左侧。

在每个盘子里放一块腿肉，盖上一片胸脯肉。

如果是塞馅火鸡，用一把匙子从火鸡肚子里掏出一些盛在盘中。

上配菜。

当腿肉和胸脯分开时，调味汁可以浇在腿肉上，但不要浇在胸脯上。

也可以上一种越橘果酱调味汁。

注意：雌性火鸡肉较优质于雄性火鸡肉。

小火鸡应有 7～9 个月大。

小火鸡的爪鳞又光又亮，胸骨和嘴柔软，肉白。老火鸡的爪鳞灰暗、粗糙，肉咬不动。

八、雪鹀

雪鹀被捉住就放进一个黑暗的笼子里。在这个黑暗的笼子里，它特别贪吃，暴食使它变得很肥，当它长成时，让它喝点酒它就死了。去毛，拉出食管和嗉囊。通过胯骨摘除砂囊。

下面是两种制作方法，最简便，也最实用。

第一种方法：把雪鹀放在一个小煎锅里，放一小块黄油。

移至烤箱里，微火烤 4 分钟。在第一个白色斑点出现时，拉出小煎锅，立即服务，不配任何蔬菜。

第二种方法：把雪鹀放在一个细小的铁箅子上，移至烤箱里。

把铁箅子放在温火烤箱里的滴油盘上。

在铁箅子和滴油盘之间，也就是在雪鹀下面放一块事前烤黄的面包皮。

按照第一种方法用微火烤。

服务：把小煎锅或把置于浸透油的面包皮上的雪鹀放在一个热甜点盘上。

准备一把甜食刀和叉。雪鹀通常是整只地放到嘴里吃，这样可以更好地品尝。

注意：爱吃雪鹀的人认为雪鹀油散发出的香气很好闻，不能让它流失。人们最好用餐巾盖住头，也盖住盘子来闻它的香气。

第四节　火烧类的制作与服务

在宾客面前的加热炉上的火烧和操作应避免任何哗众取宠的性质，而保持在一个被完全理解的美食学的范畴之内。

一、火烧山鹬

一只未掏内脏但去除砂囊的山鹬，带头，适合 2 人食用。

用具：一个旺火加热炉，在使用酒精炉之前先小心调好炉芯，准备少许醋，以便在加热炉的火苗太旺时浇灭火苗。一个合金带柄小平底煎锅，长形的，如有可能的话，锅边稍稍卷起。一个小漏斗，一把切刀，一个加热炉。

30 克黄油、25 克肥肝酱、盐、胡椒、3/4 杯布尔哥涅白葡萄酒、1 杯波尔图红葡萄酒、1 杯白兰地、1 小匙调味用汤汁、2 片烤面包片或面包皮。

制作：将葡萄酒倒入平底锅，点燃加热炉，使酒浓缩，直到只剩下浓汁。

山鹬事先烤 10～12 分钟，三成熟。山鹬应在酒浓缩时端到工作台上。

切去双腿，沿着鹬骨拆下双翅，并去掉肠子。把骨壳切成几块。把鹬头放在加热炉上的盘子里。

用一把叉子在另一个盘里将肥肝酱、黄油（20 克）和鹬内脏搅拌在一起，放少许盐、胡椒。

将已烤好的面包片或面包皮涂上少许刚搅拌好的混合物，并把它们放在加热炉上的盘子里。

从中间劈开鹬头，使每一部分都有半个脑子。

微火加热炉上装有浓缩汁的平底锅，放入双翅、双腿、鹬骨块，加入波尔图红葡萄酒、少许调味用汤汁，稍煮片刻，同时压碎鹬骨块。用白兰地酒点燃。

在每块面包片旁放一个翅膀、一只腿，盘边摆半只鹬头。

将鹬骨块汤汁沥干。在浓缩的葡萄酒和白兰地酒中加入剩下的肥肝酱，慢慢加热使汤汁变稠。熄火外加入剩下的黄油。

用小漏斗将制作的汤汁直接浇在热盘内的半只山鹬上。

服务：将菜盘摆在客人面前，最好用甜食刀、叉或一个咖啡匙，用于吃那半个脑子。

注意：在用酒精加热炉操作时，建议使用合金器皿（外铜、内合金银），其导热性能较好。

二、血汁压鸭

一只鲁昂鸭 2.5～3 千克重，适合于 4～5 人食用。鸭要闷死的，不要杀死的。

一个小椭圆形盘盛 50 克肥肝酱，一个小椭圆盘盛 75 克黄油，2 杯白兰地，2 杯布尔哥涅红葡萄酒或波尔图红葡萄酒，1～2 匙调味用汤汁，酌情处理。

用具：一个宽面小圆桌，因为这项操作需要一个较大地方摆放用具。一个压鸭机，一个旺火加热炉，一个合金带柄平底煎锅，两把切刀（一把用于削片），一块切板。

操作：一只鸭子烤 18 分钟，三分熟，保留鸭血。把加热炉放在小圆桌右侧，把平底煎锅放在加热炉上，圆桌左侧放压鸭机、小椭圆盘和切板。

点燃加热炉，着手进行葡萄酒的浓缩，灭掉加热炉。鸭子从厨房一拿来就放在切板上，切下两腿，将两腿送回厨房备用，摘除鸭肝，放在一边。

切片鸭翅膀，放在切板上。

在一个盘子上，用叉子齿的平面将鸭肝和肥肝酱压碎，搅拌均匀。

将鸭骨壳切成两或三块，放入压鸭机挤压，盛接榨出的鸭血，连同操作时流在切板上的鸭血收集在一起。

从厨房取回那两只切下的鸭腿，将腿端的骨棒切掉，顺着鸭腿切开两半，取出腿骨。

重新点燃加热炉，往盛有葡萄酒浓缩汁的锅里放搅拌均匀的鸭肝和肥肝酱的混合物，可以加些调味用汤汁搅拌均匀，然后置于微火上，但不要开锅，加入鸭血，慢慢煮成浓汁。最后加入放在高温中的黄油。

服务：准备一把大刀和大叉。

在每个盘子（热，但不过烫，防止汤汁变质）里放一个鸭腿，然后横着在腿上盖一块或两块鸭脯，再浇上调味汁。

注意：根据工作人员的烹调法和技术，这项制作只在个别专业餐厅里进行。

三、芥末烧牛腰

一个去脂去筋的小牛腰子适合 2 人食用。

50 克黄油（或 25 克黄油、25 克奶油），25 克强味芥末，大约 2 咖啡匙“狄戎”芥末，2 毫升白兰地或一小杯甜烧酒。

如有可能最好取 2 汤匙调味用汤汁，便于制作；若没有时用 2 匙肉汁，加盐、胡椒（胡椒磨碾出的鲜胡椒粉）。

用具：一块切板，一个旺火加热炉，一个合金平底煎锅，一把切刀。

制作：从厨房端来已去脂的小牛腰子，烤成三分熟，配一个调味汁或肉汁。

点燃加热炉，用中火，放平底煎锅于加热炉上，放入少许黄油（约 25 克），使油微微着色。

将小牛腰子里的筋去掉，横着切成约 5 毫米厚的片；也可顺着腰子从中间切开，然后横着切片（这项操作可在厨房完成），腰肉片拿来时未加工处理过。

在黄油里轻轻煎一下腰片，煎至腰片不再排血汁为止；迅速将煎锅端离火面，以防止腰片受火烤而变硬。

用匙将煎锅里煎的时间过长的黄油舀出一些。

浇上白兰地烧一下腰片，盛在一个热盘子里，用另一热盘或蔬菜盖在盘上。

在煎锅里迅速放入肉汁或调味用汤汁：轻煮、调味。

在火外加入芥末，同时用叉子搅拌均匀。

继续熬汁，同时加入剩下的黄油（或奶油）。

将腰片重新倒入煎锅，与调味汁搅拌均匀，以便重新加热腰片。

服务：餐桌上摆一把大刀、一把大叉。

把均匀裹着调味汁的腰片盛在适度热的盘子里。

可以配米饭或土豆（如有足够的调味汁的话）。

四、狄安娜牛排

一块 200 克的牛排骨肉供 1 人食用，片大而薄，用肉拍捶扁。

15 克黄油，2 汤匙奶油，葱末，香叶芹菜，番茄酱，英格兰“李派林”汁，“狄戎”芥末，1 汤匙调味用汤汁，1 小杯白兰地，盐，鲜胡椒。

用具：一个旺火加热炉，一个椭圆形合金煎锅。

制作：将煎锅放在点燃的加热炉上，放入黄油。

在牛排骨肉的一面撒点儿盐和胡椒粉；油热时放入煎锅中，迅速煎一下。

将肉的另一面撒点盐和胡椒粉，在煎锅里将肉翻个，略煎片刻。

加入白兰地，点燃。

将牛排骨肉取出放在热盘里，用另一热盘盖住。

用葱末熬汁，而后加入少许番茄酱、几滴英格兰“李派林”汁、少许“狄戎”芥末（根据客人的口味而定）。加入调味用汤汁，用奶油使汤汁变稠。撒点香菜末和香叶芹菜。

把牛排骨肉重新放入调味汁中，轻轻加热 2 分钟。

服务：准备一把大刀、一把大叉。

盛在很热的盘子里。

将狄安娜调味汁浇在牛排骨肉上。可配些什锦炒饭在牛排骨肉旁边。

五、庇卡底里比目鱼

每人一条重 250～300 克、事先用调味汁煮好的比目鱼。

半杯白兰地和半杯威士忌，每杯 0.015 升，2 咖啡匙萨沃拉芥末，35 克鲜黄油，盐和胡椒。

用具：一个旺火加热炉，一个普通加热炉，一个长形合金煎锅，两个热盘子，一把叉子和一把匙子。

制作：将比目鱼放入煎锅中，加入 1 或 2 匙浓缩鱼肉汁。

用白兰地和威士忌烧一下，然后灭掉加热炉。

将比目鱼取出，鱼脊肉摆在一个热盘里，放在加热炉上保温，下面另垫一个热盘。

重新点燃加热炉，然后加入所剩鱼汁和酒；最后在火外或微火上掺入萨沃拉芥末搅拌，放入小块黄油。调口味。

服务：准备一把鱼刀和一把鱼叉。

将鱼汁直接浇在盘内鱼脊肉上，给客人端上。

六、朱必莱樱桃

使用去核樱桃，在果汁中煮熟，每人 8～10 个。

1 小杯樱桃酒（0.015～0.02 升），1～2 球香草冰激凌或 1～2 汤匙，如果冰激凌呈块状的话。

用具：一个旺火加热炉，一个小银煎锅，或者几个供单人使用的有柄小器皿（每个 0.05～0.06 升）。

制作：从果汁中捞出樱桃。在煎锅中熬煮过樱桃的果汁。

将樱桃放入盛有煮好的果汁的银煎锅或小器皿中。

将樱桃烧热，浇上樱桃酒，点燃。

服务：一把甜食叉和一把甜食匙。

在客人面前摆一个甜食冷盘。

上 1 个或 2 个冰激凌球。用一把匙或供单人使用的有柄小器皿将果汁和樱桃浇在冰激凌上。

七、火烧小薄饼

每人 2 张或 3 张小薄饼。

盛在糖瓶里的白糖粉，每人 15～20 克黄油，半杯白兰地酒（0.015 升或 0.02 升）。

用具：一个旺火加热炉，一个椭圆形盘或一个椭圆形煎锅，一把匙子和一把叉子。

制作：点燃加热炉，将盘或煎锅放在火上。根据准备做的小薄饼数量融化适量黄油。

按煎锅大小放一或两片小薄饼，在黄油里翻面。

折成四折，将折叠好的小薄饼移至盘或煎锅边缘，继续制作另外的小薄饼。撒点糖粉，加热。

倒入白兰地，点燃，再次撒点糖粉，使每张小薄饼均匀沾有燃烧的白兰地。

服务：甜食餐具，叉子和匙。

准备热盘子。

每人上两张小薄饼，并浇上汁。将糖粉瓶放在客人的餐桌上。

用剩下保温的小薄饼再次为宾客服务。

注意：也可以在白兰地中添入甜烧酒，最好用橙味甜烧酒。

八、苏赛特小薄饼

每人 2 张或 3 张在厨房准备好的小薄饼，供 5 人食用。

准备：2 个橙子和 1 个柠檬，12～15 克方糖和糖粉，75～80 克黄油，2 杯半白兰地和同等数量的橙味甜烧酒。

用具：一个旺火加热炉，一个长形或椭圆形银盘或一个长形煎锅，一个高脚盘，一把叉子和一把匙子。

制作：事先说明一下，火烧对小薄饼不会有什么作用，在操作当中足可以使小薄饼充满香味；火烧不会再增加任何味道。

细心将橙子和柠檬擦干净，将方糖在橙皮、柠檬皮上摩擦使糖块着色和浸透。

将准备好的黄油和方糖放在高脚盘里，用叉子平面将黄油和方糖碾碎，拌匀；挤一个橙子和半个柠檬，把鲜汁与糖和黄油搅拌在一起。

点燃加热炉：放上盘或煎锅，往里面盛一匙搅拌均匀的黄油糖汁。

加热，使黄油融化，拌匀盘内所有东西，按盘子大小放一块或数块小薄饼，使小薄饼完全浸透，翻个，折成四折，移至盘边。

重新开始操作直到用完所有的汤汁和小薄饼，同时调整火苗，使剩下的汤汁蒸发而不至于烧焦小薄饼。

把小薄饼分摊在盘中间，撒上糖粉，使糖轻轻着色。

根据口味，用橙味甜烧酒浇在小薄饼上，加热。

加入白兰地，在火上稍煮片刻。

服务：准备一把甜食叉和匙。

加热炉灭火后，摇晃盘子以使小薄饼完全浸透在汤汁中。每人两张小薄饼，浇上少许汤汁。或许上第三张小薄饼。

注意：火烧苏赛特小薄饼对制作来讲没有任何用途，可随意而定。

如坚持火烧，可按以上所述进行操作，但要适量多加些白兰地；酒热后，稍稍提起盘子或煎锅，使白兰地靠近加热炉的火苗，倾斜盘子的同时向自己方向拉回。

白兰地燃烧着，把盘子放在加热炉上稍许加热，用匙浇小薄饼，撒糖粉。

九、火烧香蕉

1 杯白兰地或朗姆酒，白糖粉，15～20 克黄油供 2 个香蕉用。

用具：一个加热炉，一个长形煎锅或一个长圆盘，叉子和匙子。

操作：剥去香蕉皮，从中间顺着香蕉切开。

点燃加热炉，把黄油放在锅里融化。

把香蕉放入煎锅内，在翻转的同时，稍煎一会儿，使其着色。

将白兰地或朗姆酒倒入煎锅中。

酒烧热时点燃。把酒和黄油的混合汁浇在香蕉上。

火没灭前撒点糖粉。

服务：准备一个热甜食盘和甜食叉、匙，将糖粉瓶摆在餐桌上。

注意：可以在厨房里油煎香蕉，在烤箱里烤成金黄色。

也可以在火燃烧时浇入一种甜烧酒，但香蕉的味道有可能丧失。

第五节　奶酪的摆盘与服务

奶酪在菜肴中占有重要的位置。在法国，奶酪的品种很多。因此要了解它们，正确地服务，以有利于客人品尝。

一、奶酪的种类

奶酪是法国美食宝库中的一种：众所周知，法国人喜欢吃奶酪，不可想象一餐中没有给奶酪提供一个特殊的位置。因此，对菜单中一种或数种奶酪的挑选给予特别的注意是非常必要的。

我们不可能提供一份法国奶酪的明细表，因为其品种复杂、不胜枚举；对于想正确挑选奶酪的人来讲，列举提供不了任何有益的东西。但是，分类还是很有用处的。下面的主要奶酪品种是按奶酪的成分进行划分的。

软奶酪：圣·马尔斯林，罗曼斯托姆。

软酪硬壳：埃波依斯，热罗梅（法国孚日省杰拉尔梅地区产），里瓦罗（里瓦罗地区产），马罗依（马罗依地区产），蒙斯德（蒙斯德地区产），蓬莱韦克（蓬莱韦克地区产），勒布劳深（萨瓦地区产），罗劳。

软酪硬花壳：莫布里，库劳密耶布里，卡芒拜尔（卡芒拜尔地区产），东部方砖，库劳密耶。

软酪天然硬壳：莫兰布里。

烤熟的挤榨奶酪：博福尔，孔泰（弗朗什一孔泰地区产），爱芒特（瑞士产），莫尔比耶，格律耶尔（瑞士和法国汝拉地区产）。

没烤过的挤榨奶酪：博蒙，康塔尔（康塔尔地区产），拉吉奥尔（奥布拉克山区的拉吉奥尔村产），埃当，密莫莱特（荷兰产）。

有时需要加热的奶酪：波尔·萨律（萨尔特省和马延省产），圣·耐克泰尔（奥弗涅地区产），圣·保兰，萨瓦拉姆（萨瓦、多菲内等地区产）。

带绿斑的奶酪：劳克福，奥弗涅兰（奥弗涅地区产），布莱斯兰，萨斯纳日兰，弗尔莫（拜尔地区产）。

鲜奶酪：卡雷斯，半咸酪，小瑞士酪。

所有这些奶酪，除著名的劳克福以外，都是用母牛奶制成的。特别要提到那些用山羊奶或母羊奶制成的奶酪，具体如下：

山羊或半山羊奶酪：巴侬，布童·德·居劳特，夏比神，什弗罗丹，克劳丁，勒弗卢，派尔希耶，阿纳胡椒，利高特，赛尔斯，歇尔，瓦朗赛。

母羊奶酪：拉兰斯，布拉什兰托姆，卡马尔格托姆。

以上所述的奶酪只作为品名列举，不包括价值的评判。一种奶酪以它本身的质量而闻名，而不是以它的种类。

二、奶酪拼盘

挑选：在一餐中可以上一种奶酪，但这种奶酪应该是众人熟悉的，味道不能很古怪，能适合多数人的口味，例如布里奶酪。

在多数情况下，最好能摆一个奶酪拼盘，以使每位客人至少能吃到一种适合自己口味的奶酪。最恰当的解决方法是使众多种类的奶酪协调搭配，例如可以摆一种软酪的、一种烤的、一种挤榨的、一种带绿斑的、一种山羊奶的、一种鲜的。

在组成一个拼盘时，不要忘记考虑某些奶酪在一年当中的某个时期食用效果最佳，不要忘记奶酪是一种活性食物，内部质量在不断变化，在食用时应根据奶酪的状况进行判断。因此，有必要很好地了解奶酪和请求一位奶酪专家推荐和提供优质奶酪。

保存：在一定的时间里，生产者把奶酪存放在不同温度和湿度的环境里，但仅处于以下有限的条件之下：温度在 6℃～9℃，湿度在 70％～90％。如果奶酪要保存较长的时间，一定要遵守这些要求。这种情况下保存时间也应尽可能地短，因为购买时正好熟透的奶酪应尽快食用；在可能的情况下，尽量避免使用冰箱，而应选择一处凉爽的、空气流通的地方存放。

建议把不同的奶酪分开存放，特别是那些味道很浓的、可能使精制的美味奶酪串味的奶酪（可用盒子或专用密封袋）。

摆放：奶酪要摆放在一块光板上，陶瓷的或铺有一块可以很容易迅速擦干净奶酪溶汁的玻璃板上。干奶酪可以摆放在橄榄木、橡木或胡桃木制成的木板上，下面垫一块浸油的垫布；有时用麦秆，但如果想显得生动、保证摆放漂亮的话，对于服务来讲，麦秆不是合适的，也很难整理。

三、奶酪的服务

一种奶酪的服务：没有什么具体意见可以提出，但某些规则一定要遵守，要提供一份适量的奶酪，避免块过大或过小。如有可能，最好事先征求一下客人的意见。

尽量切一块整齐、干净的奶酪。

一块圆形的奶酪从中心到边缘切成四等块，方形奶酪也采用同样的方法。

带硬酪壳的奶酪，如格律耶尔、康塔尔等，每块都要带硬酪壳。

带绿斑的奶酪，应该给每位客人一份既有中心部分也有边缘部分的奶酪。

劳克福奶酪要求首先把商品包装纸上的金属光泽小心去掉；长圆柱形的山羊奶酪不能给客人上切下的第一片；布里奶酪大多切成 1/4 块服务（从中心往边上切），有时切成半块或直接上整块。

奶酪拼盘的服务：在服务前检查一下奶酪拼盘的奶酪情况，保证每块奶酪要分量足，干净、整齐。

至少准备两把切刀，因为有些奶酪易碎，另一些易流；有些易粘刀，另一些味很浓、很古怪。重要的是一块奶酪不能把味串到奶酪盘上邻近的奶酪上去。每位客人可以要一套（2～3 种）奶酪。在给客人展示奶酪拼盘的同时，让客人明确指要食用的奶酪且根据奶酪的品种、数量切成大块或小块。

对于菜单中包含奶酪的宴会服务，可以考虑增加奶酪拼盘的数量，以保持服务的快节奏。有些外国顾客由于不太熟悉我们各种各样的奶酪，可能希望在服务奶酪时让服务员将硬壳去掉。这应是在得到宾客的明确要求时才这样做。

配料（最常见的配料由以下食物组成）：

① 芹菜白盛在无脚杯里，装点凉开水，服务前揩干芹菜。

② 白面包、黑面包、烤面包、8 字形松饼、黑麦面加核桃面包。

③ 为食用奶酪特制的饼干；在某些情况下配芥末（例如格律耶尔）；或孜然配蒙斯特奶酪，或细香叶、白糖粉配奶油白奶酪。

奶酪摆在一个甜食盘上，上甜食刀和叉。用完奶酪后，餐桌要扫净，多余的用具撤掉。

第六节　其他食物的服务特点

有些菜肴应该在宾客面前展示或制作，或用一种独特的方式服务。下面提供一些属于经验范畴的见解，只有一个目的：突出强调产品或制作。

一、鱼子酱

伊朗和俄罗斯是优质鱼子酱的主要生产国，法国也有少量生产。鱼子酱是由鲟鱼的品种而确定优劣的。

伯吕佳：300～500 千克重的鲟鱼，鱼子粒大，脆嫩，味道不淡不浓。

奥西埃特：25～40 千克重的鲟鱼，这种鱼子粒大，但较之于伯吕佳略小；味道很突出，很精美。

赛夫吕佳：9～10 千克重的鲟鱼，这种鱼子粒不大不小，比其他品种稍咸。

10 月份捕伯吕佳，奥西埃特春季捕 3/4、秋季捕 1/4，春季的 4—6 月捕赛夫吕佳。人们注意到 5 月的初热迫使渔民们迅速提取鲟鱼的鱼子，为便于储存，他们将鱼子用盐浸，碾碎放于木桶内，这就是急制鱼子酱。鱼子酱先草草以 1800 千克一箱装好，而后由进口商再以一箱 500 千克、250 千克、125 千克或单个的小盒包装。

服务：原装鱼子酱或后包装鱼子酱都箍有橡胶圈，放在一个浅口银制杯或水晶杯或玻璃杯里，周围放有均匀捣碎的冰块。这是一种特制的双套杯，小杯放鱼子酱，大杯放碎冰块。

将鱼子酱盛在甜食凉盘内；准备一个甜食叉和一把不锈钢或银制刀刃的水果刀；左边摆一个小黄油盘。

根据鱼子酱的多少（35～60 克）用一把咖啡匙或甜食匙将鱼子酱整理成一个或几个贝壳状的球体，稍稍将中心部分挖空，以使盘中的鱼子酱显得多一些。

事先准备的配料：

① 或是热烤面包片，备于折叠的餐巾里（为了保温），供一个人用的鲜黄油和半个柠檬放在黄油盘里。

② 或是“布利尼斯”饼，下层用 1/3 的面粉、上层用 2/3 的荞麦粉做成。最好用 8～10 厘米直径的小煎锅制成。这些“布利尼斯”饼配有酸奶油、黄油汁，放在热黄油盘里，摆在鱼子酱盘的左侧。

③ 也可以上一些切碎的鸡蛋白、过筛的鸡蛋黄、切碎的香菜末、在清水中泡过的白洋葱末。这些配料如果客人能接受，可以放在客人盘子旁边。

④ 也可以上冰镇的伏特加酒，酒瓶要放在装有冰块的冰桶里。

二、肥肝

肥肝有鹅肝和鸭肝。

鹅经过 15 天前期填喂和 3 个星期的后期填喂，肝就长成了。鹅肝一旦从鹅体内取出就要把胆、脂肪和血管去掉，然后加盐、胡椒和香料调味，并沥干 24 小时。

鸭肝同样受人喜爱，价钱稍便宜，但制成 1 千克熟鸭肝要用 1.5 千克生鸭肝，而 1 千克熟鹅肝只需 1.3 千克生鹅肝。

鹅肝或鸭肝的糊、酱、泥，是同肉馅搅拌在一起的，肉馅所占比重至少有 75％。

当“肥肝”被鹅肝或鸭肝这些词代替时，肉馅所占比重为 50％。

服务：冷肥肝最好在正餐开始时食用，用一个甜食凉盘盛装，使用甜食叉和银刃刀或不锈钢刃刀。配有烤面包片，放在折叠的餐巾里。热肥肝用热盘盛装，配有肥肝制成的汁（避免和醋酸汁沙拉一起服务，这样只能损害肥肝的味道）。

白煮肥肝和块蒸肥肝去掉蒸后留在上面的脂肪，整块端上，原样或浇有波尔图酒制成的汤冻，用一把在热水中稍稍加热的银制刀或不锈钢刀切成片。

瓦钵鲜肥肝去掉它上面的脂肪，用一把在热水中加热并擦干的匙盛在客人盘内。

肥肝球用一把不锈钢刀切成片。

热肥肝端到工作台上，从煎锅中捞出，在一个热盘子里切成片；放在热盘里，浇上汁和葡萄。

三、牡蛎

牡蛎应鲜嫩，应该是刚刚到货的，并有卫生标签和发货日期，以及牡蛎的个头、质量和发货人的姓名。

牡蛎要储藏在 4℃～15℃、空气流通的地方（或冰箱的冷藏室），平放，凹进去的部分在下，用湿布盖严，上面压一个重物。

扁平牡蛎的分类：绿肉（玛尔奈斯）；白肉（贝隆，布兹格斯）。

凹型牡蛎的标准分类：每个平均重量。

牡蛎打开方法：握住一把带制动护手的牡蛎专用刀，左手拿牡蛎，用一块折叠的餐巾护住手，用左手拇指关节稳住牡蛎。

牡蛎的连接点在前，以便能把刀滑进牡蛎盖。

右手握刀，左手两指帮忙，把刀刃放在连接点处，用力挤压刀刃，以便通过侧面移动将刀刃插进两个盖子之间，切断支撑它们的筋。

用刀刃在贝壳内滑动，斜着向上切片，剔下贝壳内完整而没受损伤的牡蛎肉，保留汁液，去除贝壳的碎片。

服务：将处理后的牡蛎放在一个立于餐桌中央的三脚平板上，或放在一个专用盘或汤盘里，里面装满冰块。

宾客的右手处放一把牡蛎叉，左手处放一个洗手碗。

配有涂抹过黄油的黑麦面包片、一盘黄油、柠檬和分葱醋酸汁。

四、贻贝、海胆、螯虾、青蛙

贻贝：可以做成洋葱贻贝或醋酸贻贝。或用它的两个贝壳，或只用一个贝壳盛装贻贝肉，第二个贝壳在摆在深盘之前就已去掉了。

准备一个热汤盘放在另一个平盘上，一把鱼叉和一把甜食匙。

左边备一小盘，用以放用过的贝壳。

在每位客人旁边放一个洗手碗。

在商店可以买到专用火锅。

海胆：为打开海胆，可以把海胆放在一块折叠好的厚布上，用左手心握住（口朝上）。

用一把厨师用的大凿子将海胆帽儿去掉。

用一把咖啡匙将黑色的或灰色的部分刮出来。

只留下 5 个可食用部分，雌性肉呈黄色，雄性肉呈粉红色。

把海胆放在冷盘上。

准备一个咖啡匙和一个洗手碗。

螯虾（白煮螯虾和白酒螯虾）：用一把小刀和一把小叉把一只螯虾放在盘内。

翻过来，用叉尖撑住，将脆嫩的外壳从尾巴下面劈开。小心分开外壳，清理虾肉，注意不要把虾肉从头和壳上剔下来。

上 2 个或 3 个螯虾，并配有调味汁。

准备甜食刀、叉、匙，一个热平盘用于白煮螯虾；一个热或冷深盘放在一个平盘上，根据白煮螯虾的冷热而定。准备一个洗手碗，这道菜过后要换餐巾。

青蛙：几乎总是做成面拖式、蒜汁式、白酒式。

将青蛙腿盛在一个热盘里。

准备一套小餐具（不锈钢或银制甜食刀）和一个甜食叉、一个洗手碗。

五、热面条

所有的面条都可以在加热炉上完成；但加工效果最理想的还是斯巴格蒂（意大利细面

条)、拉扎尼、考基埃特（小贝壳面，意大利花式面条之一种）和鸡蛋面条，因为这些优质面条耐热性能较好。

黄油，擦成细丝的奶酪（格律耶尔或帕马森），配制好的调味汁、盐、胡椒，放多少由客人的口味而定。

用具：一个加热炉，一个带把煎锅或银盘，一把匙子和一把叉子。

黄油奶酪面条：面条从厨房拿来时要非常热，只煮成半熟，撒点盐，沥得很干。

点燃加热炉，放上煎锅，往锅里放块黄油，使之融化，但不要着色（使用黄油的量取决于要制作的面条数量及客人的口味）。

把面条倒进煎锅里，用匙和叉将面条挑起，翻搅，不要使油噼啪作响，使面条沾匀黄油。

撒少量的盐、胡椒调味。

熄灭加热炉的火，放入奶酪，搅拌，使其和面条混合均匀，熟透，然后给客人端上。

那不勒斯三色面条：按制作黄油奶酪面条那样施以同样的制作方法。

面条一旦翻个，就加入一种与其说是番茄酱，不如说是番茄调味汁（剥去皮的番茄果肉，保持完整，沥干）的酱料。

波罗奈兹面条：照那不勒斯三色面条的加工方法加工，但用一种波罗奈兹调味汁，调味汁里有番茄，牛里脊肉丁及巴黎香蘑和其他配料、香料。

擦成丝的奶酪（最好用帕马森奶酪）用已熄灭的加热炉热一下。

奶油面条：鲜面条特别适合于制作奶油面条。

按照黄油奶酪面条的方法制作。

加入黄油之后，加点浓奶油，搅拌时稍稍加热。

在服务前，在已熄灭的加热炉上加入奶酪。

服务时用热盘子。

在盘子右侧放一把叉子。放上盐瓶、胡椒瓶。

如果是长面条，左边要摆一把匙；客人可以用叉尖扎入面条，同时放在匙内卷动叉子。特别喜欢吃面条的人不用匙子。

上温黄油和擦成丝的奶酪。

六、肉酱糜

肉冻是由肉皮、鸡皮、野禽皮或去骨肉制成的。这些原料在肉汤中煮之前制成碎肉，卷成卷。

肉冻呈长圆形，切片为圆形，因为在下锅煮之前它被裹在一块白布里。

服务时，从一端开始切，竖着切成5毫米厚的片，同一些汤冻一起摆在盘子里。

准备一个平凉盘、一把大刀和一把大叉。

面皮肉酱糜：如果瓦钵肉酱糜呈长形，则去掉第一片，然后将肉酱糜切成约1厘米厚的片。

当着客人的面，将肉酱糜四边的肥膘和油脂去掉，将肉酱糜片放在一个平盘上。

如果瓦钵肉酱糜盛在一个圆形容器里，就应从上向下、由中间向外边切。切块呈“斜棱”形，去掉脂肪。

准备一个大凉盘，一把大刀在右侧，一把大叉在左侧。

熟肉酱：如果熟肉酱盛在一个瓦钵内，最好用一把温汤匙服务。如果是圆筒形的，就用一把刀，刀刃在热水中蘸后擦干。

放在凉盘内，一把大刀在右，一把大叉在左。

注意：肉冻、面皮肉酱糜和瓦钵肉酱糜可另配一盘沙拉。肉冻、瓦钵肉酱糜通常以这种方式展示：1/3 的肉酱糜块摆在大长盘的一端，另外 2 个 1/3 切成片摆在盘上空闲的地方，片与片之间互搭互叠，再浇上汤冻。

七、鞑靼牛排

应为每位宾客准备 200 克去脂肪的牛脊下腰肉，用刀剁碎，半个蛋壳盛着鸡蛋黄，少许英格兰“李派林”酱油，少许强味芥末，盐和鲜胡椒、辣椒汁，半个柠檬，少许植物油，一个剁碎的洋葱头，碎香叶末。

用具：一个汤盘，一把叉和一把匙。

制作：在客人面前操作。

牛肉馅从厨房取来时呈扁圆堆状；擦干净的鸡蛋壳，里边盛有鸡蛋黄，稍微撮进牛肉馅的上面；如可以肯定客人能接受鸡蛋黄，就可以直接将鸡蛋黄倒在肉馅窝里。

其他配料将分别盛放。

用一把叉子在汤盘内搅拌肉馅，并同鸡蛋黄搅拌在一起。

询问客人的口味，决定加多少洋葱末和香叶末。

按客人所要求的比例，将洋葱末和香叶末同肉馅搅拌在一起。

放入盐、胡椒、芥末、英格兰“李派林”酱油和少许柠檬汁。

用叉子整个搅拌，同时倒入点植物油，以使肉馅更加均匀。

服务：把肉馅重新摆在凉平盘里，用叉子或匙子背把牛肉馅整理成扁圆形。

在确认牛排的四周肯定干净后，给客人端上，右边放一把大叉。

把其他配料给客人端上，客人可以自己调整味道，以使更适合本人的口味。

另一种方法：用鸡蛋黄、盐、胡椒、芥末、英格兰“李派林”酱油、辣椒汁和植物油调制成蛋黄酱；把肉馅加入，随后加入其他配料。这种方法既不能提高肉的质量，也不能改善肉的味道，不值得推荐，因为提前制作的蛋黄酱不可能按照客人的口味确定配料的量。

其他还有加入番茄调味汁的，但生牛肉馅的淡味将会更加严重。

在某些国家，特别是在瑞士，要加少许白兰地酒。

八、餐盘展示

普罗旺斯鲜鱼汤：鱼汤盛在大汤碗里，鱼肉放在一个盛有汤的深盘里；放在加热炉上微火保温。

首先，把普鲁旺斯鲜鱼汤盛在一个热汤盘内，上一个汤匙，上油烤的小面包干（能经得住水解）；擦成丝的奶酪，还有辣味蛋黄酱。

撤去汤盘后，摆上鱼叉、汤匙，在另一个汤盘里盛点汤，给客人盛上不同种类的鱼，同时询问客人是否愿意提前将鱼刺剔去，避免弄碎鱼肉，使鱼刺混入鱼肉内。

在旁边摆一个小盘，供放鱼头和鱼刺用。

准备一块更换用的餐巾，应要求摆一个洗手碗。

浇冻鱼：厨师已对某些鱼盘进行了装饰，同时烘烤了奶酪调味汁（称为“浇冻”）。

在分切或上“份鱼”或脊肉时，应向客人展示菜盘（例如，莫尔内比目鱼，或“巧妇”比目鱼），重要的是在上鱼或浇上调味汁（汤冻）或脊肉的同时，尽可能地尊重厨房的工作。

剩下的调味汁盛在盘内鱼的旁边，绝不能浇在鱼上面用面包屑和奶酪丝烘烤过的调味汁上。

英式龙虾可以用两种方法制作：一种用较大的龙虾，切成段（传统做法）；一种用较小的龙虾，顺着龙虾从中间切开。

切段龙虾：在一个热盘里放一段或两段无壳或带壳的龙虾，根据客人的要求而定。在盘内一侧放浇满调味汁的龙虾段，在另一侧盛什锦炒饭，在盘子左侧摆一把鱼叉，在盘子右侧摆一把鱼刀。

在撤掉盘子之前，准备一个洗手碗和一块用于更换的餐巾；直接从客人膝盖上取下用脏的餐巾，同时把另一块干净的餐巾放在一个盘子里给客人递上。

半个龙虾：用一把叉子和匙把盖在龙虾肉上的壳去掉。

上虾肉和虾壳，按切段龙虾的方法操作。

腌酸菜：摆成长圆鼓包形的腌酸菜被肉覆盖着整个表面。

用一把叉子和匙把肉分开，露出腌酸菜。夹住腌酸菜，放在一个热盘子内左侧。

在征求了客人的意见以后，把肉摆在盘内右侧，上芥末，摆一把大刀和一把大叉。

当为客人服务后，把菜盘送回厨房，补充摆满，加热后再服务。

什锦砂锅：什锦砂锅是白扁豆和各种猪肉食品以及焖鹅、焖鸡肉冻的杂烩菜。可以单独地烧或烧和烤结合。什锦砂锅可以装在单个的瓦钵内，盛在盘内食用；也可以盛装在一个加了面包屑和奶酪丝的大瓦钵里。服务时应精心取些面包烤奶酪丝盛在每个盘里；不能和杂烩菜混在一起，但可以在旁边盛些不同的肉块及扁豆。

盛在很热的盘子里，摆大刀和大叉。

肠子：原则上，肠子要盛在陶土罐里（很宽，较矮，带一个盖子，保温性能好）。但不管是什么容器，都要像菜那样热。最好用一把长柄大勺盛在很热的盘子里；摆上大叉和大刀；如果调味汁很稀、很多，可以摆一把汤匙。

把蒸土豆盛在装肠子的盘里，连皮土豆盛在一个小盘里，摆在左侧，配一把小刀和小叉。也可以上擦成丝的奶酪，随后上芥末。

蔬菜牛肉浓汤：这道菜的主要原料为牛肉，但也可以放些小牛腿肉、鸡肉、粗香肠、牛骨髓片，并配用汤煮过的蔬菜。先在汤盘中盛些汤，配一些面条或刚刚烤的油烤面包干和奶酪丝。

撤去汤盘后，把肉放在切板上；给每位客人盛上他们喜爱的肉和菜。盛在一个平盘里，摆一把大刀和大叉。骨髓也可以盛在盘子上或同骨头一起上，放一把咖啡匙。

随后上芥末、酸黄瓜、粗盐、番茄酱、辣根菜丝或辣根菜汁。

注意：在烤炉里简单烤干的面包干在所有流质食物中很容易被溶解，如果面包干事前沾油在烤炉里烤，它就会在任何汤里保持酥脆。

蔬菜汤：盛在一个摆于平盘上的汤盘里，汤内有削成小丁或小方块的蔬菜。

奶油汤盛在一个深盘里或一个小汤碗里，汤碗下垫一个托盘，摆在一个甜食盘上。

清汤即使配有蔬菜，也要盛在小汤碗里。

马尔密特汤盛在深盘里。

所有的配料以及各种各样的面包干、奶酪丝一起端上，供客人根据自己的口味自取，也避免水解。

盛在盘中的汤，上一把汤匙，喝马尔密特汤时加放刀和叉，用于吃汤中的肉、膀尖和蔬菜。

盛在小汤碗里的清汤和奶油汤，上把甜食匙。

炒鸡蛋：单份的炒鸡蛋平放在盘上。

供数人食用的大块炒鸡蛋用匙按客人的人数切成份。

炒鸡蛋卷往往是坚挺而较干的，用匙边切去两端，每块同样用匙边分切的炒鸡蛋要小心用一把叉子和匙子摆在盘上，以得到一个整洁的装盘。

蜗牛：从厨房端来时非常热，盛在专用的蜂窝盘里（6 眼或 12 眼）。

左边放一把专用夹子，用于夹蜗牛壳，右边放一把蜗牛叉。

咖喱：这是一种适合于鸡和羊肉的制作方法。

盛在一个很热的盘子一侧，浇上调味汁，沾裹均匀，但不要涂抹。

在盘内另一侧盛上什锦炒饭，克里奥尔米饭或白米饭。

在盘子左边放大叉，右边放大刀。

配芒果酸辣调味汁，一种用芒果根部和洋葱、辣椒等制成的调味品。

也可以上“普劳”（同肉和蔬菜一起煮的米饭，用藏红花加香加色）、荞麦烘饼、“帕帕登”（浸水小扁豆加香料加辣椒，用擀面棍擀得非常碎，在烤炉里烘烤的小薄饼，这种薄饼可烤可煎）。

芦笋：如果是热芦笋，配有荷兰调味汁或奶油调味汁时，用一个热盘子盛装；如果是冷芦笋，配有醋酸调味汁或合成醋酸调味汁时，用一个大凉盘盛装。在这两种情况下，芦笋尖朝向左侧盘内边摆放，茎朝右侧盘边摆放。

调味汁浇在芦笋尖的旁边。

可以用一把芦笋夹子服务，或用一套餐具（两把叉子）。在盘左侧摆一把大叉，右侧摆一把大刀和一把个人用芦笋夹。

如果客人用手食用芦笋，应准备一个洗手碗。

长生花：根据制作方法，盛在凉或热盘内。

如果这个制作不是在厨房里进行的话，则用甜食叉和匙将长生花心部的叶子分开，去掉底部的细绒毛。

将叶子完全分开，摆在盘内。

根据客人的口味，往长生花心部浇调味汁；调味汁要浇在中心部位，不要沾在叶尖上。

在左侧摆一把大叉子，右侧摆一把大刀、一个洗手碗和一个盘子（用于放食用过的叶子）。

玉米穗：鲜玉米去掉及修整玉米穗子，煮熟，拿到工作台上，要很热，配一碗黄油汁。

玉米穗可以原封不动地摆在客人的盘子里，客人自己用刀、叉切下玉米粒，然后浇上黄油汁。

客人也可以用一把叉子插入盘中玉米穗的一端，浇上黄油汁；左右手都可以用叉，送进口中，用牙咬下玉米粒。

蛋奶酥：不论是厨房制作的蛋奶酥（奶酪的、蔬菜的），还是甜点房制作的蛋奶酥（烧酒类、糖渍水果类、巧克力等），服务规则都是相同的。

厨房与餐厅服务人员之间的密切配合是非常重要的，为的是蛋奶酥在上桌时恰到好处：早了外观不雅，晚了会使客人不愉快。

蛋奶酥在端到工作台时，“芯”一定要烤熟，配热盘（最好用加热过的大盘或甜食盘）。

动作迅速，用一把匙子从上到下切开蛋奶酥，同时考虑到要分切的份数；然后用一把叉子铲起每一份，细心摆在盘上，蛋奶酥的“芯”在下，烤得焦黄的部分朝上。

餐桌上摆甜食叉和匙。

如果是甜点房制作的蛋奶酥，要在餐桌上放一个糖粉瓶；如果是奶酪蛋奶酥，要将盐瓶、胡椒瓶留在桌上，另外放一个卡因纳胡椒瓶。

冰激凌：冰激凌在服务上桌时要柔软，温度在－7℃～－5℃；建议提前足够的时间从冰箱中取出来，以使其变得柔软可口。

但是，意大利水果夹心冰激凌或巴菲冰激凌非常耐寒，作为冰激凌中一分子的奶油，可以经得起非常低的温度（－18℃～－15℃）。

用盘子食用的冰激凌或搭配水果的、不搭配水果的冰激凌，摆一个凉甜食盘、一把甜食叉和匙。用杯子食用的冰激凌，添一把咖啡匙。

最理想的冰激凌是刚刚在冰激凌调制器中搅拌出来的冰激凌。

冰激凌的服务，或使用一把普通汤匙，或一个球状匙，里面带一个把冰激凌从匙内分开的装置。后一种方式比较好。事实上，用汤匙，冰激凌球只有在匙子沾水后才能自行脱落；水会很快变脏，小水点在冰激凌上结成冰，影响食用效果。

烤蛋白：切去只含有烤蛋白的第一片，竖着切成3～4厘米厚的片；每位客人都应拥有杏仁果酱蛋糕、冰激凌和烤蛋白。

装在一个凉盘里，上甜食匙和甜食叉。

九、沙拉与调味汁

沙拉有多种多样：单一型，用莴苣类生菜叶；混合型，用生菜作底，加糖甜菜和芹菜丝等。

有三点原则必须遵守：

① 生菜叶要散开在大盆里浸泡并在流动水中冲洗，以去除沙子；在浸泡生菜的大盆里放少许醋，可以使生菜叶显得新鲜，也可去虫。

② 生菜如果太大，要在切板上或盘子上用刀切碎；客人在食用时绝不能使用刀子，如果沙拉作为配菜的话，沙拉上适量浇调味汁，当把下面的生菜叶搅拌到上面时，调味汁不至于流到生菜碗底部。

③ 沙拉的主要调味汁有以下几种：

醋酸汁：在少许醋中加入盐和鲜胡椒，稍微加些植物油，使汁黏合。

柠檬汁：同前一种汁一样，用柠檬取代醋。

芥末汁：在少许醋中加入芥末、盐、鲜胡椒，稍稍加些植物油，使油和芥末黏合在一起。

劳克福奶酪汁：用盐和醋调制成醋酸汁，随后用叉子背儿将一小块劳克福奶酪在汁中碾碎，加些苏格兰“李派林”汁和掼奶油，然后搅拌均匀。

奶油芥末汁：用少许芥末，少量醋（或柠檬）、盐、胡椒，稠奶油取代植物油。它适用于切成小块的蔬菜沙拉（土豆、胡萝卜、萝卜、小绿扁豆等）配豌豆；适用于水果混合沙拉（苹果块加香蕉块）。

蛋黄酱汁：这是根据制作需要，用番茄酱、菠菜叶汁、水田芥汁、欧芹汁、龙蒿汁加香加色而成的蛋黄酱。

最后这两种调味汁可以为生菜和其他蔬菜、贻贝、螯虾、甲壳类或鱼类作底菜的混合沙拉调味。这些菜可以作头菜，也可以作餐中一道菜或肉或鱼的配菜。

无盐调味汁：制作芥末汁，里面不放盐；为了使汁黏合，人们可以在商店里买到无盐芥末。

沙拉：如果沙拉单独食用，盛在一个甜食凉盘里，放在客人的面前，右侧摆一把叉子。

如果沙拉配菜食用，盛在一个黄油盘或一个月牙盘里，配一把甜食叉，摆在主菜盘的左侧。

十、调味品

芥末：自罗马帝国时期就已闻名的芥末，是一种常用于铁扒类或烤肉类的调味品。其是由一种黑色或棕色芥末种子（名为布拉西卡）制成的。

强味芥末，又称狄戎：它是用黑色或棕色种子制成的，经过在转烤炉里爆裂，而后在一种供种子发生第一次反应的酸葡萄汁里浸泡；混合物在玻璃状保护膜之间乳化，然后过七次筛，去除种皮，才使这种芥末具有纯正和浓烈的味道。

路易芥末，有时也称波尔多芥末：它是经过在加有香料的酸葡萄汁里浸泡而制成的；不去种皮，但种皮要同种子一起磨碎，用最细的磨过磨。这种棕色的芥末香味扑鼻。

萨沃拉芥末：它的制作方法与其他的品种有很大的不同。在含有葡萄酒醋的酸葡萄汁里加入一定比例的蒂戎芥末、面粉和香料；加热面糊，然后在包装前冷却，贮存三个星期，在销售之前再贮存三个月以便成熟。这种浅黄色的芥末味道清香。

芥末粉，亦称英格兰芥末：它是由一种混合的、事先经过榨取油脂的黑白芥末籽制成的。芥末渣被捣碎；得到的粉过筛以便把种皮和种子分开；取一些细芥末粉掺入一部分榨取的芥末油。这种强味芥末由使用者用水或醋溶解芥末粉自行调配，装在一个带银盖的玻璃瓶里。

陈年芥末或种仁芥末：芥末种子浸泡在含有葡萄酒和香料的酸葡萄汁里；碾碎混合物，因此面糊里有种皮；成品在装进粗陶壶前要贮存两个月。这种芥末味浓，外观很粗糙。

芥末的服务：不可强迫客人食用芥末，要根据客人的要求服务，如果可能的话，用原装罐盛装服务。使用哪种芥末要由客人的口味而定。

要适量使用芥末；滥用芥末很可能导致口味改变，还会使肉或烤肉的滋味变坏。

芥末碗摆在一个垫有餐巾的盘上或托盘上。

芥末的最上层表面部分遇空气后易干，每天要保养，封盖保存；如果一罐芥末在服务中用得很多，要另换一罐新鲜的。服务时用一把骨制匙子。

十一、胡椒、蔬菜、调味汁、醋

胡椒有以下几种：

白胡椒：胡椒粒经过处理后，去掉胡椒皮，然后晾干。

黑胡椒：胡椒粒同胡椒皮一起晾干，很多人喜欢食用。

青胡椒：青胡椒粒保存在短颈大口瓶里，用于某些肉菜或禽类菜的调味汁里。

胡椒呈粒状，装在餐桌上的银制、锡制、木制的不同尺寸的胡椒碾磨器里；胡椒呈粉状，则装在像盐瓶的小撒粉瓶里。每餐前检查一遍。

用呈粒状的胡椒磨成粉，比装在撒粉瓶中的胡椒粉保持香味的时间长。

胡椒瓶或胡椒碾磨器与盐瓶一起摆在餐桌上供客人使用，直到吃奶酪为止，然后撤走。

蔬菜有以下几种：

意大利小酸黄瓜：贮存在放有盐和碎胡椒的醋里。

泡菜：浸泡在盐、醋里的蔬菜（小酸黄瓜、花椰菜、胡萝卜、洋葱等）。

皮卡里里：各种各样浸泡在用香料、植物油、醋调和成的调味汁中的切得很细的泡菜。

调味汁有以下几种：

沃塞斯特调味汁：以浸泡在大麦芽醋里的鳀鱼为底料，配上事先捣碎的香料调制成的酱状调味汁。

番茄汁：一种稀释在加糖、加香料的醋里的番茄浓缩汁。

所有这些芥末、调味汁、蔬菜同植物油、醋一起均放在橱柜上，成为人们称之为“佐料”的一部分。酸黄瓜、泡菜、皮卡里里都用原装瓶盛装、服务，调味汁也用原装瓶服务（放在铺有茶巾的盘子上）。

醋：葡萄酒或酒精经过醋酸发酵的产物，醋可以自己制作，也可以在商店里买淡味的、透明的优质醋。有葱香和大蒜香红葡萄酒醋，有欧芹香布尔哥尼白葡萄酒醋，有柠檬汁香酒精醋，有大麦芽香醋和许多其他的醋。

一般的醋盛装在双瓶佐料架里，一个盛植物油，另一个盛醋。香醋盛在原装小瓶里，尤其在食用牡蛎时当作调味品使用。

十二、黄油

黄油是指奶油经过搅拌器搅拌而得到的产品，其中包含约80％的脂肪。

根据季节和气候的变化，黄油在气味和口味上多种多样。产地是黄油明显不同的原因。在法国，诺曼底和夏朗特是最著名、最受人喜爱的产黄油地区，但也有其他地区产黄油，很难说某种黄油优于另外一种。实际上，挑选优质黄油是消费者的权利，尤其是上桌的和早餐的黄油。

黄油分以下四种：

农场黄油：每天只在农场里少量生产，在15℃下只能保存几天。

乳品厂黄油：在小乳品厂或小奶酪厂用没有经过任何处理的剩余奶油制作而成，保存期限稍比农场黄油长。

巴斯德黄油：其制作阶段之一是逐渐从8.5℃～9.5℃对奶油进行灭菌消毒。这种黄油当温度为15℃时，可存10天；当温度为10℃时，可存20天；当温度为5℃～10℃时，可存30天。

咸黄油：100克黄油放10克盐。半咸黄油每100克黄油放5克盐。实际上，黄油通常每100克只放2克盐。

服务：黄油的质量取决于它的保存。黄油吸味很快，如果没把黄油放在一个密封的盒子里，就应避免把黄油与味浓的水果放在同一个冰箱里，例如香瓜。

在餐桌上黄油通常盛在一个椭圆形的小盘里，呈球状或片状，一般在用餐开始时摆上桌。黄油应冰冻，在室温下使其软化时更换。它配头盘和某些带烤面包片装饰的菜（鱼子酱、肥肝、熏马哈鱼）、英格兰“李派林”汁蔬菜、面条、米饭和奶酪。

黄油通常包装成不同重量的小片（125克和250克），但人们也会发现7～15克的单个黄油片，根据情况可提供诸多方便。

十三、奶油、植物油

奶油是牛奶脱脂的产物，它有以下几种形式：塑性奶油＝60％的脂肪物；鲜奶油（餐厅或厨房用）＝35％～40％的脂肪物；乳皮奶油＝30％～35％的脂肪物；淡奶油＝15％～20％的脂肪物（用于咖啡）。

稀薄的奶油与浓稠的奶油一样，含有丰富的脂肪物质，浓度与巴斯德消毒法的温度有关，冷却的温度通常与酸化的温度有关。

一种优质奶油集中了以下一些优点：颜色——淡黄；稠度——黏稠；结构——均匀，没有乳清或脱脂牛奶渗出；味道——天然，略带酸味。

奶油只要贮存在4℃～6℃的理想环境下，就可以保持它的特点10天左右。奶油绝不能在零度的环境下存放。

奶油根据需要盛在大小不一的牛奶罐里。牛奶罐放在一个铺有茶巾的小盘里。按罐子大小，准备一把咖啡匙或茶匙。

奶油也可以盛在3/4升的粗陶瓷罐里。

植物油：花生油用得最多，可能是因为它的味道呈中性。在某些情况下，餐桌上摆放的调料瓶里盛花生油的时候最多。在制作沙拉调味汁时也多用花生油，除非客人要其他的植物油。它也常与橄榄油搭配，用于芦笋和长生花的醋酸调味汁和蛋黄酱的制作。

橄榄油是最好的植物油，是经过第一次不加热挤榨而得的，就是说橄榄果不经过洗涤凉着压碎，这种经第一次榨取得出的油也称为“纯橄榄油”。其不容易出现哈喇味，盛在1/4升、1/2升、1升的瓶子里，用于各种调味汁和醋酸调味汁的调配。

核桃油：不加热地从保持核桃味的干果中提炼。它只是在客人点名要时才能使用。其可以在与以上所述的植物油同样的情况下使用。

人们也常用到榛子油、玉米油、葵花籽油、葡萄籽油等植物油。

十四、面包

根据用餐的性质和规则，根据客人的愿望，面包以各种不同的外观出现。在某些菜肴的配料中，它占有一个特殊的位置。

在“大陆型”早餐中：可以用普通面包、圆球面包、牛奶面包、精白面包、牛角面包、奶油圆面包、面包干、烤面包片。面包一般用一把叉子和一把匙子（当作夹子）夹住，摆在餐桌上或客人的面包盘里。

在“英国式”早餐中：热面包片是在火烧炉或烤面包机里烤得的厚软面包片；松饼是在模子里烤得的小面包，一般是烤得的和加黄油的烤饼。在开胃品中，有咸饼干或奶酪饼干和8字形松饼。

在正餐中（午餐、晚餐、宴会）：可以上一个小面包（“皇帝”“歌剧”“枯茗”），放在一个摆在大餐盘左侧的小面包盘里，在进餐过程中盛在一个小筐或托盘里给客人添加。

长面包，又称“自制面包”（长棍面包、笛子面包），切成斜棱块，放在面包筐里或餐桌上的小面包盘里。

烤面包，烤面包片放在餐盘上的餐巾里。

乡村面包，切成片，盛在面包筐里。

面包干（咸或不咸的），用“法国式”方法服务或摆在面包盘里。香脆长面包和棍形面包放在小面包筐里。

还有特食面包（黑麦面包、无盐面包、麸皮面包、谷蛋白面包、糖皮面包、面包芯）

和麦尔巴面包（烤软面包芯）、阿兹姆面包（无酵母、无盐的希伯来面包）。

十五、水果

橙子：在一个甜食盘内剥去皮，就是说用一把快刀除去外皮及橙子瓣上的白丝皮，在橙子头部切去第一片，用一把叉子插住橙子。

用刀尖划开另一侧的圆头皮，但不切断，用刀从上到下成细长条将外皮和白皮切下。

装杯：将橙子瓣提起，用刀尖在橙膜边上滑切，把橙瓣弄下来。用另外两把叉子当作夹子，挤榨橙皮以得到少许橙皮汁，盛在一个杯里，上一把咖啡匙。

装盘：剥去外皮的橙子，用刀将其固定在甜食盘上，抽出叉子。

用刀撑住橙子的同时，用叉子切开已切过的橙子圆头，横着切成片，同橙子皮汁一起，盛在甜食盘上，上甜食匙、叉。

柚子：可以照装杯橙子一样服务。

将柚子横着切成两段。

用刀去掉柚子籽及中心部分，切成倒锥形。

用一把刀尖将柚子果肉从皮上切开，但不取出。

将处理后的柚子立在汤盘中的碎冰里，配一把咖啡匙。

橙子和柚子总是配糖粉食用。

香瓜有 4 种可行的展示方法。

整个的小香瓜：切去上部的一片，将果心刮净，去掉籽。把香瓜放在一个装有碎冰块的无脚杯里，客人用一把甜食匙食用。可在瓜心里加上波尔图红葡萄酒、赫雷斯白葡萄酒和夏朗德葡萄甜酒提味。

切成两半的香瓜（稍大个的）：横着切成两半，刮净果心，去掉瓜籽；将两个半个的瓜的底部各稍切去一片，使瓜能立得稳；放在一个装有碎冰的汤盘里，汤盘摆在一个平盘上。

也可以浇夏朗德葡萄甜酒和赫雷斯白葡萄酒。

上糖粉和一把甜食匙。

香瓜片：从上到下切 3 或 4 片，去掉籽粒；用蔬菜匙刮香瓜内瓤，呈榛子状取出；同其他水果丁拌好；重新装进香瓜内；加甜烧酒提味。

梨：保留梨把；用叉子插入梨的下部，用一把快刀轻巧地将梨皮从上至下削去。

整个梨皮去掉后，切去梨的下部（上面连着削下的皮），使梨可以立住。

从中间劈成两半，去掉梨核。把两个半个的梨摆在甜食盘上。

上水果刀和叉。

苹果：依照削梨的办法削去苹果皮，上下两头都切去一片，把苹果插在叉尖上，除去掉在盘上的苹果皮。

将苹果切成两半，挖去苹果核。把两个半个的苹果摆在盘上。上一把水果刀和一把水果叉。

菠萝：如果菠萝很大，而且要在几天当中食用的话，可以依照以下方法做：

——把菠萝放倒，叶子朝右，切下菠萝的叶和头。

——根据要切的片数整理菠萝，尽可能精细、利落地去掉果皮。

——切成约1厘米厚的片；在切开菠萝梗延伸部分周围的同时，用刀尖去掉每块菠萝的中心部分。

——把每片放在一个甜食盘上；重新把菠萝立直以保留菠萝汁，重新将第一次切下的片盖在上面。

——上一把甜食刀和叉。

——如果菠萝片配有甜烧酒或白烧酒的话，要上白糖粉和甜食匙。

也可以把菠萝切成四等分：去掉第一片和叶子，从上向下切去中心部分，然后用刀滑切将菠萝肉从菠萝皮上切下。把菠萝肉放在菠萝皮上，斜着切成5块或6块，左切一刀，右切一刀。

无花果：在一个盘子上，用一把小刀和一把小叉，由上往下，切开无花果的皮（切成四等分），然后用叉尖撑住，用刀刃一片接一片地去掉小薄皮，去皮的无花果依然是整的。

也可将无花果由上到下分成四等分，用叉尖撑住每块，刮去果皮，去掉有籽的部分。

香蕉：把一个香蕉放在工作盘上，切去两端直至露出两端的果肉，顺着香蕉从一头向另一头划开香蕉皮；用叉和刀将香蕉皮去掉。

把香蕉肉放在一个盘上，上一把甜食刀和叉。

草莓：挑选过的草莓放在一个盛有清水的碗里，轻轻摇晃使沙子和泥土落到碗底。

用左手捏住草莓把，右手用叉齿在把和草莓之间滑动，拔去把，使草莓轻轻掉在铺有餐巾的餐盘上，晾干草莓。

将草莓盛在一个甜食盘里，上甜食刀和叉。

上一罐奶油或柠檬汁和白糖粉。

第六章　西餐酒水服务

酒水服务系指客人饮用酒水饮料之前服务人员对其进行一定的处理，并按规操作斟倒于酒水杯中，包括酒水展示、冰镇或温烫、开瓶、斟倒、续斟等五个环节。“示瓶”或“验酒”，即客人饮用整瓶酒时，服务人员在开启前向宾客展示，目的是证明商品的可靠性，体现敬客之意。

第一节　西餐酒与饮品分类

一、酒

酒是含有乙醇的饮品，乙醇是食用酒精。酒中的重要成分是乙醇，乙醇是由碳、氢和氧元素组成。乙醇本身是无毒液体，而且是人体血液中的组成部分。正常人体血液，平均的乙醇含量是0.003%，但当人体血液中乙醇的含量接近0.7%时，会出现乙醇中毒现象，甚至有生命危险。实验表明，适度地饮用发酵酒对人体健康不仅无害，而且有利于降血压并帮助消化。相反，大量地饮用烈性酒对人体器官有很大的损害，会造成视力模糊、反应迟钝、判断力下降、记忆减退等。通常，酒中的酒精度是指酒中乙醇的含量。

（一）酒精度

国际酿酒业规定，温度在20℃时，酒中乙醇含量为标准酒精度，如某种酒在20℃时含有40%的乙醇时，那么它的酒精度就是40度。此外，一些国家还有自己的表示方法，如美国以“Proof”一词表示酒精度。依照美国对酒精度的计量方法，40度酒精含量的饮品等于80Proof，因此1Proof＝0.5度。

（二）酒的种类与特点

酒包括许多种类，分类方法也很多。按照酒精度分类，酒可分为低度酒、中度酒和高度酒。按照酒的颜色分类，酒可分为白酒和色酒。按照制酒的原料分类，酒可以分为水果酒和粮食酒。按照制酒工艺分类，酒可分为发酵酒、蒸馏酒、配制酒和鸡尾酒。按照人们用餐的习惯分类，酒可分为餐前酒、餐酒和餐后酒。

① 低度酒：酒精度在20度以下的酒。

② 中度酒：酒精度在20～38度的酒。

③ 高度酒：酒精度高于38度的酒。

④ 白酒：无色透明的酒。

⑤ 色酒：带有颜色的酒。

⑥ 水果酒：以各种水果为原料，经过发酵、蒸馏或配制的酒，如葡萄酒、白兰地酒、味美思酒等。

⑦ 粮食酒：以各种谷物为原料，经过发酵、蒸馏制成的酒，如啤酒、威士忌酒、伏特加酒等。

⑧ 发酵酒：以水果或谷物为原料，用发酵的方法制成的酒，如葡萄酒、啤酒等。

⑨ 蒸馏酒：以蒸馏的方法提高酒精度制成的酒，如白兰地酒、威士忌酒、金酒、朗姆酒、伏特加酒等。

⑩ 配制酒：把蒸馏酒与发酵酒混合或将蒸馏酒与香料、果汁等勾兑后制成的酒，如味美思酒、茴香酒、咖啡酒等。

⑪ 鸡尾酒：饭店业和餐饮业自行配制的混合酒。将烈性酒、葡萄酒、果汁、汽水及调色和调香的原料进行混合制成的酒，主要由基本原料和调配原料两部分组成。基本原料称为基酒，通常是烈性酒或葡萄酒；调配原料包括利口酒、果汁、汽水、牛奶、鸡蛋和香料等。

⑫ 餐前酒：人们常在餐前饮用的开胃酒，包括发酵酒、蒸馏酒、配制酒和鸡尾酒。

⑬ 餐酒：人们习惯在用餐时饮用的各种葡萄酒。

⑭ 餐后酒：人们习惯在餐后饮用的带有甜味和香味的利口酒。

此外，饭店业与餐饮业为了方便顾客购买酒品，将酒分为开胃酒、普通威士忌酒、高级威士忌酒、波旁（美国）威士忌酒、加拿大威士忌酒、金酒、朗姆酒、伏特加酒、科涅克酒、高级白兰地酒、波特酒、雪利酒、利口酒、短饮鸡尾酒、长饮鸡尾酒、啤酒、低酒精度饮品等。

二、饮品

饮品是不含有乙醇的各种饮料，根据制作原料分类，有茶、咖啡、果汁、汽水、矿泉水和其他混合饮品等。根据温度分类，有冷饮品和热饮品。

在西餐经营中，不仅讲究菜肴和各种酒的营销策略，还讲究各种饮品的营销方法。所有的冷饮如矿泉水、果汁等在服务前都要经过冷藏，使用的杯子也应采用降温措施，以保证饮品的温度。在热饮品的营销和服务中，要先将咖啡或茶的种类告知顾客，从顾客的右边服务。注意咖啡杯和茶杯的摆放，杯柄应朝向右方，咖啡杯和茶杯应配上底盘，咖啡还应当配上咖啡匙。热饮品的温度很重要，热饮品一定是非常热的而不是温的。

（一）茶

西餐常用的茶有红茶和配制茶。

1. 红茶

红茶是经过发酵的茶叶，颜色为褐红色，经过泡制的红茶为浓红色，香气怡人，甘甜似桂圆味。

红茶性情平稳、温和、和胃，是欧美顾客喜爱的饮品。

2. 配制茶

配制茶是当代人经常喝的饮品。它以各种优质的茶叶为主要原料，配以水果、药草或其他带有香气或滋补作用的植物及植物提取物配制而成。通常配制茶是袋装茶，以方便使用。有些欧美国家生产的配制茶不含咖啡因，因此它对人的神经系统不产生刺激作用。

（二）咖啡

咖啡，是以咖啡豆为原料，经过烘焙加工成颗粒状，经过沸水煮泡或冲泡成的饮品。咖啡豆是从咖啡树的果实中获取的。咖啡树属热带作物，是一种常绿的灌木或小乔木，从栽种到结果需要 3 年时间，以后每年结果 1～3 次。

咖啡成品要经过采摘、选择、烘焙、碾碎以及抽取（速溶咖啡）等工艺过程才能制成。咖啡因产地不同而味道不同，有的咖啡味酸，有的咖啡味甜，有的咖啡味苦。咖啡要经过调配才能达到理想的效果，一般将 3 种以上不同味道的咖啡混合起来味道才佳。此外，咖啡的烘焙与味道有密切联系，咖啡烘焙的程度愈低，其味道就愈酸；烘焙的时间愈长，味道就愈苦。因此掌握咖啡豆烘焙的时间和火候是咖啡加工中的关键。

咖啡中含有许多营养成分，含有蛋白质 12.6%、脂肪 16%、糖类 46.7%，还有少量的钙、磷、钠和维生素 B_2 及 1.3%的咖啡因。饮用咖啡会兴奋大脑，使人精神振奋。咖啡还有扩张支气管、改善血液循环和帮助消化的功能。但饮用过多的咖啡会导致失眠、容易发怒和心律不齐等症状。

一杯优质咖啡的制成与许多方面有关联，一定要使用新鲜的咖啡，讲究水质，讲究咖啡与水的比例，要有适当的水温，讲究咖啡的器皿和设备等。

世界上许多地方都种植咖啡，如南美洲、印度尼西亚等地区。咖啡的命名及分类方法常以出产国名、出产地名和输出港名来命名，如巴西咖啡、摩卡咖啡、印度尼西亚咖啡等。这 3 种咖啡也是世界上最著名的咖啡。饭店和西餐业常用一些有特色的和容易煮泡的咖啡。

1. 巴西咖啡

以巴西咖啡为代表的南美咖啡占世界咖啡产量的 60%以上，其特点是香气浓郁、刺激性强。

2. 摩卡咖啡

摩卡咖啡，实际上是阿拉伯咖啡，它以输出港名命名，以粒小、略带酸味而著称。

3. 印度尼西亚咖啡

印度尼西亚地区种植的咖啡豆颗粒大小适中，味香浓。

4. 普通速溶咖啡

速溶咖啡，顾名思义是即冲泡即饮用的咖啡，为褐色颗粒状。普通的速溶咖啡是没有抽取咖啡因的咖啡。

5. 不含咖啡因的速溶咖啡

目前，越来越多的人喜欢饮用不含咖啡因的速溶咖啡，这种咖啡在加工中提取了咖啡因，因此饮用这种咖啡不会刺激神经系统，更不会影响睡眠。这种咖啡的形状和颜色与普通速溶咖啡完全相同。

6. 意大利浓缩咖啡

意大利浓缩咖啡，是意大利风味咖啡。这种咖啡烘焙的火候较大，为黑色粉末状，味道浓郁。冲泡意大利浓缩咖啡应当使用专用的压力开水器，在水蒸气的压力下达到最佳冲泡效果。欧美人习惯在正餐后饮用这种咖啡，饮用时使用小型咖啡杯。

7. 法国浓咖啡

这种咖啡味很浓，颜色较深，一般用小型咖啡杯盛装，欧美人习惯在正餐后饮用。

8. 冰咖啡

由双倍浓度的咖啡加冰块组成，属于冷饮咖啡。

（三）软饮料

软饮料，指不含有酒精成分的任何饮品，主要包括果汁、汽水、矿泉水及混合冷饮料。

1. 果汁

果汁，是以新鲜水果为原料制作的饮品，含有丰富的维生素C和各种营养素。果汁，包括纯果汁和果汁饮料两大类。纯果汁是以新鲜成熟的水果直接榨出的果汁，如西瓜汁、橙汁等。果汁饮料是含有6%～30%天然果汁或果浆的饮品，如芒果汁、菠萝汁、鲜荔枝汁、苹果汁等。果汁必须保持新鲜，放入冷藏箱内保存，其最佳饮用温度约10℃，要斟倒在果汁杯或高球杯内，不要加冰块，以免影响味道。

2. 汽水

汽水，指含有二氧化碳的任何饮品。汽水的主要成分是水、糖、柠檬酸、小苏打及香精等，还有极其微量的矿物质。汽水的作用是为人们提供水分，还有清凉的作用。小苏打与柠檬酸在瓶内发生化学反应，会产生大量的二氧化碳。饮用汽水时，二氧化碳从人体排出时可带走许多热量，因此汽水有解暑祛热的作用。但不可饮用太多的汽水，因为过多的二氧化碳与胃酸中和会造成胃液功能下降，从而降低人的消化能力及肠胃杀菌能力。

通常汽水可分为四类：不含有香料的二氧化碳饮品，如苏打水等；含有香料的二氧化碳饮品，如可口可乐、雪碧等；含有药味的二氧化碳饮品，如汤力克水（奎宁水）等；含有果汁的二氧化碳饮品，如新奇士橙汁汽水等。汽水需要冷藏后饮用，还可在汽水中加冰块，用高球杯、考林斯杯盛装。此外，在不含有香料和果汁的汽水中加上一片柠檬会增加汽水的味道。

3. 矿泉水

矿泉水，是含有一定量的矿物质或某些对人体健康有益的微量元素与气体成分的地下水。它是在天然条件下大气降水渗入地下深处后长期与岩层发生相互作用而生成的液体矿产，经过勘查、开采，生产成为饮品。人类利用矿泉水已经有几百年的历史了，在19世纪初期，法国已经有了矿泉水条例，并在1863年生产出第一瓶矿泉水。至20世纪30年代，矿泉水作为饮品被世界各国重视。矿泉水之所以作为饮品是因为它产生于地下深处，没有遭受环境污染，是无色、无味、清澈甘甜的饮用水。由于矿泉水含有一定量对人体有益的矿物质和微量元素，所以许多国家都生产矿泉水，如法国、意大利、德国、瑞典、比利时、匈牙利、澳大利亚、美国、新加坡等。我国目前有400多种饮用矿泉水，分布在全国各地。

矿泉水的饮用方法是冷藏后饮用，不需要加冰块，征求顾客同意后可放 1 片柠檬，可斟倒在高脚水杯、果汁杯、海波杯或高杯内。

第二节 酒水服务技能

一、白兰地

（一）白兰地概述

白兰地这一名词，最初是从荷兰文 Brandewijn 而来，它的意思是“可燃烧的酒”。白兰地是世界上最负盛名的一种烈酒，“没有白兰地的餐宴，就像没有太阳的春天”。

白兰地是以水果为原料，经过发酵、蒸馏、贮藏后酿造而成。以葡萄为原料的蒸馏酒叫葡萄白兰地。由于葡萄白兰地销量最大，人们往往直接称之为白兰地。以其他水果原料也可以酿造白兰地，应加上水果的名称，如苹果白兰地、樱桃白兰地等，但它们的知名度远不如葡萄白兰地大。

国际上通行的白兰地，酒精占 40%左右，色泽金黄晶亮，具有优雅细腻的葡萄果香和浓郁的陈酿木香，口味甘洌，醇美无瑕，余香萦绕不散。

（二）白兰地的生产工艺

1. 选料

多数酒厂选择高酸的葡萄作为酿造白兰地的原料。和酿造葡萄酒不同，葡萄酒酿造商偏爱果味重的葡萄，白兰地酿造商则选择果味相对轻的葡萄。因为太重的果味会让酿造出来的白兰地口味奇异，缺乏平衡。以法国为例，干邑产区的白兰地主要以白玉霓、白福儿和鸽笼白三种葡萄为主要原料；雅文邑产区则以巴科 22A、鸽笼白、白福儿、白玉霓这四种葡萄作为酿造原料。

2. 取汁

取汁应在葡萄破碎后的 3～5 小时内进行，以防氧化和加重浸渍作用。原料破碎后，一般不连续压榨，因为这样会使葡萄汁中的酚物质含量升高。

3. 发酵

一般来说，在葡萄原酒的发酵过程中不需要添加任何辅助物，酒精发酵的管理和白葡萄酒酿造相同。酒精发酵结束后，将发酵罐添满，并在密封的条件下储存。

4. 蒸馏

在酿制干邑白兰地时，葡萄在压榨后，会进行几个星期的发酵。发酵完成后，必须使用传统的铜制壶式单一蒸馏器进行蒸馏，当酒液的酒精度达到 70%时，停止蒸馏。雅文邑白兰地在蒸馏时，虽然也可以使用铜制壶式单一蒸馏器，但目前大多数雅文邑酒厂为了节约人力、物力，降低成本，通常都会采用柱式连续蒸馏器。使用柱式蒸馏器可以得到相对低酒精度的酒液，大约为 52%。白兰地的质量一方面取决于自然条件和葡萄原酒的质量，另一方面取决于所用的蒸馏设备和方法。

5. 陈酿

白兰地酿造完成后会被储藏在橡木桶中。不同厂家使用不同的橡木桶。在陈酿的过程中，白兰地发生了一系列的物理化学变化，这些变化赋予了白兰地特有的品质。最初白兰地的苦涩、辛辣、刺喉等特性逐渐转变为甜润、绵柔、醇厚。以法国白兰地为例，蒸馏完成后的干邑白兰地会被储藏在橡木桶中至少陈酿2年，随后加水稀释装瓶出售；而雅文邑白兰地制成后，只在橡木桶中存放很短的一段时间，然后会被转移到玻璃瓶中存放。

（三）法国白兰地

世界上几乎所有的葡萄酒生产国都出产白兰地，但就品质来说要属法国生产的白兰地最好，而法国白兰地又以干邑和雅文邑两个地区生产的最为突出。

1. 干邑

干邑，又可以称为“科涅克”，位于法国西南部，是波尔多北部下朗德省境内的一个小镇。干邑地区的土壤、气候、雨水等自然条件特别适宜葡萄生长，所产的白兰地最纯最好，被称为“白兰地之王”。人们常常称干邑白兰地为“干邑”。

(1) 干邑白兰地的特点

干邑白兰地酒体柔和，具有芳醇的复合香味，口味精细讲究。酒体呈琥珀色，清亮光泽，酒精度一般在40～43度。酿造完成后在橡木桶中储存较长的时间，获得独特的风味物质。

(2) 干邑白兰地的产区

法国法律规定：只有在夏朗德省境内干邑镇周围的36个县市所种植的葡萄，并在当地采摘、发酵、蒸馏和陈酿所得的白兰地才可命名为干邑，受国家监督和保护。除此以外的任何地区生产的葡萄酒都不能用干邑命名。1938年，法国政府根据原产地名称管制法(AOC)，将干邑分为以下六个酒区：

① 大香槟区：出产的葡萄能酿制出浓醇酒香、口感丰富的白兰地，但葡萄成熟所需时间较长。

② 小香槟区：酿出的白兰地酒质与大香槟区近似，只是略微平和，葡萄成熟所需的时间也较短。

③ 边林区：用此区葡萄酿的酒，黏度大、口感丰富。葡萄成熟时间更短一些。

④ 优质林区：此区葡萄成熟期较短，酿出的酒口感清新。

⑤ 良质林区：用此区葡萄酿的酒酒质稀薄，一般不用它酿制高级白兰地。

⑥ 普通林区：此区葡萄一般不用于酿制高级白兰地，大都是调制时用的配酒。

干邑白兰地能在世界上赢得最高的盛誉与法国政府严格地控制质量息息相关。政府明确规定葡萄酒的品质，清楚界定种植葡萄的地区，规定葡萄的种类和酿酒规则的具体细节，同时要求酿造厂不断改善蒸馏器材，以及控制酒液在木桶内存放时间等。

(3) 干邑白兰地的分类方法

20世纪70年代，酒厂开始使用字母来区别品质。详细内容如下：

缩写标识	英文含义	酒品质量
E	Especial	特别的、特殊的
F	Fine	优良的、精美的、好的
V	Very	非常的
O	Old	古老的
S	Superior	较高的、特别的
P	Pale	淡的
X	Extra	格外的
C	Cognac	干邑
A	Armagnac	雅文邑

第一级 VS：又可以被称为三星白兰地，属于普通白兰地。法国政府规定，干邑地区生产的白兰地最短只需要 18 个月酒龄，但厂商为保证酒的质量，规定酒在橡木桶中必须酿藏两年半以上。

第二级 VSOP：属于中档干邑白兰地，享有这种标志的干邑至少需要 4 年半酒龄，然而，许多酿造厂商在装瓶勾兑时，为提高酒的品质适当加入一定量的 10～15 年陈酿干邑白兰地原酒。

第三级 Napoleon/XO/Extra：属于精品干邑，大多数作坊都生产质量卓越的白兰地，均是由非常陈年的优质白兰地调兑而成的。依据法国政府规定，此类白兰地原酒在橡木桶中必须酿藏 6 年半以上才能装瓶销售。

(4) 干邑白兰地的著名品牌

如今干邑地区白兰地品牌达 200 多个，正所谓百花齐放、各有千秋。以下列举 6 个最著名的品牌。

① 人头马

人头马公司以希腊神话中的半人半马的“肯达尔斯”作为商标。人头马香槟干邑系列产品采用产自大香槟区及小香槟区的上等葡萄酿制而成，并始终严格控制品质。因此，法国政府授予该公司特殊荣誉——特优香槟干邑。人头马的主要产品包括：人头马 VSOP、人头马俱乐部 VSOP、人头马 XO、人头马路易十三系列等。

② 轩尼诗

轩尼诗公司创建于 1765 年。创始人理查·轩尼诗，原是爱尔兰皇室侍卫。轩尼诗酒厂深知橡木桶对白兰地品质有着决定性的影响，因此特别重视橡木林的栽培和保养工作。目前他们的橡木林的数量已足够供应酒厂使用百年以上。轩尼诗是最早发明用星级来表示白兰地优劣的厂家。

1870 年，轩尼诗首次推出了以 XO 命名的白兰地。轩尼诗的主要产品包括轩尼诗 VS、轩尼诗 VSOP、轩尼诗 XO、轩尼诗 Paradis Imperial、轩尼诗 Richard Hennessy 等。

③ 金花

1863 年，约翰·柏蒂斯·金花与他的好友在法国干邑地区创办金花酒厂，并用“La Grande Marque”（伟大的标记）作为商标。金花白兰地酒厂是干邑地区仅存的家庭企业之一。它的产品特点是品质轻淡。金花在酿造完成后用旧的橡木桶储存，目的是尽量使橡木的颜色和味道少渗入酒液中，由此形成独特的风格。金花酒厂很重视酒瓶的包装，推出了多种漂亮玻璃瓶和瓷瓶包装，用来吸引收藏家。金花的主要产品有金花 VS、金花 VSOP、金花 XO、金花 Extra、金花 Borderies、金花 Rarissimes、金花 Masterpiece Collection 等。

④ 拿破仑

拿破仑白兰地是法国干邑区名品，早在 19 世纪初期已深受拿破仑一世欣赏，到 1869 年被指定为拿破仑宫廷御用美酒。由于品质极佳，产品销往全世界 160 多个国家，并获得了许多荣誉。拿破仑酒瓶上别出心裁地印有拿破仑塑像投影。拿破仑的主要产品除 Exte 系列以外，还包括拿破仑 VS、拿破仑 VSOP、拿破仑 XO、拿破仑 Extra、拿破仑 Succession J. S、拿破仑 L’ Essence de Courvoisier 等。

⑤ 百事吉（Bisquit）

百事吉酒厂创立于 1819 年，已有 200 多年的酿造经验。百事吉酒厂用来储存干邑的橡木桶都是酒厂员工手工制作而成的。酒厂酒库内贮藏的陈年干邑，数量极为丰富，足够提供调配各级干邑产品所需的不同酒龄的原酒，因此能够保证产品优越的质量。百事吉主要产品包括百事吉 VS、百事吉 VSOP、百事吉 XO、百事吉 Prestige、百事吉 XO Gold 等。

⑥ 马爹利

1715 年，生于英法海峡贾济岛的尚·马爹利来到了法国的干邑，并创办了马爹利公司。他所酿制的白兰地，具有“稀世罕见之美酒”的美誉。该公司生产的三星级和 SOP 级产品，是世界上最受欢迎的白兰地之一。随后在中国推出的名士马爹利、XO 马爹利和金牌马爹利，均受到好评。

2. 雅文邑

雅文邑又称阿尔玛涅克，位于干邑南部，在法国西南部的热尔省境内的加斯科涅地区，以盛产深色白兰地驰名，有“加斯科涅液体黄金”的美誉，其历史整整比干邑早了 2 个世纪。雅文邑白兰地可以采用铜制蒸馏器或连续蒸馏器进行蒸馏，多数厂家使用连续蒸馏器来降低成本。完成蒸馏后，蒸馏液的酒精含量不能大于 60%，其目的是使蒸馏出的白兰地更充满香气。多数酒厂使用法国黑橡木桶来储存酒液。这种木材色黑，单宁多，有细小纹理，和酒接触的表面积较大。雅文邑复杂的风味、较深的颜色都是由此演变而来的。

雅文邑也是受法国法律保护的白兰地品种。只有雅文邑当地产的白兰地才可以在商标上冠以 Armagnac 字样。

（1）雅文邑白兰地的特点

雅文邑酒体呈琥珀色，发亮发黑，因储存时间较短，所以口味烈。雅文邑白兰地酒的香气较强，味道也比较新鲜有劲，具有阳刚风格，醇厚浓郁，回味悠长，挂杯时间较长，酒度为43度。

(2) 雅文邑白兰地的产区

雅文邑内三个主要的产区包括下雅文邑、泰纳雷泽和上雅文邑。下雅文邑以沙和淤泥土质为主，生产的白兰地细腻、优雅，最为消费者所喜爱。泰纳雷泽地区的土质以石灰黏土为主，生产的白兰地层次丰富，更强烈，需要陈酿的时间更长。而上雅文邑现如今只剩下几公顷的葡萄园，产量大不如前。总体来说，消费者更偏爱下雅文邑，但是雅文邑地区法律并没有说下雅文邑的白兰地品质最好。

(3) 雅文邑白兰地的酒龄与级别

雅文邑白兰地的鉴别标准是以1、2、3、4、5来表示的，陈酿1年的酒品用1表示，陈酿2年用2表示，以此类推。陈酿1～3年者通常用三星、专营、精选等表示。陈酿3年以上者会采用年份陈酿（VO）、精选年份陈酿（VSOP）、佳酿（Reserve）、额外陈酿（XO）等表示。

(4) 雅文邑白兰地的著名品牌

雅文邑白兰地的著名品牌有卡斯塔浓、夏博、珍妮、桑卜等。

① 珍妮

珍妮雅文邑始终是雅文邑白兰地的领军品牌。现在珍妮雅文邑VS征服了低端市场，XO系列在高端市场中的份额丝毫不输给干邑高级白兰地。

② 桑卜

亚伯桑卜先生于1934年创立这一品牌。他年轻的时候在当地军队中服役，退役后成为热尔省的参议员。亚伯桑卜先生非常关注桑卜白兰地的发展，他一生致力于改革和创新酿造方法。在他去世后，他的后人继续继承和发扬家族的光辉传统，把桑卜这一品牌推广到全世界。

3. 法国白兰地

除干邑和雅文邑以外的任何法国葡萄蒸馏酒都统称为白兰地。法国政府对这些白兰地的生产、酿藏没有太多的硬性规定。一般不需要经过太长时间的陈酿即可上市销售。品牌种类较多，价格低廉，质量尚可，外包装也非常讲究，在世界市场上很有竞争力，通常用来调制鸡尾酒或者混合饮料。

4. 水果白兰地

除用葡萄酿造白兰地外，其他水果，如苹果、李子、梅子、樱桃、草莓、橘子等经过发酵后，同样可以制成各种白兰地，统称为水果白兰地。其中最著名的要数苹果白兰地、樱桃白兰地和杏子白兰地三种。

(1) 苹果白兰地

苹果白兰地是将苹果发酵后压榨出苹果汁，再加以蒸馏而酿制成的水果白兰地酒。美国生产的苹果白兰地酒被称为Apple Jack，需要在橡木桶中酿藏5年才能销售。加拿大产的被称为Pomal。德国产的被称为Apfelschnapps。然而世界上最为著名的苹果白兰地酒要属法国诺曼底的卡尔瓦多斯生产的Calvados。Calvados使用不同种类、不同陈酿年数的苹果汁混合蒸馏而成。该酒呈琥珀色，光泽明亮，果香浓郁，口味微甜。酒度在45～50

度。一般 Calvados 的苹果白兰地酒需要在橡木桶中陈酿 2 年才能上市销售，但是常见的 Calvados 都是 5 年或者 10 年陈酿。

(2) 樱桃白兰地

樱桃白兰地在酿造时必须把果蒂去掉，将果实压榨后加水使其发酵，然后经过蒸馏、迅速装瓶来保留樱桃香气。酒液呈深红色，主要产地包括法国的阿尔萨斯、德国的斯瓦兹沃特、瑞士和东欧等地区。

(3) 杏子白兰地

杏子白兰地的酿造方法和樱桃白兰地极其相似。酿造时，加入杏子汁并且将杏子核打碎，在酒中加入微弱的杏仁味道，蒸馏后迅速装瓶。酒液呈金琥珀色，主要产地包括匈牙利、奥地利、捷克、法国以及加拿大等。

5. 玛克白兰地

很多人把此类白兰地酒称为葡萄渣白兰地。它是将酿制红葡萄酒时经过发酵后过滤掉的酒精含量较高的葡萄果肉、果核、果皮残渣再度蒸馏，提炼出的含酒精成分的液体，再用橡木桶将其陈酿而成的蒸馏酒。法国许多著名的葡萄酒产地都生产玛克白兰地。勃艮第是玛克白兰地的最著名产区。玛克白兰地的著名品牌有皮耶尔领地、卡慕、玛斯尼、德普、里昂·比尔、吉尔贝特·米克等。

(四) 其他生产白兰地的国家

1. 西班牙

西班牙是欧洲最早出现蒸馏酒的国家之一。中世纪时期，西班牙摩尔人的炼金术士发现了酿造蒸馏酒的方法。西班牙白兰地的酿造历史甚至比法国干邑要长。西班牙白兰地的品质仅次于法国。

西班牙白兰地通常被称为雪利白兰地。西班牙人将雪利酒作为原料，经过连续蒸馏后，再用曾经盛装过雪利酒的橡木桶贮存，酿制出来的白兰地的口味与法国白兰地大不相同，具有较显著的甜味和土壤气息。

2. 意大利

意大利的葡萄蒸馏酒原来被称为干邑，1948 年政府同意改用白兰地作为名称，并且实行了与法国干邑相统一的标准。意大利白兰地主要产区包括北部的三个地区：艾米利亚-罗马涅、威尼托和皮埃蒙特。此外，西西里岛和坎帕尼亚也生产少量的白兰地。

意大利白兰地要储存 2 年以上才能销售，但是一般意大利白兰地都会储存 6 年，好的白兰地会储存 10 年后才上市销售。意大利白兰地口味一般来说比较浓重，通常饮用时最好加入冰块或水，这样可以冲淡酒的烈性。

3. 美国

美国生产白兰地已有两百多年的历史，其制造过程均采用连续式蒸馏器，故其风味是属于轻淡类型的。在美国酒类市场上，白兰地的销售量占第三位。按照美国法律，美国白兰地至少陈酿 2 年才能上市销售，一般是 2～4 年，也有陈酿多达 8 年的白兰地。美国出产的白兰地可分为三类：佐餐酒、高级白兰地、烈性白兰地。

美国最著名的白兰地品牌是 E&J。E&J 白兰地不但位居美国白兰地销售之冠，也是世界销售排行第五的白兰地品牌。E&J 白兰地是在以烧焦、干燥方式处理过的白橡木桶内陈酿的。

每个木桶酿熟的过程可使木料本身的软化效果增强葡萄细致的风味。酿造出的白兰地口感柔顺，浓郁香醇。

4. 葡萄牙

葡萄牙白兰地和西班牙白兰地十分相似，也是用雪利酒蒸馏而成。葡萄牙最初生产白兰地是为了酿造甜葡萄酒。后来，为使葡萄酒和白兰地的生产各司其职，葡萄牙政府就制定了一项法令：生产甜葡萄酒的产区不准生产白兰地。白兰地由专门产地生产，专门生产的白兰地高产质优，深受欢迎。葡萄牙白兰地的主要产区是杜罗河沿岸。葡萄牙白兰地香气浓郁，含糖量高，呈深棕色。

（五）白兰地的饮用与服务

白兰地酒常作为开胃酒和餐后酒饮用。通常欧美人习惯把干邑白兰地酒作为开胃酒或餐后酒，而把雅文邑白兰地酒作为餐后酒。

1. 酒杯与分量

一般使用白兰地杯。白兰地杯呈大肚窄口状，矮脚。当酒倒入白兰地杯子后，窄口限制了酒香的消散，使得酒的香味能长时间地留在杯内。喝酒时需要用手握酒杯悠悠晃动，使掌心和杯肚接触，让掌心的热量慢慢传入酒杯中，使酒的芳香溢出。每份白兰地的标准用量为 30 毫升。

2. 饮用方法

（1）净饮、加冰饮用

高品质的白兰地适合净饮。白兰地的品尝大致可分为三步：第一步是观察酒的清澈度与颜色。上乘白兰地为琥珀色、晶莹剔透。第二步是闻香。白兰地具有复杂的香气，第一层是果香，第二层是橡木香气。品质优越的白兰地口感柔软，入腹发热，还有诱人的水果香味和优雅醇厚的陈酿香味，口味谐调，回味绵延。第三步是品尝。第一口抿一小滴，让其沿舌尖蔓延整个舌头，再进入喉咙；第二口可以喝稍多些，进一步领略温柔醇香的独特感觉。

当然，白兰地也可以加冰品尝。在白兰地杯中放入 3～4 块冰块，然后倒入 30 毫升的白兰地。

（2）混合饮用

3 星级别的白兰地可以混合苏打水或者其他果汁饮用。

（3）调制鸡尾酒

3 星级别的白兰地也可以用于调制鸡尾酒。著名的白兰地鸡尾酒有白兰地亚历山大、边车、白兰地奶露。

3. 白兰地服务程序和标准

（1）准备酒杯及用具

① 使用白兰地杯。

② 杯具干净，无水迹、破口。

③ 杯垫干净，无破损，平整。

④ 托盘干净，无破损。

（2）准备酒水

① 在吧台用量酒器将酒倒入杯中，每份 30 毫升。

② 用高脚杯准备一杯冰水。

（3）服务酒水

① 与酒水服务相同。

② 免费配送指定小吃。

二、威士忌

（一）威士忌概述

这种酒以拉丁语命名，意为生命之水。不同的国家对威士忌的写法也有差异，爱尔兰、美国和日本写成 Whiskey，而在苏格兰和加拿大则写成 Whisky，发音区别在于尾音的长短。

无论在任何酒吧，品牌最多的一定是威士忌。因为其产地较多，分布较广，可以满足不同口味客人的喜好。一般酒吧会有二三十瓶产地、价格不同的威士忌，档次高一些的酒吧数量、品种更多。

（二）威士忌的生产工艺

1. 选麦

威士忌酿造工艺流程的第一步是选麦。几乎所有的威士忌酒厂都有自己的大麦供货商，确保获得高质量的酿酒原料。

2. 发芽

将上等的大麦浸于水中，使其发芽。一般酿酒厂会把湿大麦铺开，放置 1 周左右。在此期间，酒厂会定期翻拌大麦，保持一定的温度来控制发芽的速度。当大麦发芽到一定程度，就会产生酶，进而产生淀粉，这些淀粉以后会变成糖。

3. 烘烤

发芽之后是烘干大麦。苏格兰威士忌在烘干大麦的时候通常选择使用泥炭，在烘干的过程中，威士忌吸收了泥炭的烟熏味。而其他威士忌则会使用热风来烘烤麦芽。

4. 粉碎

麦芽烘干放置一段时间后就会被磨成粉，这个过程叫粉碎。磨碎后的粉被放入一个很大的容器中，通常叫作麦汁缸。在麦汁缸中加入煮沸的水。麦芽粉在沸水中溶解，糖从大麦中渗出，经过过滤得到麦芽汁。

5. 发酵

麦芽汁冷却到 70℃左右时，酒厂会加入酵母。酵母开始发酵，产生二氧化碳，麦芽汁开始起泡。经过 1～2 天后，糖分全部转化成酒精。

6. 蒸馏

大部分苏格兰威士忌、美国威士忌和加拿大威士忌通常会经过两次蒸馏，少数苏格兰威士忌和爱尔兰威士忌会经过三次蒸馏。这些蒸汽会通过冷凝器，凝结成液体酒精。这些液体酒精浓度较低，必须经过第二次的蒸馏才能得到酒精浓度较高的液体。少数苏格兰威士忌酿造商和多数的爱尔兰威士忌酿造商会进行第三次蒸馏。蒸馏完成后的酒液浓度可以高达 70～90 度。

7. 陈酿

威士忌酿造完成后会放入橡木桶中陈酿相应的时间。不同国家生产的威士忌陈酿时间各不相同。在陈酿的岁月中，威士忌开始吸附酒桶中的风味物质而变色、变味。不同的酒桶赋予威士忌不同的特征。

8. 装瓶

最后，陈酿完成后的威士忌经过稀释后就能装瓶出售了。

（三）苏格兰威士忌

苏格兰法律规定只有在苏格兰境内酿造和混合的，并且必须在境内陈酿 5 年以上才可以被称为苏格兰威士忌。现存的最早的记录苏格兰威士忌的有关文献是 1494 年苏格兰财政部关于“生命之水”原料的记载。

1. 苏格兰威士忌的特点

苏格兰威士忌色泽棕黄带红，清澈透明，气味焦香，带有烟熏味，口感甘洌、醇厚、劲足、圆正、绵柔，酒度一般在 40～43 度。苏格兰威士忌必须陈酿 5 年以上方可饮用，但是酒厂一般会储存更久。普通的威士忌一般会储存 7～8 年，中高端的威士忌一般会储存 12 年，优质的威士忌则会储存 15～20 年。极少数品质极高的威士忌会储存超过 20 年，通常分为 30 年、40 年和 50 年三种。苏格兰威士忌是世界上最好的威士忌。

2. 苏格兰威士忌的产区

苏格兰威士忌的主要产区有五个，即高地、斯佩塞、低地、坎贝尔镇和伊雷岛，这五个区域生产的威士忌各具特色。

（1）高地

高地位于苏格兰北部，地势主要以山丘为主。高地有取之不尽的泥炭以及优质的山泉水。高地的威士忌烟熏味强烈。高地主要生产麦芽威士忌。

（2）斯佩塞

斯佩塞属于高地的一部分，斯佩塞地区地势以山丘为主。斯佩塞有大量的山间小溪以及苏格兰第三大河流——斯佩塞河。充足的水源为种植大麦等原料提供了有利条件。山间的泥炭也是用之不竭。相比于其他地区的威士忌，斯佩塞的威士忌口感平衡，较甜。斯佩塞地区主要生产麦芽威士忌和兑和威士忌。

（3）低地

低地位于苏格兰南部，地势主要以平原为主。低地有少量的泥炭地、大量的麦芽种植田地和清澈纯净的水源。低地的酒厂在酿造威士忌时很少用泥炭，所以这里生产的威士忌烟熏味较淡。低地生产的威士忌相比于其他地区更为甘洌、芳醇。低地主要生产麦芽威士忌和兑和威士忌。

（4）坎贝尔镇

坎贝尔镇位于苏格兰南部，地势以平原为主。坎贝尔镇有少数的泥炭地、大量的麦芽种植农田和丰富的水源。坎贝尔镇生产的威士忌具有独特的海盐风味，这是由于接近海边，受到带有高盐分和腥味的海风影响。坎贝尔镇主要生产兑和威士忌。

(5) 伊雷岛

伊雷岛位于苏格兰的西南，西邻大西洋。伊雷岛有大量的泥炭沼泽地、清澈的地底泉水以及大量的大麦种植田地。伊雷岛生产的威士忌酒有独特的泥炭香气，以生产兑和威士忌为主。

3. 苏格兰威士忌的种类

苏格兰威士忌主要可以分为麦芽威士忌、谷物威士忌和兑和威士忌三种。

(1) 麦芽威士忌

麦芽威士忌是以100%的大麦芽为原料，经过泥炭烘烤、粉碎、发酵、两次蒸馏获得酒液，酒度约为60%。酿造完成后的酒液在经炭烤过的美国橡木桶中陈酿。陈酿时间至少5年，很多厂家会陈酿更久。酒装瓶前用水稀释到40度左右。麦芽威士忌香味突出，但是由于酒味过于浓烈，不宜被大众接受。因此只有10%的麦芽威士忌被直接销售，其他90%作为勾兑兑和威士忌的原酒来使用。著名的麦芽威士忌品牌有格兰菲迪、格兰特、麦卡伦、格兰威特、巴尔维尼、格兰摩里奇、高地派克、云顶等。

(2) 谷物威士忌

谷物威士忌是采用多种谷物如燕麦、黑麦、大麦、小麦、玉米等作为原料酿造的威士忌。它以麦片为糖化剂，蒸馏一次完成。大部分大麦不发芽，所以不必使用泥炭来烘烤。因此谷物类威士忌基本没有烟熏味，口感也柔和细致了许多。谷物威士忌酒很少直接销售，主要用于勾兑威士忌酒。

(3) 兑和威士忌

兑和威士忌是用纯麦威士忌、谷物威士忌或食用酒精勾兑而成的混合威士忌。在兑和时，不仅要考虑到纯麦和谷物的兑和比例，还要顾及勾兑酒液的酒龄、产地、口味及其他特征。著名的酒厂，凭其出色的酿酒师的经验和技术、独到而保密的勾兑方式，调制出各具特色的威士忌。兑和威士忌口味多样，最为畅销，是苏格兰威士忌的主流产品。著名的兑和型威士忌品牌有百龄坛、金铃、芝华士、皇室礼炮、顺风、帝王、添宝、格兰特、海格、珍宝、尊尼获加、教师、威雀、白马等。

4. 苏格兰威士忌的著名品牌

以下主要介绍3款麦芽威士忌和5款兑和威士忌。

(1) 格兰菲迪

格兰菲迪主要的产品有格兰菲迪12年、格兰菲迪15年、格兰菲迪18年、格兰菲迪30年、格兰菲迪40年、格兰菲迪50年、格兰菲迪雪凤凰、格兰菲迪探索者、格兰菲迪特殊年份系列等。

(2) 麦卡伦

麦卡伦纯麦威士忌在国际上获得了很多的荣誉。在007电影中，成为邦德御用威士忌。麦卡伦威士忌的主要产品有麦卡伦18年雪利桶、麦卡伦1824系列、麦卡伦高级橡木桶等。

（3）云顶

云顶酒厂于1828年建立。其麦芽威士忌甘甜，香气浓郁，口感丝滑。有轻微的泥炭香味。厂家所使用的麦芽全部都采用地板发芽的方法，自家酿造，初次蒸馏机是直接加热蒸馏，拥有独立的装瓶设备。云顶酒厂是苏格兰唯一将整个流程全部完成的酒厂。云顶酒厂坚持不对产品进行冷却、过滤、着色等，从而保留酒液的自然状态。云顶威士忌的主要产品有云顶10年、云顶15年等。

（4）百龄坛

乔治百龄坛试着把清新淡雅的谷物威士忌和醇香浓郁的纯麦威士忌相互兑和，让人感觉到爽口的烟熏味和橡木桶芳香，还有浓郁的奶油味。2011年，百龄坛17年被评为“全球年度最佳威士忌”，赋予百龄坛至高无上的殊荣。百龄坛威士忌的销量排行世界第三，在欧洲销量领先。百龄坛威士忌主要有百龄坛特醇、百龄坛12年、百龄坛17年、百龄坛21年、百龄坛30年、百龄坛珍藏等。

（5）尊尼获加

1805年，尊尼获加在苏格兰基尔马诺克镇上诞生。商标图案是一幅“向前迈步的绅士”的漫画。1934年，尊尼获加威士忌获得了英国皇室授予的忠诚勇士徽章，这是皇室对尊尼获加威士忌品质的认可。时至今日，尊尼获加仍然是英国皇家御用威士忌。尊尼获加的主要产品有尊尼获加红牌、尊尼获加黑牌、尊尼获加黑牌劲烈版、尊尼获加金牌、尊尼获加铂金、尊尼获加蓝牌、尊尼获加礼赞系列等。

（6）芝华士

芝华士兄弟于19世纪50年代开创了选料艺术，并调和了多种陈年麦芽和谷物威士忌，调制出的威士忌口感顺滑丰富、味道和谐。2001年，芝华士被皮诺理查烈酒酿造公司收购。皮诺理查烈酒酿造公司始终坚持芝华士调和艺术的传统，确保芝华士的味道和口感始终如一。芝华士的主要产品有芝华士12年、芝华士18年、芝华士25年等。

（7）金铃

金铃威士忌的主要品牌有金铃远年苏格兰威士忌和金铃远年苏格兰麦芽威士忌。

（8）顺风

提到顺风威士忌，人们首先想到的是金黄色的标签上有个白色帆船的标志。在19世纪后半期，从中国运送红茶到苏格兰时使用的帆船就是这个名字，意为“世界上最快的帆船”。该品牌威士忌主要特征是入口爽滑，绝不添加任何着色原料。顺风威士忌的主要产品有顺风12年、顺风18年、顺风25年、顺风暴风雨等。

（四）爱尔兰威士忌

爱尔兰是威士忌的诞生地，至少有700年的酿造历史。据说，1171年英格兰亨利二世率军队渡海来岛时，此地已饮用称为“生命之水”的蒸馏酒，这便是威士忌的前身。爱尔兰法律规定，爱尔兰威士忌必须在爱尔兰境内酿造并陈酿。

1. 爱尔兰威士忌的特点

爱尔兰威士忌是以80%的大麦为主要原料，混以小麦、黑麦、燕麦、玉米等为配料，制作程序与苏格兰威士忌大致相同，但不像苏格兰威士忌那样要进行复杂的勾兑。另外，爱尔兰威士忌在口味上没有那种烟熏味道，因为在烘烤麦芽时使用的是无烟煤。爱尔兰威士忌通常要进行三次蒸馏。蒸馏后酒精浓度高达86度，陈酿时间一般为8～15年。最后用蒸馏水稀释后装瓶出售。爱尔兰威士忌的酒度为40度左右，口味比较柔和、适中，并略带甜味。

2. 爱尔兰威士忌的产区

几乎所有的爱尔兰威士忌酿酒厂都集中在科克和都柏林，除了布什米尔酿酒厂以外。布什米尔酿酒厂位于安特利郡的考勒瑞地区，是爱尔兰历史最悠久的威士忌酿造厂。

3. 爱尔兰威士忌的著名品牌

爱尔兰威士忌的著名品牌有尊美醇、布什米尔、图拉摩尔督等。

(1) 尊美醇

尊美醇主要产品有尊美醇12年特殊珍藏、尊美醇黄金珍藏、尊美醇18年限量珍藏、尊美醇稀有年份珍藏、尊美醇酿酒师签名珍藏等。

(2) 布什米尔

布什米尔威士忌是世界上获奖最多的爱尔兰威士忌。布什米尔威士忌的主要产品有布什米尔白标威士忌、布什米尔黑标威士忌、布什米尔蜂蜜威士忌、布什米尔10年陈酿单一纯麦威士忌、布什米尔16年陈酿单一纯麦威士忌、布什米尔21年陈酿单一纯麦威士忌等。

(3) 图拉摩尔督

图拉摩尔督的主要产品包括图拉摩尔督威士忌、图拉摩尔督12年特殊珍藏、图拉摩尔督10年单一纯麦威士忌、图拉摩尔督凤凰、图拉摩尔督老仓库等。

(五) 美国威士忌

美国是四大威士忌生产国之一，同时也是世界上最大的威士忌酒消费国。据统计，美国成年人年均饮用16瓶威士忌酒，居世界首位。17世纪来自欧洲的移民把蒸馏技术带到了美国。初期的美国威士忌以裸麦为原料，18世纪末起也开始使用玉米。

1. 美国威士忌的特点

美国威士忌以玉米、大麦、燕麦等谷物为主要生产原料。美国威士忌与苏格兰威士忌在酿造上方法相似，但所用的谷物不同，蒸馏出的酒精纯度也较苏格兰威士忌低。美国威士忌，以优质的水、温和的酒质和带有焦糖、椰子、香草橡木桶的香味而著名。其在酿造完成后，需要放入内部烤焦的橡木桶中储存。

2. 美国威士忌的产区

美国威士忌的主要产区集中在西部的宾夕法尼亚州、肯塔基州和田纳西州等地区。90%以上的美国威士忌在这里生产。

3. 美国威士忌的种类

美国威士忌可分为三类：单纯威士忌、混合威士忌、淡质威士忌。

(1) 单纯威士忌

单纯威士忌是以玉米、黑麦、大麦或小麦为原料，在酿造过程中不混合其他威士忌或谷类制成的中性酒精饮料，酿造完成后储存在橡木桶中至少2年的威士忌。单纯威士忌可以进一步分为波本威士忌、黑麦威士忌、玉米威士忌、保税威士忌。

① 波本威士忌

波本是美国肯塔基州的一个小镇，在波本镇生产的威士忌被统称为波本威士忌。波本威士忌的原料是玉米、大麦等谷物。玉米至少占原料的51％以上，最多不超过75％，经过发酵蒸馏后，装入新橡木桶里陈酿4年，最多不超过8年，装瓶时用水稀释到43.5％。酒液呈琥珀色，因其主要原料是玉米，口感醇厚，香味浓郁、绵柔，特别适用于调制鸡尾酒。

② 玉米威士忌

用80％以上的玉米和其他谷物酿制而成的威士忌酒，酿制完成后用旧橡木桶进行陈酿。

③ 黑麦威士忌

黑麦威士忌又称裸麦威士忌，是用不少于51％的黑麦及其他谷物制成的，呈琥珀色，口感浓郁。

④ 保税威士忌

通常是波本威士忌或黑麦威士忌，它是在美国政府监督下由一个酒厂制成、装瓶的一种威士忌，政府不保证其品质，但要求至少陈酿4年，酒精纯度在装瓶时为50度。

(2) 兑和威士忌

兑和威士忌是用一种以上的单一威士忌，以及20％的中性谷物类酒精混合而成的。兑和威士忌装瓶时酒度为40度，常用来做混合饮料的基酒。

① 肯塔基混合威士忌。肯塔基混合威士忌是用该州所产的纯威士忌和中性谷物类酒精混合而成。

② 纯混合威士忌。纯混合威士忌是用两种以上的纯威士忌混合而成的，但不加中性谷物类酒精。

③ 美国混合淡质威士忌。美国混合淡质威士忌是美国的一种新酒种，用不得多于20％的纯威士忌和80％的酒精纯度为50％的淡质威士忌混合而成。

(3) 淡质威士忌

这是美国政府认可的一种新威士忌酒，蒸馏时酒精纯度可达80.5～94.5度，用旧橡木桶陈酿。淡质威士忌中所添加的纯威士忌不得超过20％。

4. 美国威士忌的著名品牌

美国威士忌的著名品牌有四玫瑰、杰克·丹尼、占边、美格、老祖父、西格兰姆斯、野火鸡等。

(1) 四玫瑰

四玫瑰的主要产品有四玫瑰小批量生产版、四玫瑰小橡木桶生产版、四玫瑰黄、四玫瑰白金、四玫瑰古老波本等。

(2) 杰克·丹尼

杰克·丹尼威士忌畅销全球130多个国家，单瓶销量多年来高居美国威士忌榜首。杰克·丹尼的主要产品有杰克·丹尼7号、杰克·丹尼田纳西蜂蜜、杰克·丹尼小批量生产版、杰克·丹尼绅士等。

(3) 占边

近年来，占边威士忌发展迅速，产品种类繁多。占边主要的产品有白占边、黑占边、占边枫树、占边蜂蜜、占边肯塔基火焰、占边恶魔切、占边酿造大师限量版等。

(六) 加拿大威士忌

加拿大于1763年开始生产威士忌，当时主要销售对象是借旅行的名义跑到加拿大喝威士忌的美国人。禁酒法解除后，加拿大威士忌迅速地打入美国市场。

1. 加拿大威士忌的特点

加拿大威士忌的主要原料为玉米、黑麦和其他一些谷物，没有一种谷物超过50%。各个酒厂都有自己的配方并且保密。加拿大威士忌在酿制过程中需2～3次蒸馏，然后在橡木桶中陈酿2年以上，装瓶时酒度为45度。一般上市的酒都要陈酿6年以上，如果少于4年，在瓶盖上必须注明。加拿大威士忌酒色棕黄，酒香芬芳，口感轻快爽适，酒体丰满，以淡雅的风格著称。

2. 加拿大威士忌的产区

加拿大威士忌的发源地在安大略湖。1840年，多伦多和渥太华之间的金斯顿地区拥有200多家威士忌蒸馏厂。现在此地区有10个生产商和20多个蒸馏厂。还有很多酿造厂位于加拿大与美国边境之处。

3. 加拿大威士忌的著名品牌

加拿大威士忌的著名品牌有加拿大俱乐部、加拿大之家、皇冠、米盖伊尼斯、8号、施格兰、辛雷、怀瑟斯等。

(1) 加拿大俱乐部

加拿大俱乐部的主要产品有加拿大俱乐部1858、加拿大俱乐部珍藏、加拿大俱乐部传统12、加拿大俱乐部雪利桶、加拿大俱乐部57号码头等。

(2) 皇冠

首次酿造出的皇冠威士忌被比喻为“完美无价之珍宝”，直接作为贡品上贡给王室使用。皇冠威士忌主要产品有皇冠豪华、皇冠黑、皇冠枫树、皇冠珍藏、皇冠陈酿、皇冠长年陈酿等。

(七) 威士忌的饮用与服务

1. 酒杯与分量

一般使用古典杯，每份威士忌的标准量为30毫升。

2. 饮用方法

(1) 净饮、加冰、加水

苏格兰威士忌最适合净饮。特别是品味30年或者40年陈酿的威士忌，加入其他饮料简直是对它的亵渎。当然，很多人饮用苏格兰威士忌时还会加冰，“whisky on the rocks”(威士忌加冰)是酒吧里最常听到的话语。对于加水饮用苏格兰威士忌，各方专家观点不一。有的认为苏格兰威士忌应该加温水饮用，还有的认为苏格兰威士忌应该加冰水饮用。可以确定的是，加水的量不能太多，否则会稀释威士忌。很多专业的威士忌品鉴家通常会加 1～3 滴水（根据威士忌强度的不同），加水后可以更好地释放苏格兰威士忌的香味。

（2）混合饮用

爱尔兰威士忌、美国威士忌和加拿大威士忌可以混合其他饮料一起饮用。最常见的是和干姜汽水、可乐、红牛一起饮用，也可以加入各种其他软饮料。在中国，饮用威士忌时，人们还会加入绿茶、王老吉等。不管加入什么饮料，高品质威士忌的香味不会被覆盖。

（3）调制鸡尾酒

美国威士忌、加拿大威士忌、爱尔兰威士忌可以作为鸡尾酒的原材料。相比于起伏特加和金酒，以威士忌为基酒的鸡尾酒品种较少。例如，爱尔兰咖啡、曼哈顿、教父等。

3. 威士忌服务项目

饮用场合：餐前、餐后和休闲时饮用。

饮用标准量：纯饮单份 30 毫升。

饮用杯具：古典杯或威士忌酒杯、柯林杯等。

净饮：将威士忌直接倒入杯中。

加冰饮用：杯中放入 3 块冰，然后倒入威士忌。

混合饮：选用柯林杯随喜好混合各种汽水、矿泉水、果汁等。

调制：根据配方调制鸡尾酒。

4. 威士忌服务程序

（1）准备酒杯、用具

① 净饮使用雪利杯，加冰饮用时使用古典杯，混合饮用时使用柯林杯，同时使用调酒杯和搅拌棒。

② 杯具干净，无水迹、破口。

③ 杯垫干净，无破损，平整。

④ 托盘干净，无破损。

（2）准备酒水

① 根据宾客要求采用杯具。加冰饮用时，在杯中先加入 3 块左右冰块；净饮时，另外准备一杯冰水。

② 在吧台用量酒器将酒倒入杯中，每份量为 30 毫升。

③ 附加酒水倒入调酒杯中，由服务员在宾客面前服务。

④ 混合饮用时，搅拌棒提前放入柯林杯中。

（3）服务酒水

① 与其他酒水服务相同。

② 免费配送指定小吃。

三、金酒

（一）金酒概述

金酒是以谷物为原料，加入杜松子等调香材料，经过发酵、蒸馏制成的烈酒。因此金酒又称为杜松子酒。

最初的金酒主要用于医疗途径。1660 年，在荷兰莱顿大学医学院的西尔维亚斯教授发现杜松子具有利尿的作用，就将其浸泡于食用酒精中，再蒸馏成含有杜松子成分的药用酒。这种药酒具有利尿、清热的功效。然而服用这种药酒的患者普遍觉得香气和谐、口味清晰爽适，多数病患甚至把这药酒直接当成酒精饮料饮用。于是，西尔维亚斯教授将这种酒推向市场，受到消费者普遍喜爱，并把它称为 Jenever，这个名词在荷兰一直沿用至今。

杜松子酒诞生不久后被英国海军带回伦敦。杜松子酒在伦敦迅速占领市场，销量惊人。为满足日益增长的需求，很多英国本土制造商也开始生产杜松子酒。为了使酒名符合英语发音的要求，英国人将其称为 Gin。随着科学技术的不断改进、人们口味的变化，英国金酒与荷兰金酒逐渐形成两种截然不同的风格。随后，英国通过工业革命一跃成为当时世界上最强大的国家，英国殖民地遍布于世界各地。英国金酒也出口到世界各地。

（二）金酒的分类

金酒按口味风格可分为干金酒（辣味金酒）、老汤姆金酒（加甜金酒）、荷兰金酒和芳香金酒（果味金酒）四种。干金酒质地较淡、清凉爽口，略带辣味，酒度为 40～47 度；老汤姆金酒是在辣味金酒中加入 2%的糖分，使其带有怡人的甜辣味；荷兰金酒除了具有浓烈的杜松子气味外，还具有麦芽的芬芳，酒度通常为 50～60 度；芳香金酒是在干金酒中加入成熟的水果和香料，水果香味明显，比较常见的有柑橘金酒、柠檬金酒、姜汁金酒等，酒度为 40 度左右。

金酒还可以根据产地进行分类，主要可分为荷兰金酒、伦敦干金酒和其他国家生产的金酒。

（三）荷兰金酒

荷兰金酒原产于荷兰，是荷兰的国酒。金酒主要产区为斯希丹一带。它是以大麦与黑麦等为主要原料进行蒸煮，得到谷物原浆。在谷物原浆中加入酵母进行发酵，然后连续蒸馏两次。最后一次蒸馏前要加入杜松子以及很多其他调香原料，例如，芫荽、菖蒲根、小豆蔻、当归、香菜子、甘草、橘皮、八角、茴香及杏仁等。蒸馏完成后的酒液存储在玻璃槽中待其成熟，稀释装瓶。荷式金酒常装在长形陶瓷瓶中出售。荷兰金酒在装瓶前不可储存过久，以免杜松子氧化而使味道变苦。装瓶后则可以长时间保存而不降低质量。

荷兰金酒色泽透明清亮，酒香味突出，香料味浓重，辣中带甜，风格独特，无论是纯饮还是加冰都很爽口，酒精度为 50 度左右。因香味过重，荷兰金酒不宜作混合酒或鸡尾酒的基酒，否则会破坏酒品的平衡香味。

荷兰金酒根据存储时间的不同可以分为三类：新酒、陈酒和老陈酒。后两种金酒需要在橡木桶中陈酿一段时间。荷兰金酒著名的品牌有波克马、波尔斯、邦斯马、哈瑟坎坡、亨克斯等。

（四）伦敦干金酒

伦敦干金酒的生产过程比荷兰金酒更为简单。伦敦干金酒采用谷物为主要原料进行蒸煮。蒸煮的时间不固定，从 12 小时到 2 天不等。蒸煮完成后，加入酵母进行发酵。蒸馏可以在罐式蒸馏器或连续蒸馏器内进行。第一次蒸馏结束后得到酒精含量为 90%～95%的蒸馏液。加水稀释到60%后，加入杜松子、胡荽、橙皮、香根鸢尾、黑醋栗树皮等调香材料，再次进行蒸馏，最终得到酒精含量为37%～47.5%的伦敦干金酒。伦敦干金酒酒液无色透明，柠檬皮和杜松子的香味明显，口感爽适，酒精度在40度左右。伦敦干金酒既可单饮，又可与其他酒混合配制或作为鸡尾酒的基酒。

伦敦干金酒根据含糖量的多少可以分为干金酒、特干金酒、极干金酒。著名的品牌有必富达/英国卫兵、孟买蓝宝石、博德尔斯、博士、伯内茨、杰彼斯、歌顿金、格利挪尔斯、上议院、老女士、老汤姆、普利茅斯、伊丽莎白女王、西格兰姆斯、仙蕾、添加利、沃克斯、怀瑟斯等。

1. 必富达/英国卫兵

必富达/英国卫兵金酒拥有悠久的历史，它的起源可以追溯到1820年约翰・泰勒夫妇在伦敦的切尔西地区开办的一家小型酿酒厂。Beefeater是伦敦塔守卫的昵称，他们守卫伦敦塔已有500多年的历史。这一品牌正是受此启发而得名。Beefeater这一名字及伦敦塔守卫标志性的形象，经过悠长岁月，更恰到好处地体现了必富达的独特之处——目前唯一在伦敦酿制的全球高级金酒。必富达金酒的主要产品包括必富达伦敦干金酒、必富达24号金酒。

2. 孟买蓝宝石

孟买蓝宝石金酒的配方最初诞生在1761年英国的西北部。孟买蓝宝石金酒的商标上印有维多利亚女王的图像。孟买蓝宝石金酒是被全球认为最优质最高档的金酒。与仅仅用4～5种草药浸泡而成的普通金酒相比较，孟买蓝宝石金酒采用10种世界各地采集而来的草药精酿而成。与其他金酒和香料植物混在一起蒸馏的制作方法不同，孟买蓝宝石金酒在蒸馏时采用“头部蒸馏法”，即酒精蒸气经过“香料包”，汲取其中的芳香和味道，增添它们的浓郁滋味，最后酿制而成的金酒酒味强烈而美妙、浓烈而容易上口。凭借其精致绝伦的外观和口感，以及现代感的蓝宝石蓝色酒瓶，刻着异国的药材版画，孟买蓝宝石金酒在创导全球时尚的城市如纽约、巴黎、伦敦等地掀起热潮。孟买蓝宝石金酒的主要产品有孟买蓝宝石伦敦干金酒。

3. 杰彼斯

杰彼斯金酒瓶身上贴着具有英国传统的双足飞龙的图案。杰彼斯金酒采用12种自然材料酿造而成，柠檬味道足，口感顺滑。杰彼斯金酒的主要产品有杰彼斯伦敦干金酒。

4. 歌顿金

1769年，金酒历史上最为显赫的代表人物亚历山大・哥顿，在伦敦创办了他的第一家金酒厂，将经过多重蒸馏的基酒配以杜松子、胡荽、橙皮、香根鸢尾等多种材料，最终调制出了香味独特的哥顿金酒（口感润滑、酒味芳香的伦敦干酒）。1925年，英国王室授予哥顿金酒皇家特许奖状。此后的哥顿金酒开始逐步出口到海外市场，如今更是以平均每一秒钟卖出4瓶的骄人纪录成为销售量世界第一的金酒。哥顿金酒的主要产品有哥顿伦敦干金酒。

5. 普利茅斯

1896年，世界上第一个干马天尼鸡尾酒的配方中明确规定使用普利茅斯金酒作为基酒。此配方深受好评，被全世界鸡尾酒爱好者接纳。普利茅斯金酒的主要产品包括普利茅斯原味金酒、普利茅斯海军高度金酒和普利茅斯黑刺李金酒等。

（五）其他国家生产的金酒

除荷兰和英国两个老牌的金酒生产国以外，很多其他国家和地区也生产金酒，例如，美国、苏格兰、爱尔兰、法国、德国、比利时、新西兰、菲律宾等。

近年来，美国金酒发展迅速，美国一跃成为荷兰和英国之后的第三大金酒生产国。有一些专家在对金酒进行分类时，甚至把美国金酒单独划分为一类。美国金酒大多呈淡金色，与其他金酒相比，它需要在橡木桶中陈酿一段时间。美国金酒主要有蒸馏金酒和混合金酒两大类。通常情况下，美国的蒸馏金酒在瓶底部有“D”字，这是美国蒸馏金酒的特殊标志。

美国金酒的主要品牌有里奥波德、灰锁、施拉姆、航空金酒、蓝衣、格林豪克史密斯金酒、波特兰新交易、航海者、鱼饵等。

1. 里奥波德

里奥波德金酒是里奥波德兄弟蒸馏酒公司的主打金酒品牌，也是全世界销量最多的美国金酒。金酒酿造时采用串蒸法，把香料置于装有酒精的蒸馏锅上面的“香味器”内进行蒸馏，使酒气将香料成分带入酒中。蒸馏两次得到最终产品。酒中的杜松子香味突出，附带松木、芫荽、菖蒲根、小豆蔻、橘皮等香味。酒的口感柔和，酒精浓度为 40 度。

2. 灰锁

灰锁金酒是伯克山酿酒公司的主打金酒品牌，在美国市场上销量第二。灰锁金酒品质优越，松木和甘草味突出，同时带有明显的柠檬味芳香，收口时候能品尝到橘子皮、丁香和胡椒的苦味。酒精浓度为 40 度。

3. 蓝衣

蓝衣金酒为费城酿酒公司生产。就像所有金酒一样，蓝衣金酒主要的原料是杜松子。7 种植物性的调香原料也被加入其中。杜松子、柠檬皮香味突出。酒精浓度为 47 度。

苏格兰、爱尔兰、法国、德国、比利时、新西兰、菲律宾等国生产的金酒也各具特色。著名的苏格兰金酒有黑木斯、海德瑞克斯、皮克林斯。著名的爱尔兰金酒有科克。著名的法国金酒有西塔代勒。著名的德国金酒有康尼格斯维斯特、斯坦黑格。著名的比利时金酒有思密特斯。著名的新西兰金酒有南方。著名的菲律宾金酒有生力金不拉。

（六）金酒的饮用与服务

1. 酒杯与分量

酒杯一般使用古典杯，每份金酒的标准量为 30 毫升。

2. 饮用方法

（1）净饮、加冰饮用

荷兰金酒适合净饮或者加冰饮用。少数国家在饮用荷兰金酒前会用苦精（Bitter）洗杯，然后倒入荷兰金酒，饮后再饮一杯冰水。伦敦干金酒常常加入冰块和柠檬一起饮用。

（2）混合饮用

伦敦干金酒还可以混合其他饮料一起饮用。最常见的是加汤力水饮用，也可以加入各种其他软饮料。需要注意的是，金酒一般可以和无色或者淡色的饮料混合饮用，例如雪碧、苏打水。金酒一般不和深色的饮料混合饮用，例如可乐。

（3）调制鸡尾酒

金酒是很多鸡尾酒的原材料。以金酒作为基酒的鸡尾酒品种繁多，所以，金酒又被誉为“鸡尾酒之王”，如红粉佳人、金司令等。

3. 金酒服务项目

饮用场合：餐前餐后和休闲时饮用。

饮用标准量：纯饮单份 30 毫升。

饮用杯具：古典杯、柯林杯、鸡尾酒杯。

净饮：直接倒入杯中饮用。

加冰饮：在杯中放入 3 块冰，然后倒入金酒。

混合饮：放入汤力水、冰块，以一片柠檬做装饰。

调制：根据配方调制鸡尾酒。

4. 金酒服务程序

（1）准备酒杯、用具

① 净饮和加冰饮用时使用古典杯，混合饮用使用柯林杯，同时使用调酒杯和搅拌棒。

② 杯具干净，无水迹、破口。

③ 杯垫干净，无破损，平整。

④ 托盘干净，无破损。

（2）准备酒水

① 根据宾客要求采用杯具，加冰饮用时，在古典杯中先加入 3 块左右冰块；净饮时，用柯林杯准备一杯冰水。

② 在杯中加入半片柠檬。

③ 在吧台用量酒器将酒倒入杯中，每份分量为 30 毫升。

④ 附加酒水倒入调酒杯中，由服务员在宾客面前服务。

⑤ 混合饮用时，搅拌棒提前放入柯林杯中。

（3）服务酒水

① 混合饮用时，附加酒水要根据宾客喜好酌情添加。

② 服务完附加酒水，要用搅拌棒为宾客将混合酒水搅匀，然后将搅拌棒放入调酒杯中。

③ 其余服务与酒水服务相同。

④ 免费配送指定小吃。

四、伏特加

（一）伏特加概述

伏特加的名字源自俄语 Boska，是水酒的意思。英文名字是 Vodka。伏特加是俄罗斯和波兰的国酒。马铃薯和谷物（玉米、大麦、小麦等）是生产伏特加的主要原料，少数酒厂还使用葡萄作为原料。伏特加无色透明，口味烈，酒中所含杂质较少，口感纯净，劲大刺鼻。伏特加酒精浓度一般在 40～50 度。

（二）伏特加的生产工艺

现代伏特加的酿造法是：首先以马铃薯或玉米、大麦、黑麦为原料，用精馏法蒸馏出酒精度达 96%的酒液；再使酒液流进盛有大量木炭的容器，以吸附酒液中的杂质（油类、酸类、醛类、酯类及其他微量元素）；最后用蒸馏水稀释至 40～50 度而成。伏特加不用陈酿即可装瓶销售。有少数酒厂在装瓶前还会经过串香程序，使酒具有独特的芳香。

（三）伏特加的特点

伏特加无色无味，没有明显的特性，但很提神。口味烈，劲大刺鼻。由于酒中所含杂质极少，口感纯净，可以和任何浓度与其他饮料混合饮用，所以经常用于做鸡尾酒的基酒。

（四）俄罗斯伏特加

俄罗斯伏特加酒液无色透明，除酒香外，几乎没有其他香味。口味干烈，劲大冲鼻，像火焰一般刺激。酒无须陈酿即可装瓶销售。

俄罗斯伏特加的著名品牌有波士、哥丽尔卡、俄国卡亚、柠檬那亚、苏联绿牌、皇冠伏特加、苏联红牌等。

1. 苏联红牌

苏联红牌伏特加是俄罗斯国内销量第一的伏特加，在欧洲、美洲、亚洲的很多国家也有销售，1950 年开始在俄罗斯成名，20 年后开始出口到欧洲各国。在俄罗斯国内销售的苏联红牌伏特加主要是以土豆为原料，而出口的则以谷物为主要原料。酿造苏联红牌伏特加的水都是取自河流和湖泊的“活水”，经过处理去掉其中的杂质；发酵时会加入一点点糖，让酒变得更加柔顺，通过石英和木炭过滤三次后装瓶销售。苏联红牌的主要产品有苏联红牌柠檬、苏联红牌水晶线等。

2. 皇冠伏特加

皇冠伏特加也常常被称为斯米尔诺夫伏特加。现在，皇冠伏特加畅销全球 170 多个国家，堪称全球第一伏特加品牌，是世界上销售量第二的烈酒。皇冠伏特加的主要产品有皇冠 21 号经典原味伏特加、皇冠银 27 号伏特加、皇冠 55 号黑伏特加、皇冠 57 号额外柔顺伏特加、各种皇冠果味伏特加、皇冠奶油棉花糖伏特加、皇冠冰激凌伏特加等。

（五）波兰伏特加

波兰伏特加在世界伏特加中占有重要一席。波兰伏特加的生产工艺与俄罗斯伏特加非常接近，主要区别在于波兰人在酿造伏特加的过程中，加入了许多草卉、果实等调香原料，波兰伏特加的香味比俄罗斯伏特加更为丰富浓郁。

波兰伏特加的著名品牌有雪树、维波罗瓦、朱波罗卡等。

1. 雪树

雪树伏特加酒厂具有 100 多年的历史。其英文 Belvedere 在波兰语中有“美景”的意思，代表着该伏特加既好看，又好喝。雪树伏特加的商标是波兰的总统府，象征着高贵。雪树伏特加采取小批量生产的形式，手工酿造，采用最精细的原材料以确保最优的质量。

2. 朱波罗卡

朱波罗卡伏特加又被称为野牛草伏特加或香子兰草伏特加。朱波罗卡伏特加采用传统的酿造工艺，并成功地将香子兰草的风味添加到伏特加中去。

3. 维波罗瓦

维波罗瓦伏特加品牌创立于 1927 年，很快成为波兰国内畅销的伏特加品牌。维波罗瓦伏特加酿造工艺流程极为讲究，酿造出的伏特加品质优良。此品牌的伏特加已经获得过 30 多项国际大奖，是值得波兰骄傲的伏特加品牌。

（六）其他国家生产的伏特加

除俄罗斯和波兰外，美国、加拿大、英国、芬兰、瑞典、法国、新西兰等国家都在生产伏特加。这些国家生产的伏特加也各具特色。著名的美国伏特加有蓝天、沙莫瓦、菲士曼皇家。著名的加拿大伏特加有西豪维特。著名的英国伏特加有哥萨克、夫拉地法特、皇家伏特加、西尔弗拉多。著名的芬兰伏特加有芬兰地亚。著名的瑞典伏特加有绝对伏特加。著名的法国伏特加有灰雁、卡林斯卡亚、弗劳斯卡亚。著名的新西兰伏特加有 42 纬度以下。

（七）伏特加的饮用与服务

1. 酒杯与分量

酒杯一般使用古典杯，每份伏特加的标准量为 30 毫升。

2. 饮用方法

(1) 净饮

伏特加适合净饮或者加冰饮用。一般在净饮时会额外准备一杯冰水，常温饮用伏特加，再饮一口冰水。也有不少人把伏特加直接放在冰箱里冰镇后纯饮。

(2) 混合饮用

伏特加还可以混合其他饮料一起饮用。最常见的是和橙汁一起饮用，也可以加入各种其他软饮料。需要注意的是，伏特加一般可以和无色或者淡色的饮料混合饮用。例如，雪碧、苏打水、汤力水。伏特加一般不和深色的饮料混合饮用，例如可乐。

(3) 调制鸡尾酒

伏特加是很多鸡尾酒的原材料。以伏特加为基酒的鸡尾酒品种繁多。例如，黑俄、螺丝钻、血腥玛丽等。

3. 伏特加酒服务项目

饮用场合：餐前、餐后。

饮用标准量：净饮单份为 25 毫升。

饮用杯具：古典杯、柯林杯、鸡尾酒杯等。

净饮：备一杯凉水，以常温服侍，快饮是其主要饮用方式。

加冰饮用：杯中放入 3 块冰，然后倒入一片柠檬。

混合饮：放入冰块、水或果汁，用海波杯并配吸管。

调制：根据配方调制鸡尾酒。

4. 伏特加酒服务程序

（1）准备酒杯、用具

① 净饮和加冰饮用时使用古典杯，混合饮用时使用柯林杯，同时使用调酒杯和搅拌棒。

② 杯具干净，无水迹、破口。

③ 杯垫干净，无破损，平整。

④ 托盘干净，无破损。

（2）准备酒水

① 根据宾客要求采用杯具，加冰饮用时，在古典杯中先加入 3 块左右冰块，净饮时，用高脚杯准备 1 杯冰水。

② 在杯中加入半片柠檬。

③ 在吧台用量酒器将酒倒入杯中，每份分量为 30 毫升。

④ 附加酒水倒入调酒杯中，由服务员在宾客面前服务。

⑤ 混合饮用时，搅拌棒提前放入柯林杯中。

（3）服务酒水

① 混合饮用时，附加酒水要根据宾客喜好酌情添加。

② 服务完附加酒水，要用搅拌棒为宾客将混合酒水搅匀，然后将搅拌棒放入调酒杯中。

③ 其余服务与酒水服务相同。

④ 免费配送指定小吃。

五、朗姆酒

（一）朗姆酒概述

朗姆酒在不同国家有着不同的拼写方法，翻译过来是指甘蔗老酒。而在加勒比海地区，朗姆酒又称火酒，绰号叫海盗之酒，因为过去横行在加勒比海地区的海盗都喜欢喝朗姆酒。

朗姆酒是以甘蔗制糖的副产品——糖蜜和糖渣为原料，经原料处理、发酵、蒸馏、入橡木桶陈酿后，形成的具有独特色、香、味的蒸馏酒。当地人还把它作为兴奋剂、消毒剂和万灵药。朗姆酒备受人们的青睐。

（二）朗姆酒的生产工艺

1. 收割

甘蔗在成熟后，进行收割。收割后的甘蔗要在 24 小时之内送到磨坊，不然甘蔗的品质就会下降。在磨坊里，甘蔗被切成小段，经过一系列的研磨过程，榨出汁液。甘蔗汁经过 2 次加热和澄清后得到深棕色的糖蜜。

2. 发酵

甘蔗汁和糖蜜都可以用来蒸馏酿造朗姆酒，但是首先必须通过发酵把它们转变为带有酒精的液体。在甘蔗汁或糖蜜中放入酵母，酵母通过快速的繁殖，把糖分转变为等量的酒精和二氧化碳。

如果使用糖蜜，首先要用水把糖蜜稀释到15%的浓度。酒厂可以控制发酵的时间和温度来得到其想要的产品。如果想要酿造淡质朗姆酒，发酵的时间可以小于12小时；酿造普通的朗姆酒一般需要1～2天的发酵时间；酿造烈质朗姆酒，需要多达12天的发酵时间。发酵结束后得到酒精含量为5%～9%的液体。

3. 蒸馏

通过蒸馏，可以把酒精和水分离开来，同时去除酒液中不想要的物质如酯、乙醛酸等，保留想要的风味元素。有两种方法可以运用在蒸馏朗姆酒上，分别是罐式蒸馏和连续蒸馏。原理是一样的，通过加热发酵后得到的酒液，酒精比水更早汽化，收集和凝结这些气体，就能得到朗姆酒。

4. 陈酿

蒸馏出的朗姆酒需要放在橡木桶中储存。朗姆酒能从橡木桶中获得颜色和其他风味。

储存在橡木桶中的淡色朗姆酒在装瓶前，可以通过木炭过滤器把颜色过滤掉。需要指出的是，橡木桶的年龄和出处其实并不是很重要，虽然现在酒厂会在宣传的时候都强调自己使用很好的橡木桶，但是橡木桶的大小对酒的风味确有很大的影响，一般普遍认为250升小容量的橡木桶陈酿出的朗姆酒品质最佳。

淡质朗姆储存的时间为1～3年，烈质朗姆酒至少储存3年。每储存1年，酒液会变得更加柔化顺口。朗姆酒的最长储存年限是20年，超过20年朗姆酒会逐渐失去原有的风味。在炎热和干旱的地区，朗姆酒陈酿得更快。

5. 调配

大部分朗姆酒都是通过选用不同种类、不同储存年限、不同产区的朗姆酒调配而成。焦糖、香料和风味物质通常会加入朗姆酒之中来获得相应的特色。每个酒厂首席酿酒师的工作，就是确保每一瓶酒都有一样的风味和品质，消费者在市场上买到的每一瓶酒味道都一样。

6. 装瓶

调配过的朗姆酒可以直接装瓶上市出售。

（三）朗姆酒的分类

1. 根据色泽分类

朗姆酒根据色泽可分为白朗姆酒、金朗姆酒、黑朗姆酒三种。

（1）白朗姆酒

白朗姆酒呈无色或淡色，为清爽型的新鲜酒，具有清新的蔗糖香气，酒味甘润细腻，酒度为45～55度。

（2）金朗姆酒

金朗姆酒呈金黄色，通常采用淡色朗姆和深色朗姆原酒勾兑而成，风格介于两者之间。

（3）黑朗姆酒

黑朗姆酒又名深色朗姆酒，呈浓褐色，属浓厚型的老陈酒；口感甘洌，酒香醇浓而优雅，酒度在43～45度。

2. 根据产区分类

① 波多黎各朗姆酒：以酒质轻而著称，有淡而香的特色。

② 牙买加朗姆酒：其酒味浓而辣，呈黑褐色。

③ 古巴朗姆酒：酒体较轻，口味清淡。

④ 维尔京群岛朗姆酒：质轻味淡，但比波多黎各朗姆酒更富糖蜜味。

⑤ 巴巴多斯朗姆酒：风格介于波多黎各朗姆酒的清淡和牙买加朗姆酒的浓辣之间。

⑥ 圭亚那朗姆酒：比牙买加朗姆酒味醇，但颜色较淡。

⑦ 海地朗姆酒：口味很浓，但很柔和。

⑧ 巴达维亚朗姆酒：巴达维亚生产淡而辣的朗姆酒，有特殊的味道（是因为糖蜜的水质以及加了稻米发酵的缘故）。

⑨ 夏威夷朗姆酒：夏威夷朗姆酒是市面上所能买到的酒质最轻、最柔以及最新制造的朗姆酒。

⑩ 新英格兰朗姆酒：酒质不淡不浓，用西印度群岛所产的糖蜜制造，适合调热饮。

（四）朗姆酒的著名品牌

全世界大概有100多个朗姆酒品牌。比较知名的朗姆酒品牌有埃普利顿庄园、百加得、班德堡、摩根船长、鸡距、皇家高鲁巴、堂吉诃德、哈瓦那俱乐部、海军朗姆、马脱壳、密叶斯等。

1. 埃普利顿庄园

埃普利顿庄园朗姆酒是牙买加最好的朗姆酒。其主要产品有埃普利顿庄园白朗姆、埃普利顿庄园辛辣朗姆、埃普利顿庄园黑朗姆、埃普利顿庄园12年朗姆、埃普利顿庄园21年朗姆和埃普利顿庄园V/X朗姆。

2. 百加得

百加得朗姆酒是百加得公司的主打品牌，是世界上销售量第一的朗姆酒。百加得朗姆酒品牌很多，主要有百加得白朗姆、百加得金朗姆、百加得黑朗姆、百加得8号朗姆、百加得辛辣朗姆、百加得151朗姆等。

3. 班德堡

班德堡朗姆酒其隶属于帝亚吉欧烈酒酿造公司，是澳大利亚最好的朗姆酒。班德堡朗姆酒的主要产品包括班德堡原味朗姆、班德堡红标朗姆、班德堡5号朗姆、班德堡特别酿造朗姆、班德堡酒架最高层朗姆。

4. 摩根船长

摩根船长朗姆酒是帝亚吉欧烈酒酿造公司的旗舰朗姆酒品牌，是世界销售量第二的朗姆酒品牌。摩根船长朗姆酒主要产品有摩根船长白朗姆酒、摩根船长黑朗姆酒、摩根船长金朗姆酒、摩根船长100朗姆酒、摩根船长长岛冰茶、摩根船长鹦鹉湾、摩根船长私人珍藏朗姆酒等。

5. 哈瓦那俱乐部

哈瓦那俱乐部是皮诺理查烈酒酿造公司首推的朗姆酒品牌、古巴主要的朗姆酒品牌之一，在加拿大、法国、德国、意大利、墨西哥和西班牙销售量很大。哈瓦那俱乐部朗姆酒主要产品包括哈瓦那俱乐部 3 年陈酿黄标朗姆酒、哈瓦那俱乐部 7 年陈酿黑标朗姆酒、哈瓦那俱乐部 15 年陈酿黑标朗姆酒、哈瓦那俱乐部特殊朗姆酒、哈瓦那俱乐部酿酒师精选蓝标朗姆酒、哈瓦那俱乐部远年储存限量朗姆酒等。

（五）朗姆酒的饮用与服务

1. 酒杯及分量

酒杯一般使用古典杯，每份朗姆酒的标准量为 30 毫升。

2. 饮用方法

（1）净饮

在少数生产朗姆酒的国家，人们喝纯朗姆酒，能够品尝朗姆酒的独特风味。

（2）混合饮用

朗姆酒还可以混合其他饮料一起饮用。需要注意的是，如果混合饮料颜色较深，那么就使用黑朗姆与之混合，例如朗姆可乐；如果混合饮料颜色较浅，那么就使用白（淡）色朗姆与之混合，例如朗姆苏打。

（3）调制鸡尾酒

朗姆酒是很多鸡尾酒、宾治酒的原材料，例如椰林飘香、自由古巴等。

3. 朗姆酒服务项目

饮用场合：餐前、餐后。

饮用标准：净饮单份 30 毫升，并放入一片柠檬。

饮用杯具：古典杯、柯林杯、鸡尾酒杯等。

纯饮：把酒直接倒入杯中饮用。

加冰饮用：杯中放入 3 块冰，然后倒入朗姆酒。

混合饮：和朗姆酒混饮最多的是果汁和可乐，其载杯为柯林杯并配吸管和加冰块。

调制：根据配方调制鸡尾酒。

4. 朗姆酒服务程序

（1）准备酒杯、用具

① 净饮和加冰饮用时使用古典杯，混合饮用时使用柯林杯，同时使用调酒杯和搅拌棒。

② 杯具干净，无水迹、破口。

③ 杯垫干净，无破损，平整。

④ 托盘干净，无破损。

（2）准备酒水

① 根据宾客要求采用杯具，加冰饮用时，在古典杯中先加入 3 块冰块；净饮时，用高脚杯准备一杯冰水。

② 在杯中加入半片柠檬。

③ 在吧台用量酒器将酒倒入杯中，每份量为 30 毫升。

④ 附加酒水倒入调酒杯中，由服务员在宾客面前服务。

⑤ 混合饮用时，搅拌棒提前放入高脚杯中。

(3) 服务酒水

① 混合饮用时，附加酒水要根据宾客喜好酌情添加。

② 服务完附加酒水，要用搅拌棒为宾客将混合酒水搅匀，然后将搅拌棒放入调酒杯中。

③ 其余服务与酒水服务相同。

④ 免费配送指定小吃。

六、特基拉酒

(一) 特基拉酒概述

特基拉酒（又称龙舌兰酒）是以龙舌兰属的植物为原料酿造而成的。龙舌兰叶片坚挺带刺，喜欢阳光充足、干燥的环境，主要产于美洲热带地区。龙舌兰汁乳白如奶，甘甜可口，为沙漠跋涉的旅客提供了“水”源，因而被称为“沙漠之泉”。

特基拉酒是墨西哥的国酒。特基拉酒的主要产地在墨西哥中央高原北部哈利斯科州瓜达拉哈拉附近的特基拉镇。墨西哥政府有明文规定，只有以该地所生产的以蓝色龙舌兰为原料所制成的酒，才可以冠以特基拉之名出售。使用其他品种的龙舌兰制造的蒸馏酒则称为梅斯卡尔酒。因此所有的特基拉酒都是龙舌兰酒，但并非所有的龙舌兰酒都可被称为特基拉酒。

(二) 特基拉酒的生产工艺

1. 收割

龙舌兰的生长周期长达几十年。一般在龙舌兰长到 10～12 年后，就能被用来酿酒。酿酒时先将龙舌兰的叶子切除，只留根部。

2. 蒸煮

将龙舌兰根部切块后放入专用糖化锅内进行蒸煮。这个过程大概需要 8～12 小时。在蒸煮的过程中，龙舌兰植物纤维会慢慢软化，释放出天然的甘甜汁液。待糖化过程完成之后，龙舌兰根部需要冷却 24～36 小时，最后将其榨汁注入发酵罐中。

3. 发酵

在龙舌兰汁液中加入酵母和上次蒸馏剩下的发酵汁，放入木质或者不锈钢酒糟中进行发酵。有些厂家为了获取更多的糖分，在发酵时还加入适量的糖。发酵时间通常为 2～12 天，取决于酒厂是否使用催化剂。

4. 蒸馏

蒸馏通常在铜制的壶式蒸馏器或者不锈钢制的连续蒸馏器中进行。一般蒸馏厂会对龙舌兰汁液进行 2～3 次的蒸馏。第 1 次蒸馏需要 2 个小时左右，得到酒精含量约 20% 的液体；第 2 次蒸馏需要 3～4 个小时，得到酒精含量约 55% 的可直接饮用的烈性酒；少数生产高品质特基拉的酒厂会进行第 3 次蒸馏。

5. 陈酿

刚蒸馏完成的特基拉新酒是透明无色的。市场上能买到的金色的特基拉酒是因为在橡木桶中陈酿，或是添加酒用焦糖的缘故。不同的特基拉酒制造商使用不同的橡木桶，最常见的有波本橡木桶和雪利橡木桶。特基拉酒没有最低储存期限，但是不同等级的酒有着特定的最低陈酿时间。

6. 装瓶

特基拉酒在装瓶前，会以软水稀释到相应的酒精浓度（一般是37%～40%，也有少数超过40%），并且经过活性炭过滤以除去杂质。

（三）特基拉酒的分类

特基拉酒的分类方式通常有两种：根据颜色分类或根据储存时间分类。

1. 根据颜色分类

（1）银色（透明）特基拉

银色特基拉属于特基拉新酒，通常不经过橡木桶储存直接装瓶销售。酒液呈透明色或淡淡的黄色。龙舌兰味明显，口味清爽甘冽。

（2）金色特基拉

金色特基拉属于特基拉陈酒，通常酿造完成后在橡木桶中储存一段时间才能装瓶销售。酒液呈金黄色，橡木香味浓郁，口味醇香。

2. 根据储存时间分类

（1）Blanco/Plata

Blanco和Plata在西班牙语中是“白色”与“银色”的意思。此类酒是新酒，并不需要放入橡木桶中陈酿。很多酒厂直接在蒸馏完成后就装瓶；有些酒厂则是放入不锈钢容器中储放；少数酒厂为了让产品能更顺口，短暂地放入橡木桶中陈酿。根据墨西哥法律规定，Blanco等级的龙舌兰酒最多储存30日，之后必须装瓶上市。

（2）Joven/Oro

Joven在西班牙语中是“年轻且顺口”的意思。此类酒也常被称为Oro，在西班牙语中是“金色”的意思。此类金色龙舌兰并没有在橡木桶中陈酿，只是使用焦糖和橡木萃取液进行调色与调味，看起来像是在橡木桶中陈酿过的酒。其在口感上和白色龙舌兰差不多，只是稍微多了点焦糖和橡木味道。

（3）Reposado

Reposado在西班牙语中有“休息过的”的意思，是指此类酒经过一定时间的橡木桶储存，只是还未储存满一年。酿造完成后在木桶里的存放通常会让龙舌兰酒的口味变得浓厚、复杂，因为酒会吸收部分橡木桶的风味甚至颜色，因此时间越长酒的颜色就越深。墨西哥法律规定，Reposado等级的龙舌兰酒储存时间介于2个月到1年之间。目前此等级的龙舌兰酒占墨西哥本土销售的60%左右。

（4）Anejo

Anejo在西班牙语中有“陈年过”的意思，此类酒在酿造完成后需要在橡木桶中储存至少1年，没有上限。墨西哥政府对于陈年龙舌兰酒的管理很严格。法律规定，陈年龙舌兰酒必须使用容量不超过350升的橡木桶封存，并由政府工作人员贴上封条。虽然法律规定只要储存超过一年的都可称为Anejo，但是通常酒厂都会储存2～3年。

(5) Extra Anejo

墨西哥政府在2006年3月追加了Extra Anejo这个级别。此类酒在酿造完成后需要在橡木桶中至少陈酿3年。少数高品质的特基拉酒储存会超过4年。一般来说，酒厂专家们都同意龙舌兰酒最适合的陈酿期限是4～5年，超过后桶内的酒精会挥发过多。近来市场上出现了陈酿8～10年的特基拉，价格和30年的苏格兰威士忌差不多。

(四) 特基拉的著名品牌

目前世界上共有100多个品牌的特基拉酒。我们主要介绍以下几种：

1. 科尔弗/豪帅

该品牌由约瑟·科尔弗于1795年创立。科尔弗的销量和其他品牌龙舌兰相比遥遥领先。在墨西哥销售出的龙舌兰中，每三瓶中就有一瓶是科尔弗。其在美国占有42%的市场份额。科尔弗已经与很多烈酒巨头公司，诸如占边、百加得、斯米尔诺夫一起，进入世界十大烈酒畅销榜。科尔弗的主要产品有科尔弗金快活特基拉、科尔弗银快活特基拉、科尔弗1800特基拉、科尔弗传统特基拉、科尔弗额外陈年特基拉等。

2. 索查

该品牌于1873年由墨西哥人唐·索查创立。索查龙舌兰的主要产品有索查银特基拉、索查金特基拉、索查霍尼托斯特基拉、索查额外成年特基拉等。

3. 奥美加

该品牌是奥美加施格兰姆斯墨西哥分公司为开拓墨西哥特基拉市场而推出的豪华型产品，它最少需经过两年以上的陈酿方能上市。作为一个特基拉新品牌，其一推出就受到广泛的好评。该龙舌兰在海外市场销售量比墨西哥国内要好。该酒的标志图案取自墨西哥最古老的Olmeca文化的图腾，故具有深邃的文化内涵。奥美加龙舌兰的主要产品有奥美加Reposado、奥美加Blanco等。

(五) 特基拉酒的饮用与服务

1. 酒杯与分量

特基拉酒常用古典杯，标准分量为30毫升。

2. 饮用方法

(1) 净饮

墨西哥人常常净饮特基拉酒。他们在子弹杯中倒入30毫升特基拉酒，然后准备好一个小碟，碟内放几片柠檬和少量食盐，饮用时，将食盐撒在手背或者虎口处，嘴唇蘸盐，一口喝掉特基拉酒，再吞食柠檬片。

(2) 混合饮用

特基拉酒还可以混合其他饮料一起饮用，最常见的要数特基拉橙汁。

(3) 调制鸡尾酒

特基拉酒也常作为鸡尾酒的基酒，例如特基拉日出、玛格丽特、特基拉碰等。

3. 特基拉酒服务项目

饮用场合：餐前、餐后。

饮用标准量：净饮单份30毫升，额外提供柠檬、盐末。

饮用杯具：子弹杯、古典杯、柯林杯、鸡尾酒杯等。

净饮：饮用时稍微冰镇一下，或随同柠檬、盐末一起食用。

加冰饮：杯中放入 3 块冰，然后倒入特基拉酒。

混合饮：在柯林杯中加入适量冰块、倒入特基拉酒和苏打水，橙汁、雪碧、七喜适量。

调制：根据配方调制鸡尾酒。

4. 特基拉酒服务程序

（1）准备酒杯、用具

① 净饮使用子弹杯，加冰饮用时使用古典杯，混合饮用时使用柯林杯，同时使用调酒杯和搅拌棒。

② 杯具干净，无水迹、破口。

③ 杯垫干净，无破损，平整。

④ 托盘干净，无破损。

（2）准备酒水

根据宾客要求采用杯具。加冰饮用时，在古典杯中先加入 3 块左右冰块，放入一片柠檬片；净饮时，用 6 寸小圆碟，一边撒少许细盐，另一边放入 2 块 1/6 大小的柠檬片，一并上给宾客。

（3）服务酒水

① 与酒水服务相同。

② 免费配送指定小吃。

七、葡萄酒

（一）葡萄酒的定义

葡萄酒是以 100％的葡萄作为原材料经过自然发酵而产生的酒。

（二）葡萄酒概述

世界上生产葡萄酒质量最好的国家要属法国。德国、意大利、西班牙、葡萄牙及美国、澳大利亚等国也生产。

影响葡萄酒质量的主要因素，一是原料葡萄，二是酿造技术。

葡萄优劣主要受种植地区土壤、气候、品种等条件的限制。太寒冷的气候，葡萄难以生长，糖度也难以提高。热带的区域太多的雨水会使葡萄难以成熟，糖度也难以提高。

酿造技艺主要取决于科学技术的发展、设备选择及酿酒师的经验。

一棵葡萄树的寿命在 70～120 年。一般要有 5～10 年的树龄，采摘下来的葡萄才可以做葡萄酒。

好的葡萄酒多是用一种葡萄制成的。用多种葡萄混合制成的酒都不是最好的。

（三）葡萄酒的酿造工艺

1. 葡萄的成分

葡萄由果肉、葡萄皮、粉霜、葡萄梗和葡萄籽构成。这五个部分在酿造过程中各司其职。

（1）果肉

果肉里面包含着水分、糖分、有机酸、矿物质、风味物质等。水分含量比较高的葡萄压榨出来的葡萄汁更多，能酿造更多的葡萄酒。糖分，是酒精发酵的主要成分，糖分的高低决定最终能自然发酵的酒精度数。酸度对于葡萄酒的均衡口感非常重要，果肉里面的矿物质则能使葡萄酒增加更多风味。

（2）葡萄皮

葡萄皮里面含有丰富的颜色、单宁和风味物质。红葡萄酒的颜色都是来自葡萄皮，而不是色素。单宁可以说是红酒最重要的成分之一，不仅给葡萄酒带来更多层次的口感，还让葡萄酒具有更好的陈酿能力。葡萄皮里面的风味物质非常丰富，能够让葡萄酒散发出菠萝、草莓、樱桃等水果迷人的香气。

（3）粉霜

粉霜包含上千种微生物和细菌，其中也包含野生酵母，这种野生酵母可以让葡萄汁发酵成葡萄酒。

（4）葡萄梗

葡萄梗含有较涩口而粗糙的单宁，主要用于提高葡萄酒中单宁的含量。

（5）葡萄籽

葡萄籽含有油脂和粗糙的单宁，因此在酿造过程中要避免压碎葡萄籽，否则会产生苦味，对葡萄酒的品质造成影响。

2. 葡萄酒的酿造公式

葡萄酒的酿造公式：糖＋酵母＝酒精＋二氧化碳＋热量。葡萄汁里面的糖分，在酵母的作用下转化成为酒精，在发酵过程中还会产生二氧化碳和热量。

（1）红白葡萄酒酿造的工艺

① 采摘：葡萄收获季节在每年的 8 月中旬到 10 月底。这个时候的葡萄酸度降低，甜度增加，当两者趋于平衡时，就是采摘的最佳时期。采摘可分为机器采摘和人工采摘。

② 筛选：采摘回来的葡萄在最短时间内运回酒厂，然后在传送带上进行人工筛选，筛选掉一些品质不高的葡萄。

③ 破碎：筛选过的葡萄要进行除梗、破碎工作。红葡萄会通过破碎机进行破皮，方便葡萄汁流出，以便更好地浸皮。

④ 压榨：白葡萄破碎后大多会直接进行压榨，将葡萄汁从果肉中分离出来。葡萄酒则会在发酵完后对果渣进行压榨，以获得更多的酒液。

⑤ 浸皮：浸皮是指将破皮后的葡萄和葡萄汁浸泡在一起，以便葡萄汁从皮里面萃取到需要的颜色、单宁以及风味物质。

⑥ 酒精发酵：酒精发酵就是将葡萄汁里面的糖分转化成酒精的过程，也被称为一次发酵，酒精发酵通常会加入人工酵母来帮助发酵启动和进行，发酵过程中会产生二氧化碳和热量。白葡萄酒要求发酵温度比较低（一般在 15℃～20℃），这么做可以保持酒的果香和清新。红葡萄酒发酵温度会高一些，通常在 25℃～30℃，但是如果温度高于 35℃发酵

就会中止。

⑦ 苹果酸乳酸发酵：苹果酸乳酸发酵的过程是将酒中尖锐的苹果酸转化成为柔和的乳酸，在这个过程中还会产生黄油的香气。

⑧ 成熟：葡萄汁在发酵完成之后，就可以称为葡萄酒了。刚酿造出来的酒，无论是口感还是香气都十分浓郁和张扬，让人难以忍受，因此需要将酒放置一段时间使酒变得均衡美味，更容易被人接受。葡萄酒成熟可以在橡木桶中进行，也可以在不锈钢酒桶或者惰性容器中进行。红酒经常会在橡木桶里完成这个过程。目前最常见的橡木分为法国橡木和美国橡木，法国橡木桶制作过程烦琐，能赋予酒更细腻复杂的香气，例如香草、烤面包、烤榛子味，形成更复杂的口感，价格也比美国橡木桶贵。美国橡木桶带给酒更多的是甜香草和甜椰子的香气，口感也较粗犷。需要注意的是，只有新橡木桶才会给酒增添咖啡、烤面包等烘烤香气，越老的橡木桶对酒产生的影响力越小，5 年以上的木桶只能作为惰性容器，不能再为酒增添任何香气了。现在很多新兴的葡萄酒产地，会使用橡木条、橡木粉、橡木香精等来增加橡木香气。

⑨ 澄清：葡萄酒酿造好后，加入蛋白、鱼胶、硅藻土等物质去除酒中看不见的悬浮物质，这样做可以使酒澄清及稳定酒质。

⑩ 过滤：过滤可以去除酒中极小的颗粒，使酒澄清和稳定。

⑪ 装瓶：葡萄酒在出厂之前，会被装进玻璃瓶中，准备陈酿或销售。

（2）桃红葡萄酒的酿造方法

桃红葡萄酒的风格介于红葡萄酒和白葡萄酒之间。通常来说，酿造桃红葡萄酒的方法有三种：

① 最普遍的酿造过程与红葡萄酒相似，只是葡萄皮和葡萄汁接触的时间比红葡萄酒短，一般在 12～36 小时，轻微地萃取颜色和一部分的单宁。

② 放血，将葡萄浸渍 12～24 小时，从发酵罐里排出一部分浅色的葡萄汁，这部分的葡萄汁用于酿造桃红葡萄酒。原发酵罐里面的葡萄汁由于液体减少和固体的比重增加，得到单宁更强、颜色更深的红葡萄酒。用这种做法，桃红酒有点像红葡萄酒的副产品。

③ 将发酵好的红葡萄酒和白葡萄酒混合，调配出红葡萄酒，这样的做法在大多数地区是禁止的，但香槟地区使用这种方法来酿造桃红香槟。

（四）葡萄酒的分类

国际葡萄与葡萄酒组织将葡萄酒分为两大类：葡萄酒和特殊葡萄酒。

1. 葡萄酒

（1）按葡萄酒的颜色分类

红葡萄酒：以红色或深色葡萄为原料，连皮带籽进行发酵，然后进行分离、陈酿而成。成酒中含有较高的单宁和色素成分。成酒色泽为紫、宝石红或石榴红色。

白葡萄酒：以去皮后压榨出来的葡萄汁为原料进行发酵酿制而成。成酒色泽为浅柠檬黄、金黄或琥珀色。

桃红葡萄酒：介于红白葡萄酒之间，皮汁短期混合发酵，达到色泽要求后进行皮渣分离继续发酵陈酿。成酒色泽为淡淡的玫瑰红、桃红或粉红色。

（2）按含糖量分类

将葡萄酒按含糖量分类，可分为干型、半干型、半甜型、甜型葡萄酒。

干型：含糖量＜4g/L，一般尝不到甜味。

半干型：含糖量4～12g/L，能分辨出微弱的甜味。

半甜型：含糖量12～45g/L，有明显的甜味。

甜型：含糖量＞45g/L，有浓厚的甜味。

2. 特殊葡萄酒

特殊葡萄酒是以鲜葡萄或葡萄汁为原材料，在酿造中或酿造后经过特殊加工而生产的葡萄酒。主要可以分为：

① 加香葡萄酒：在葡萄酒中加入果汁、药草、甜味剂等，有的还加入酒精或砂糖。如味美思。

② 强化葡萄酒：也叫加强葡萄酒，在葡萄酒发酵之前或发酵中加入部分白兰地或酒精，抑制发酵。成品比一般葡萄酒酒精度和糖度更高。如波特酒、雪利酒、玛德拉酒、玛萨拉酒。

③ 起泡葡萄酒：20℃时，二氧化碳压力不小于0.03Mpa的葡萄酒。香槟是起泡葡萄酒的一种。

④ 加气葡萄酒：与起泡葡萄酒非常相似，但酒液中所含有的二氧化碳气体是通过人工方法加入的。

⑤ 贵腐葡萄酒：用受到贵腐霉菌侵害的白葡萄酿成的，由于贵腐霉菌附着在成熟葡萄上，吸取了葡萄颗粒里的水分，留下很浓的糖分和香味，就像葡萄干一样。用这样的葡萄酿成的酒糖分很高，而且贵腐霉菌的“参与”为酒液添加了一些神秘的香味。因为贵腐霉菌的生长受气候的制约，所以这种葡萄酒十分珍贵。法国波尔多的苏玳是世界最著名的贵腐葡萄酒产区，另外，德国、匈牙利也出产贵腐葡萄酒。

⑥ 冰葡萄酒：起源于德国。葡萄在葡萄园里自然冰冻，在−7℃状态下采摘、压榨后发酵制成的葡萄酒。德国、加拿大、奥地利是最著名的产地。

（五）主要的葡萄品种

葡萄酒的品质好坏，由两个因素决定：葡萄品种和酿造工艺。全世界有超过8000种可以酿酒的葡萄品种，然而可以酿造优良品质葡萄酒的葡萄品种却只有50种左右。酿酒葡萄大约可以分为白葡萄和红葡萄两种。白葡萄主要用来酿造起泡酒及白葡萄酒。红葡萄可以用来酿造红葡萄酒，也可以去皮榨汁之后酿造白葡萄酒。

1. 红葡萄品种

（1）赤霞珠

赤霞珠又可以称为卡伯纳·苏维翁或解百纳。起源于法国波尔多，是世界上种植面积最大的葡萄品种之一，全球都有种植。赤霞珠颗粒较小，皮厚籽多，呈深蓝色，产量较低，最喜欢深厚、排水性好的砾石土壤。

使用赤霞珠酿造出来的葡萄酒颜色深浓，重酒体，高单宁，口感酸涩；需要经过陈酿才能饮用，陈酿能力很强。

典型香气：黑色水果（黑醋栗、黑樱桃、黑莓）、青椒、薄荷、柏油、雪茄盒等。不成熟的年份会有明显的植物性气味，陈酿之后还会有菌菇类、干树叶、动物皮毛和矿物的香气。

（2）品丽珠

品丽珠又可以称为卡伯纳·佛朗，原产于法国，一般不单独使用酿造葡萄酒，而是作为辅助材料与赤霞珠及美乐搭配。品丽珠颗粒较小，皮薄，呈紫红色，喜欢凉爽的黏土。

酿造出的葡萄酒颜色较浅，酒体适中；单宁含量较低，富有果香；陈年能力不强。

典型香气：草莓、覆盆子、紫罗兰、青椒和植物香气。如果放在橡木桶中成熟还会产生牛奶巧克力香。

（3）美乐

美乐又可以称为梅洛，原产于法国，是法国种植面积最大的葡萄品种。在法国，美乐经常和赤霞珠混合酿造。美乐很多时候也作为单一品种来酿造葡萄酒。

酿造出的葡萄酒酒体丰满，酸度中等，酒精含量高，单宁含量适中，口感柔顺圆润，更容易入口。

典型香气：较凉爽地区散发红色水果（红樱桃、草莓、李子）的香气，炎热气候下散发黑色水果（黑莓、黑李子）的香气，陈酿后还会有额外的皮革、松露香气。

（4）佳美

佳美主要产于法国，大都用来酿造博若莱新酒，被称为法国红酒的风向标，占勃艮第红酒一半以上的产量。佳美也可以和其他红葡萄品种混合酿造。

酿造的酒颜色浅，酒体轻盈爽口，单宁含量低，酸度较高，陈酿能力不强。

典型香气：红色水果（草莓、覆盆子）香气。

（5）黑皮诺

黑皮诺又可以称为黑品诺、黑比诺等，原产于法国勃艮第，栽培历史悠久，主要用于酿造红葡萄酒、香槟酒与桃红葡萄酒，葡萄成熟较早、皮薄、色素低。

酿造的酒颜色较浅，酒体轻盈，单宁含量低，酸度高，果味明显，陈酿能力强。

典型香气：樱桃、草莓味，陈酿后有香料及动物、皮革味。

（6）西哈

西哈又可以称为穗乐仙，在大洋洲又被称为西拉子。西哈原产于法国，但是在澳大利亚广泛种植。果皮颜色较深，通常作为单一品种来酿造葡萄酒。

酿造的酒颜色深，酒体丰满，单宁含量高，酸度较高，香气明显，口感浓郁。

典型香气：黑色水果、黑巧克力和黑胡椒香气。在凉爽的地区，还经常带有一丝桉树叶和薄荷的香气。

2. 白葡萄品种

（1）霞多丽

霞多丽又可以称为莎当妮，原产于法国勃艮第，是勃艮第最优质白葡萄酒产区内的唯一葡萄品种。霞多丽在世界各地都广泛种植，通常作为单一品种来酿造葡萄酒。

酿造的酒呈金黄色，酒精含量高，口感丰富，酒香馥郁，余味绵长。

典型香气：气候凉爽地区呈现青苹果、青柠檬香气，稍微温暖地区呈现桃子、水梨类香气，炎热地区呈现柠檬、菠萝、芒果和无花果香气。经橡木桶陈酿后散发出烤榛子等坚果和烤面包的香气。

（2）雷司令

雷司令是德国品质最优异的葡萄品种，堪称世界上最精良的白葡萄品种。它是袖珍型的葡萄，果实体积较小，容易感染贵腐菌，通常作为单品种来酿造葡萄酒。

酿造的酒酒精含量较低，酸度高，风格多样，从干型酒到甜酒都能酿造，适合久藏。

典型香气：花香、蜂蜜香、矿物质香。酒经过数年的窖藏后会出现特有的汽油味道。

（3）长相思

长相思又可以称为白苏维翁、苏维翁白，原产于法国，主要用于单一品种酿制，也可混合酿制。

酿成的酒酒液呈浅黄色，酒精度较高，入口酸度高，香气浓郁，陈酿能力弱。

典型香气：柠檬、柚子、黑醋栗芽孢、芦笋、青草香气。

（4）琼瑶浆

琼瑶浆颜色呈粉红色，葡萄串较小，法国阿尔萨斯为其法定产区。

酿成的酒颜色深浓，酒体丰满，香气浓烈，酸度较低，酒精度高，有独特的荔枝口感。

（5）赛芙蓉

赛芙蓉主要种植于法国波尔多地区，其中苏玳区是出产优质赛美蓉的产区。葡萄皮薄，呈金黄色，容易感染灰霉菌，所以大部分用来酿造甜型葡萄酒。

酿制的白葡萄酒颜色金黄，酒体较重，口感厚重圆润。

典型香气：成熟后有蜂蜜和蜂蜡的香气。

（6）白诗南

白诗南原产于法国卢瓦尔河谷，是酿造白葡萄酒的良种之一。它既可用于酿制一些品质优、酒龄长的甜白葡萄酒，也常用来酿制一些初级的新世界餐酒，还可以用来酿制大量的起泡酒。酿制的酒呈浅黄带绿色，酒体丰满，酸度高，果香浓郁。

典型香气：苹果、梨以及洋槐花的香气，成熟后带有蜂蜜的甜香。

（六）葡萄酒产地

全球很多国家都产葡萄酒，在葡萄酒领域，我们把葡萄酒产地分为两大阵营，分别称为旧世界和新世界。

我们把拥有悠久酿酒历史的传统葡萄酒生产国称作旧世界国家，主要包括位于欧洲的传统葡萄酒生产国，如法国、意大利、德国、西班牙、葡萄牙、匈牙利、捷克、斯洛伐克等国家。

旧世界产区酿酒历史悠久而又注重传统，从葡萄品种的选择到葡萄的种植、采摘、压榨、发酵、调配、陈酿等各个环节，都严守详尽而牢不可破的规矩，尊崇几百年乃至上千年的传统，甚至是家族传统。旧世界葡萄酒产区必须遵循政府的法规酿酒，每个葡萄园都有固定的葡萄产量，产区分级制度严苛，难以更改，用来酿制销售的葡萄酒更只能是法定品种。新世界国家有美国、澳大利亚、南非、智利、阿根廷和新西兰等。与旧世界产区相比，新世界产区生产国更富有创新和冒险精神，肩负着以市场为导向的目标。下面将新、旧世界的葡萄酒作一些对比。

新世界：以传统家庭经营模式为主，规模小；比较注重传统的工艺酿造；以优雅型为主，较为注重多种葡萄混合与平衡；世代相传的葡萄品种；注重标示产地，风格较为典雅与传统；有严格的法定分级制度。

旧世界：公司与葡萄种植的规模都比较大；注重科技与管理；酒以果香型为主，突出单一葡萄品种风味，风格热情开放；自由选择葡萄品种；注重标示葡萄品种，色彩较为鲜明活跃；没有分级制度，但注明优质产区的名称就是品质的标志。

1. 法国

法国是全球公认的“葡萄酒王国”，是世界上最杰出的葡萄酒生产国之一。法国有众多著名的葡萄酒产区，每个产区都各具特色，出产各种不同类型的葡萄酒。

(1) 质量等级分类

法国于1935年开始实施AOC系统，以保障酿酒者和葡萄园达到一定的品质要求。

这个保护制度将葡萄酒划分为四个等级：日常餐酒（VDT）、地区餐酒（VDP）、优良地区餐酒（VDQS）和法定产区葡萄酒（AOC）。法国产地命名监督机构在酒的来源和质量类型方面为消费者提供了可靠的保证。这个制度不仅对于法国，甚至对于整个世界都有深远影响。

日常餐酒（VDT）是等级分类中档次最低的一类、不记原产地名称的调制葡萄酒。其可以是不同地区甚至不同国家葡萄酒的混合品。通常以商标名称出售。酒精度在8.5～15度。酒瓶标签上有明显的“Vins De Table”标示。

地区餐酒（VDP）也称小产区酒，是名次较次的产区所产的葡萄酒，质量略优于日常餐酒。只能使用酒标上使用地名所产的经认可的葡萄品种进行酿造。酒瓶标签上有明显的“Vins De Pays＋产区名”标示。

优良地区餐酒（VDQS）又称特酿葡萄酒，生产必须经过法国原产地名称协会的严格控制和管理。生产地区、使用的葡萄品种、最低酒精含量、单位面积最高产量、葡萄栽培方法、酿酒方法等必须符合相关法律要求。其是普通地区葡萄酒向AOC级别过渡必须经历的级别。酒瓶标签上有明显的“Appellation＋产区名＋Qualite Superieure”标示。

法定产区葡萄酒（AOC）又称为原产地名称监制酒，全部来自出色产区。包括葡萄品种产地、最低酒精含量、单位面积最高产量、葡萄栽培方法、酿酒方法、贮藏和陈酿条件等都有严格的法规控制。酒标上用“Appellation＋产区名＋Controlee”标示。产区越小质量越好。产区从大到小依次是：大产区、次产区、村庄、城堡。

2009年8月，为了配合欧洲葡萄酒的级别标注形式，法国葡萄酒改革了等级制度，2011年1月1日起装瓶生产的产品开始使用新的等级标记。

AOC变成AOP葡萄酒。

VDP变成IGP葡萄酒。

VDT变成VDF葡萄酒。

VDQS从2012年开始不复存在。

（2）产区

目前法国葡萄酒有以下 12 个产区：波尔多、勃艮第、博若莱、罗纳河谷地、卢瓦尔河谷地、香槟、阿尔萨斯、普罗旺斯、科西嘉岛、朗格多克-鲁西荣、汝拉和萨瓦、西南产区。其中最知名的法国葡萄酒产区是波尔多、勃艮第和香槟。波尔多以产浓郁型的红葡萄酒而著称，勃艮第则以产清淡优雅型红葡萄酒和清爽典雅型白葡萄酒著称，香槟区酿制世界闻名、优雅浪漫的葡萄汽酒。

① 波尔多

波尔多是法国最著名的葡萄酒产地。其位于法国西南部吉伦特省内，是法国最大的优质葡萄酒产区，AOC 葡萄酒产量占法国 AOC 葡萄酒产量的 25%，其中 87%为红葡萄酒、11%为干白葡萄酒、2%为甜白葡萄酒。波尔多有 5 个主要分区，分别是梅多克、格拉夫斯、苏玳、圣爱美隆和波美侯。波尔多大区有左岸、右岸、两海之间之分，被大家熟知的列级酒庄制度于 1855 年开始执行，主要针对左岸各分区。波尔多是法国唯一采用“列级酒庄”制度的地区。

波尔多地区种植的红葡萄酒品种主要包括美乐、赤霞珠、品丽珠三种，白葡萄酒品种主要是赛芙蓉和长相思，几乎所有的酒都是用不同品种调配酿成的。该区红酒大多数都需要在橡木桶中熟化。

a. 梅多克分区

梅多克分区位于吉伦特河左岸河口，所产红葡萄酒最为著名。梅多克 AOC 产区分为两大部分：北部的产区条件稍差，被称为一般的梅多克地区 AOC；而南部是顶级的村庄级 AOC 的集中地，被称为上梅多克。五大酒庄中的四大酒庄都在该区（拉菲古堡、拉图酒庄、木桐酒庄、玛歌酒庄）。上梅多克区包括 6 个村庄级 AOC 产区：圣埃斯泰夫、波雅克、圣朱里安、玛歌、利斯特拉克-梅多克和慕里斯。

b. 格拉夫分区

格拉夫分区位于吉伦特河左岸的中部地区，是波尔多唯一同时生产高级红、白葡萄酒的产区。该区分为南北两个产区：北产区属于精华区，1987 年独立出来，称为贝沙克-雷奥良，格拉夫产区中所有的列级酒庄都位于此区内，其中最著名的就是波尔多五大酒庄中被称为“格拉夫之王”的奥比安酒庄。南产区直接称为格拉夫。

c. 苏玳分区

苏玳产区处于波尔多左岸最南端，出产世界上最著名的甜葡萄酒。1855 年波尔多葡萄酒评级时五大酒庄之外唯一的顶级葡萄酒酒庄伊甘酒庄就位于此分区。该酒庄生产的贵腐葡萄酒堪称世界第一。

d. 圣爱美隆分区

圣爱美隆坐落于波尔多东北部，位于多尔多涅河的右岸，是波尔多地区最大的优质葡萄酒产区，盛产红葡萄酒。该区执行的是自己的分级制度，每 10 年重新评定一次。该产区的白马酒庄、欧颂酒庄和左岸的五大酒庄及伊甘酒庄并称为波尔多八大酒庄。

e. 波美侯分区

波美侯分区位于波尔多产区东部，与圣埃美隆比邻而居。该产区是波尔多地区面积最小的产区，盛产红葡萄酒。该分区的柏翠酒庄出产的红葡萄酒是波尔多产区最昂贵的酒。

② 勃艮第

勃艮第产区位于法国中部略偏东，是与波尔多齐名的葡萄酒产区。红、白葡萄酒均有出产，白葡萄酒更胜一筹。勃艮第共分为五大产区，它们分别是夏布利、夜丘区、伯恩丘、夏隆内丘和马可内区。其中，夜丘和伯恩丘又合称为金丘，是勃艮第葡萄酒产区最精华的核心地带。夏布利区主要出产干白；夜丘区主要出产红酒，世界上最昂贵的葡萄酒罗曼尼康帝在该区生产；伯恩区是全球最顶尖的霞多丽产区，是天下第一白葡萄蒙哈榭的产区；马可内区主要出产白葡萄酒。

勃艮第的主要葡萄品种非常简单，红葡萄主要是黑皮诺，白葡萄则是霞多丽。该区的葡萄酒大多采用单一葡萄酿造，品种特色明显。

③ 博若莱区

博若莱区位于勃艮第的南部，最主要的红葡萄品种是佳美，主要用来生产法国 AOC 级别的葡萄酒中唯一当年产当年饮用的红葡萄酒博若莱新酒。每年 11 月的第三个星期四，是法国政府规定的新酒上市日，博若莱新酒在全球统一上市。

④ 卢瓦尔河谷

卢瓦尔河谷位于法国西部偏北，是法国传统的四大酒区之一，历史十分悠久。卢瓦尔河谷主要的子产区有南特、安茹、都兰、索米尔、中央产区。南特区主要出产干白；安茹区主要出产红、白与桃红葡萄酒，尤以桃红葡萄酒出名；都兰区红、白酒都有出产；索米尔主要出产起泡酒；中央产区主要出产干白葡萄酒。该区出产清淡而干的酒品，出产的桃红葡萄酒是法国桃红葡萄酒出口最多的一种。

卢瓦尔河谷最主要的红葡萄品种是品丽珠，白葡萄品种是长相思、白诗南和密斯卡岱。长相思和密斯卡岱主要用于酿造干白，高酸度；白诗南用来酿造全系列葡萄酒，包括干白、半甜白和起泡酒。

⑤ 阿尔萨斯

阿尔萨斯位于法国东北部，与德国仅一条莱茵河相隔，产品风格接近德国。该产区被公认为是世界上最佳白葡萄酒产区之一，其白葡萄酒在法国被称为“阿尔萨斯之泪”。

该区的葡萄酒与法国其他葡萄酒不同，不以产区和酒庄命名，以葡萄品种命名。

⑥ 罗纳河谷

罗纳河谷地处法国东南部，是法国南方葡萄酒生产的发源地，是法国最大的法定红葡萄酒产区。以罗纳河为界分为南、北两个部分，北部产量较少、品质较高。该区 95%以上出产的是红葡萄酒和桃红葡萄酒。

⑦ 普罗旺斯

普罗旺斯位于法国南部地中海和阿尔卑斯山脉之间，是法国最古老的产区，是法国桃红葡萄酒的诞生地，也是法国第一大桃红葡萄酒产区。该产区葡萄酒总产量的 75%都是桃红葡萄酒，占整个法国桃红葡萄酒总产量的 45%。

⑧ 香槟区

香槟区位于法国东北部，是法国十大葡萄酒产区中最北部的产区，香槟产区出产的果香充沛、单宁含量较低的风格优雅、口感细腻的香槟酒使这个产区闻名于世界。香槟产区是法国最早使用原产地命名控制制度的地区，并且除了地区范围的限制，法律也严格规定了从葡萄品种到葡萄产量、葡萄的剪枝、葡萄株的高度、间距、密度和最少陈酿时间等一系列要求，使香槟的质量得到根本保障。

⑨ 西南产区

西南产区位于法国西南、波尔多产区南侧，是法国最古老的葡萄酒产区之一，由于历史原因，西南产区长期笼罩在波尔多的阴影之下。其实该产区可以说是整个法国葡萄酒产区中葡萄酒品种最齐全、风味最丰富多样的一个产区。

⑩ 朗格多克-鲁西荣

朗格多克-鲁西荣位于法国最南部，是法国日常餐酒的主要产区。

⑪ 汝拉和萨瓦

汝拉和萨瓦位于法国东部，靠近瑞士，在法国葡萄酒产区中属于鲜为人知的一个。该区葡萄种植面积狭小，产量不高，大部分生产白葡萄酒。所酿的葡萄酒风格独特，在法国众多葡萄酒中独树一帜。黄酒、稻草酒是该区两款最具特色的酒，酒液呈现金黄色，香味强烈。

⑫ 科西嘉岛

科西嘉岛地处地中海，紧邻意大利，因此这个地区许多酿酒技术和葡萄品种都是来自意大利。大部分用来酿造 Vin De France 等级的葡萄酒。

2. 德国

德国葡萄酒历史悠久，独树一帜，尤以白葡萄酒最为著名。

(1) 质量等级分类

德国于 1971 年开始立法对葡萄酒质量等级分类，最初分为三级，1982 年起增加为四级。由低至高可分为以下四种：

日常餐酒：等级最低的葡萄酒，是最普通的佐餐用酒。这类酒只能产自德国本土的葡萄庄园，德国品种也必须得到德国主管部门认可，果实天然酒精含量不能低于 5%，发酵后不能低于 8.5%。相当于法国的 Vins De Table。

特区日常餐酒：是 1982 年起增加的级别，品质比日常餐酒略高，要求注明产地，生产程序和口味标准也有严格规定。天然酒精含量必须高于 5.5%，必须是干型或半干型，相当于法国的 Vins De Pays。

特区优质酒：这个等级的酒必须由德国 13 个特定产区所生产，使用规定的葡萄品种酿制，葡萄须达到一定熟度，以确保能表现出该产区葡萄酒的形态和传统口味。法律规定可以采用“加糖增酒精法”酿制葡萄酒。

特级优质酒：是德国最高等级的葡萄酒，绝对禁止人工添加糖分，视葡萄成熟程度的不同又细分为 6 种“谓称特性”，这些特性须在酒标上标出。

① 一般特级优质酒是用一般成熟度的葡萄酿制而成，通常比较清淡，酒精度至少在 7 度以上。

② 晚收特级优质酒用比正常成熟度晚 7 天采摘的葡萄酿制。

③ 精选特级优质酒用比晚收特级优质酒更晚采摘、糖度更高的葡萄酿成，偶尔部分葡萄已经感染贵腐霉菌。

④ 精选甜葡萄特级优质酒挑选更成熟、糖分更高的葡萄酿成，有一大部分的葡萄因感染贵腐霉菌糖分更浓缩。

⑤ 精选干甜葡萄特级优质酒全部采用已受贵腐菌侵袭、水分蒸发、萎缩像葡萄干的葡萄酿出的酒，是特级葡萄酒中的精品。

⑥ 冰酒是在结冰状况下采摘完全成熟葡萄酿制的甜酒，非常稀罕少有。

(2) 产区

德国共有13个优质葡萄酒产区，主要位于德国的西南部。其中最著名的四大产区是莫泽尔、莱茵高、法尔兹、莱茵黑森。

① 莫泽尔

莫泽尔是被世界公认的德国最好的白葡萄酒产区之一。在世界顶级甜白葡萄酒领域，该区的伊慕酒庄可与法国伊甘酒庄齐名。酒精致优雅，一般装在绿色的直型瓶子里，酒精浓度很少超过10%，一般在7.5%～8%。

② 莱茵高

莱茵高是与莫泽尔齐名的德国顶尖雷司令产区，整个莱茵高都归属于一个产区——约翰山堡，因当地的一个著名酒厂而得名，区内有10个较大的葡萄园和120多个单一葡萄园。

③ 法尔兹

法尔兹也被称作莱茵法尔兹，是德国第二大葡萄产区。雷司令是当地最主要的葡萄品种，种植面积排名第二的则是红葡萄品种丹菲特，还有其他种植灰皮诺、白皮诺的等。

④ 莱茵黑森

莱茵黑森是德国最大的葡萄酒产区，该区出产最多的是质量平平的酒，最具代表性的是圣母之乳。

3. 意大利

自古以来，意大利就是葡萄酒产国。目前意大利是世界上第二大葡萄酒生产国，仅次于法国。意大利生产的红葡萄酒最著名。

(1) 质量等级分类

意大利从1963年开始制定葡萄酒分级制度，1966年正式实施，最初只有法定产区酒(DOC)和佐餐酒(VDT)两个等级，1980年增加了保证法定产区酒(DOCC)，1992年增加了典型产区酒(IGT)，最终形成了现在的四级制。等级由低至高依次为：

① 佐餐酒(VDT)泛指最普通品质的葡萄酒，对葡萄的产地、酿造方式等规定得不是很严格，酒标上不必列出葡萄品种或产酒区名称。

② 典型产区酒(IGT)要求使用限定地区采摘的葡萄的比例至少要达到85%，该级别酒与法国VDP级别相较整体质量更高。另外，意大利酒庄使用外国葡萄作为原料只能使用IGT，甚至VDT评级。

③ 法定产区酒(DOC)即控制原产地命名生产的葡萄酒，管制较多，要求在指定的

地区、使用指定的葡萄品种、按指定方法酿造；同时必须遵守量化要求，葡萄到葡萄酒的产量应当在规定的数值之内。

④ 保证法定产区酒（DOCG）即保证控制原产地命名生产的葡萄酒，是意大利葡萄酒的最高级别，瓶子上带有政府的质量印记。要接受比 DOC 级别更严格的葡萄酒生产与标示法规管制，并通过委员会的品尝认可，至少要在 DOC 的级别停留 5 年以上。

（2）产区

意大利的葡萄酒产区划分与行政划分（20 个省）一致，大体上归为西北、东北、中部和南部四个部分。其中最出名的是皮埃蒙特和托斯卡纳。DOCG 多来自这两个区。

皮埃蒙特位于意大利西北部，出产的葡萄酒（尤其是红葡萄酒）价格和品质都极高。意大利传统名酒中的巴罗洛及巴巴拉斯高酒都来自该区。

托斯卡纳位于意大利中部，意大利第一种 DOCG 顶级酒布鲁奈罗来自该区。

4. 美国

美国是世界第四大葡萄酒生产国，产地主要包括加利福尼亚州、华盛顿州与俄勒冈州以及东岸的纽约州。

加利福尼亚州是美国最大最主要的葡萄酒产区。纳帕谷是该区乃至全美最好的葡萄酒产地。

5. 澳大利亚

澳大利亚和美国一样也是新世界葡萄酒产酒国的代表之一。葡萄酒产地主要集中在南部沿海，主要包括新南威尔士州的猎人河谷、滨海沿岸，南澳大利亚州的麦克拉伦、河地，西澳大利亚州的玛格丽特河、天鹅谷，维多利亚州的路斯格兰，塔斯马尼亚州的泰玛谷等 10 个产区。

6. 中国

自 1892 年张弼士建立张裕公司，中国葡萄酒走向工业化生产的道路开始至今，中国已经发展成为全球第六大葡萄酒生产国。目前形成东北胶东半岛、昌黎、怀来、清徐、银川、武威、吐鲁番、黄河故道和云南高原九大主要产地。著名品牌包括张裕长城、王朝、贺兰山、威龙等。

（七）葡萄酒的饮用与服务

葡萄酒是各种酒水中饮用、服务最讲究的饮品，无论是杯型、饮用温度、酒菜搭配，还是服务的顺序、礼仪方面，都有严格的要求。

1. 常见葡萄酒杯类型

不同风格的葡萄酒需要用不同类型的酒杯来盛装才能突出其特点和风味，合适的酒杯可以通过合适杯型的引导将酒液引向舌头上最适宜的味觉区。因此，根据葡萄酒的个性差异，葡萄酒酒杯也可分为不同的类型。

① 波尔多葡萄酒杯：杯身较长，杯口较窄，此杯形可令酒的气味聚集于杯口。适合大多数红葡萄酒。杯身长而杯壁呈弧线的郁金香杯形，杯壁的弧度可以有效地调节酒液在入口时的扩散方向。另外，较宽的杯口有利于人们更为敏锐地感觉到葡萄酒渐变的酒香。

② 勃艮第葡萄酒杯：杯身较矮，其经典特征就是类似于气球的形状，也就是“杯肚

大”，适合品尝果味浓郁的勃艮第红葡萄酒。因为其大肚子的球体造型正好可以引导葡萄酒从舌尖漫入，实现果味和酸味的充分交融。而向内收窄的杯口可以更好地凝聚勃艮第红葡萄酒潜在的酒香。

两种红葡萄酒杯相比，波尔多酒杯侧重的是“收香”，勃艮第酒杯侧重的是“散香”。

③ 白葡萄酒杯：杯身较长，杯肚较瘦，像一朵待放的郁金香，较瘦的杯肚是为了减少酒和空气的接触，令香气留存得更持久一些。

④ 香槟杯：香槟杯适合所有起泡酒。其突出特点是杯身细长，给气泡预留了足够的上升空间。标准的香槟杯杯底都会有一个尖点，这样可以让气泡更加丰富且漂亮。冰酒也可以使用香槟杯来品尝。通常分郁金香型香槟杯和香槟笛杯。细长的郁金香型的高脚杯像一朵纤细的郁金香，比较受女性的喜爱，纤长的杯身是为了让气泡有足够的上升空间。而香槟笛杯纤长狭小，形状优雅，是品尝香槟的理想酒杯。

⑤ 另外有一种宽口浅杯的蝶形香槟杯，一般不用作品饮杯，用来堆香槟塔。

2. 葡萄酒的最佳饮用温度

葡萄酒需要合适的温度来促使其品质的发挥，品种不同对饮用温度的要求也不同。理想的温度能够让葡萄酒的香气和风味完美地呈现出来。

(1) 红葡萄酒的理想饮用温度

一般来说，红葡萄酒的最佳饮用温度应稍低于室温。温度过高会让红葡萄酒中的酚类物质加速氧化，香气物质太快挥发，失去其应有的强劲口感及独特的芳香和风味。18℃以上的温度足以让大多数红葡萄酒的风味尽失，所以宁愿温度偏低一点也不要偏高。温度稍低时可以通过手掌的温度加温红葡萄酒。

依据葡萄酒的不同风格，不同红葡萄酒的最佳饮用温度也有所不同。酒体轻盈、果味浓郁的红葡萄酒如博若莱新酒，其最佳饮用温度就较低，为13℃左右；而那些中等酒体的红葡萄酒如黑皮诺葡萄酒，最佳饮用温度略高，为16℃左右；酒体醇厚的红葡萄酒如波尔多葡萄酒、赤霞珠葡萄酒、梅洛葡萄酒和西拉葡萄酒，最佳饮用温度更高一些，为17℃～18℃。

(2) 白葡萄酒的理想饮用温度

相对于红葡萄酒的最佳饮用温度，白葡萄酒的饮用温度比较低。大多数白葡萄酒的最佳饮用温度为10℃～13℃。而雷司令葡萄酒的最佳饮用温度比灰皮诺或霞多丽葡萄酒的温度更低点。存放在冰箱的白葡萄酒可以在开瓶前30～60分钟取出，让其自然升温，或者可以通过手掌的温度来加温。室温下储存的白葡萄酒，应该提前30～60分钟放入冰箱或是冰桶中降温。甜白葡萄酒的最佳饮用温度与起泡葡萄酒接近。

(3) 起泡酒的理想饮用温度

起泡酒的理想饮用温度比白葡萄酒的温度更低一些，一般为6℃～8℃，存放在冰箱里。因此起泡酒可以直接拿出来享用，但如果开酒前冰镇15～20分钟风味会更佳。

(4) 加强型酒的最佳饮用温度

加强型葡萄酒品种较多，风格复杂，最佳饮用温度也千差万别。一般说来，酒体轻、果味浓且年轻的葡萄酒最佳饮用温度稍低，而陈年的、酒体重而结构复杂的最佳饮用温度则略高。一般的加强型酒的最佳饮用温度为17℃～18℃。

3. 葡萄酒服务

(1) 认识葡萄酒酒标

如同葡萄酒的身份证一样，每瓶葡萄酒都会有一到两个标签。贴在葡萄酒瓶正面的称为正标。贴在酒瓶反面的称为背标。背标主要是介绍该葡萄酒及酒庄的背景，以及按照我国进口规定，进口葡萄酒需要标注的中文信息包括葡萄酒名称、进口或代理商、保质期、酒精含量、糖分含量等。

① 酒庄或酒厂：该信息说明该款葡萄酒的出处，通常会标注在酒标的显眼位置，法国葡萄酒还会在酒标的顶部或底部用一小段文字介绍一番。在法国，常见以 Chateau 或 Domaine 开头。在新世界产区，多指葡萄酒厂或公司，或是注册商标。

② 原产地：葡萄酒的产区。多数旧世界产区有严格法律规定和制度，如法国以 AOC、意大利以 DOC 形式标明。香槟的原产地（AOC）就是以 Champagne 字样出现。新世界产区，一般直接标明产地、子产地，有些还标出产的葡萄园，如加州产地、芳德酒园等字样。不管是旧世界产区还是新世界产区，酒标上的产区信息越具体表明该款葡萄酒的品质越高，当然其售价也越高。

③ 年份：酿造该款葡萄酒的葡萄采收的年份。不同年份的不同气候条件会导致葡萄品质的差异，从而直接影响到葡萄酒所呈现出来的感觉。如果无年份标识，表明该葡萄酒是由几个年份的葡萄酒混合调配而成。整体上讲，多年份混酿葡萄酒（或称无年份葡萄酒）的品质并不高。

④ 葡萄品种：葡萄酒酿制所选用的葡萄品种。新世界产区葡萄酒酒标上多标有品种；旧世界产区除了法国阿尔萨斯和德国，酒标上基本不标品种。按原产地命名法，某地区的酿酒葡萄品种是确定不变的，葡萄品种隐含在产地信息里。

⑤ 等级：旧世界产区葡萄酒生产国通常都有严格的品质管制和分级制度，在酒标上会明确标出。从酒标上可看出该葡萄酒的等级高低。但新世界产区由于没有分级制度，没有标出等级。

⑥ 装瓶信息：注明葡萄酒在哪里或由谁装瓶。一般有酒厂、酒庄、批发商装瓶等。对于香槟则有酒商联合体（NM，绝大多数）、种植者（RM）、合作社（CM）等。酿酒厂自行装瓶的葡萄酒会标示“原酒庄装瓶”，一般来说会比酒商装瓶的酒来得珍贵。

⑦ 糖分信息：表示酒的含糖量。不同国家标识不同。如“干”就有 Dry、Sec、Seco、Trok 等标法。

⑧ 酒精浓度：通常以“°”或“%”表示酒精浓度。酒精浓度事实上包含了很多信息，如葡萄酒等级、产区、酒体风格等。如在旧世界产区中，酒精含量达到13.5%或更高的葡萄酒一般都是品质等级最高的；而新世界产区葡萄酒如美国的酒精含量都很高，它们一般由成熟度更高的葡萄酿造，通常其果味更加浓郁，但风味相对不那么突出。

⑨ 其他信息：根据各国法律要求标注的其他基本信息，包括容量、生产国家等。

(2) 葡萄酒服务

红葡萄酒斟酒量一般为酒杯的 1/3，不要超过酒杯的 1/2。白葡萄酒斟酒量为酒杯的

2/3。起泡酒先斟 1/3，待气泡消退后再斟至 7/10 左右。

①红葡萄酒服务程序与标准

A. 提供葡萄酒酒水单

a. 在出示给宾客前将酒水单打开。

b. 应提供给宾客干净的酒水单，有损坏的酒水单交给主管。

特别提示：酒水单代表酒店的形象。

B. 协助宾客选择葡萄酒

a. 准备好向宾客推荐 1～2 种葡萄酒。

b. 询问宾客的首选，帮助他们做出一个合适的选择。

c. 要能够回答酒水单上关于葡萄酒或是香槟的任何问题。

d. 允许宾客自己做任何选择。

e. 总是支持宾客的选择。

f. 提到酒时，说出酒的名字而非酒水单上的序号。

C. 取酒

a. 在酒篮内铺上洁净的餐巾。

b. 取出宾客所点的酒，将瓶外侧擦拭干净。

c. 将酒瓶轻轻卧放于酒篮内，酒的商标朝上。

特别提示：注意商标的洁净、酒篮的光亮。

D. 开启葡萄酒

a. 将酒从酒篮里取出向点酒的宾客展示，宾客确认以后放回酒篮。

b. 用酒钻上附带的小刀割开瓶颈上方外凸的铅封，这样可避免在倒酒时酒接触到铅封。

c. 将取下的铅封或金属铝箔封签放进自己的口袋中。

d. 用洁净的餐巾擦拭木塞顶部可能附着的灰尘。

e. 将酒钻对准瓶塞的中心插入，慢慢钻入酒塞内，轻轻将酒塞拔出，用力不要过猛，以防酒塞断裂，此过程中严禁转动或摆动酒瓶。

f. 用干净的餐巾把瓶口擦拭干净。

g. 将拔出的酒塞交与点酒的宾客评判酒的储存情况。

特别提示：当着全体宾客的面开启红葡萄酒，这可是对服务能力的考验，优美的动作给人愉快的享受。

E. 醒酒

a. 询问宾客，在提供红酒服务之前，是否需要给红酒醒酒。

b. 如果宾客同意，就将酒打开后先不斟酒。

特别提示：优质的红酒与空气接触后产生的变化是非常丰富的，就能将酒的香味完全释放出来。

F. 品酒服务

a. 将已开瓶的酒向点酒宾客酒杯注入 1/5 的杯量，帮助宾客在桌上轻轻晃动一下酒杯，以使酒与空气充分接触。

b. 允许宾客闻及品尝葡萄酒，征求宾客意见是否可以立即斟酒。

c. 如果宾客对酒不满意，向宾客道歉，立即将酒撤走，并联系经理说明情况。

特别提示：葡萄酒的服务仪式已经传了几个世纪，这些仪式能将酒文化带给宾客，可以让宾客享受到超值服务。

G. 斟酒服务

a. 斟酒时服务员须用右手拿住酒篮，从宾客右侧按顺时针方向服务，女士优先，先宾后主。

b. 商标须始终朝向客人。

c. 酒应倒至酒杯的 1/2 处。

d. 每斟完一杯酒都要将酒瓶按顺时针方向轻轻转一下，避免瓶口的酒滴在台面上。

e. 为所有宾客斟完酒后，将酒瓶连同酒篮一起轻放至点酒宾客的桌上或桌旁最近的边柜上，瓶口不可指向宾客。

f. 服务过程中动作要轻，避免酒中的沉淀物浮起，影响酒的质量。

g. 瓶中的酒只剩下一杯的酒量时，须及时询问宾客是否准备另外一瓶酒。

特别提示：如沉淀物浮起应立即停止斟酒，将酒瓶立起静置候用或过滤后使用，并应及时向宾客说明情况。

② 过滤红葡萄酒服务程序与标准

A. 准备

a. 贮存年份较长的红葡萄酒易产生沉淀物，点用时须将酒过滤后再为宾客服务。

b. 将烛台、过滤瓶和需要过滤的红葡萄酒整齐地摆放在铺有台布的服务车上。

B. 过滤

a. 服务员将服务车轻轻推至宾客桌旁。

b. 点燃烛台上的蜡烛。

c. 将需过滤的红葡萄酒轻轻开启，以避免瓶底的沉淀物浮起。

d. 左手拿住过滤瓶，右手拿住红葡萄酒瓶，借助烛光将红葡萄酒缓慢地倒入过滤瓶中。

e. 如观察到红葡萄酒瓶中的沉淀物浮起，须将酒瓶静置一段时间后继续过滤。

C. 服务

a. 将过滤完毕的红葡萄酒静置一段时间，使得空气与酒充分接触。

b. 用过滤瓶直接为宾客服务。

③ 白葡萄酒或玫瑰葡萄酒服务程序与标准

A. 准备

a. 准备好冰桶。

b. 将酒从酒吧中取出，擦拭干净，放入冰桶冰冻。

c. 将酒连同冰桶架放到宾客桌旁不影响正常服务工作的位置。

特别提示：酒瓶应洁净无损，商标完好。

B. 酒瓶的开启

a. 将酒从冰桶中取出，向点酒的宾客展示，宾客确认后放回冰桶。

b. 用酒刀将瓶口凸出的铝封割开，用餐巾将瓶口擦拭干净。

c. 将酒钻慢慢钻入酒塞内，轻轻将酒塞拔出，用力不宜过猛，以防酒塞断裂，此过程中严禁转动或摆动酒瓶。

d. 将拔出的酒塞交与宾客评判酒的储存情况。

C. 品酒服务

a. 将开瓶的酒从冰桶内抽出，用餐巾将瓶外侧的水擦拭干净，然后用餐巾包住酒瓶。

b. 向品酒的宾客酒杯中注入 1/5 杯容量的酒，帮助宾客在桌上轻轻晃动一下酒杯，以使酒与空气充分接触。

c. 宾客品过酒后，服务员须征求意见，是否可以立刻斟酒。

D. 斟酒服务

a. 斟酒时服务员须用右手握瓶，从宾客右侧按顺时针方向服务，女士优先，先宾后主。

b. 商标须始终朝向客人。

c. 酒须倾倒至酒杯的 1/3 处，以确保白葡萄酒应有的冰冷度。

d. 每斟完一杯酒都要将酒瓶按顺时针方向轻轻转一下，避免瓶口的酒滴在台面上。

e. 为所有的宾客斟完酒后，将酒瓶轻轻放回冰桶内。

f. 瓶中的酒只剩下一杯的酒量时，须及时询问主人是否准备另外一瓶酒。

特别提示：注意酒杯的温度与满度。

④ 香槟酒服务程序与标准

A. 准备

a. 准备好冰桶。

b. 将酒从酒吧中取出，擦拭干净，放入冰桶冰冻（温度应冷却至 7℃）。

B. 酒瓶的开启

a. 将香槟酒从冰桶中取出向宾客展示，宾客确认后放回冰桶。

b. 用酒刀将瓶口处的锡纸割开取出，左手握住瓶颈，同时用拇指压住瓶塞，右手将扎瓶塞的铁丝拧开，取下。

c. 用餐巾包住瓶塞顶部，左手依旧握住瓶颈，右手握住瓶塞，双手同时反方向转动并缓慢地上提瓶塞直至瓶内气体将瓶塞完全顶出。

d. 开瓶时动作不宜过猛，以免发出过大的声音而影响宾客。

特别提示：开启香槟时注意安全，瓶口应对向无人区域，以防瓶塞飞出伤人。

C. 香槟酒的服务

a. 用餐巾将瓶口和瓶身上的水擦拭干净，然后用餐巾包住酒瓶。

b. 用右手拇指抠住瓶底，其余四指分开，托住瓶身。

c. 向宾客杯中注入 1/5 的酒，交由宾客品尝。

d. 宾客品完认可后，服务员须征求意见以确定是否可以立即斟酒。

D. 斟酒服务

a. 斟酒时服务员须用右手握瓶，从宾客右侧按顺时针方向服务，女士优先，先宾后主。

b. 斟酒量为杯的 2/3。

c. 每斟一杯酒最好分两次完成，以免杯中泡沫溢出，斟完后按顺时针方向轻轻转一下，避免瓶口的酒滴在台面上。

d. 商标须始终朝向宾客。

e. 为所有的宾客斟完酒后，将酒瓶轻轻放回冰桶内。

f. 服务过程中动作要缓慢，避免酒中的沉淀物浮起，影响酒的质量。

g. 瓶中的酒只剩下一杯的酒量时，须及时询问主人是否准备另外一瓶酒。

八、啤酒

（一）啤酒的定义

啤酒是继水和茶之后世界上消耗量排名第三的饮料，有“液体面包”之美誉。它是以麦芽、啤酒花、水、酵母为原料，经过发酵而得的含二氧化碳的低酒精饮料的总称。现在国际上的啤酒大部分添加辅助原料。很多国家规定辅助原料的用量不能超过麦芽用量的 50%。

国际上常用的辅助原料为玉米、大米、大麦、小麦、淀粉、糖浆和糖类物质等。啤酒具有很高的营养价值。

1. 啤酒鉴赏

啤酒的鉴赏，主要从以下四个方面进行。

（1）颜色

将啤酒倒入杯中，观看其颜色：淡啤颜色浅黄、清亮、透明，不浑浊；黄啤颜色金黄，有光泽；黑啤颜色棕黑，啤酒中无任何沉淀物（质量差的啤酒或冒牌啤酒中常有粉状沉淀物）。颜色暗淡或酒浑浊表示啤酒已过期或变质。

（2）香味

啤酒的香味主要是麦芽的清香与酒陈化后的香醇气味，还含有少量的发酵气味，黑啤酒的香气稍微带点焦煳味。带酸或杂味、异味的啤酒不能饮用。

（3）口味

啤酒喝入口中常有香滑、可口、清爽且略带苦味的感觉，因其酒度低，喝下去并不觉得有明显的刺激性。

（4）泡沫

泡沫也是鉴定啤酒的一个方面。通常，啤酒泡沫越多越好、越白越好、越细越好，泡沫维持的时间越长越好。

2. 啤酒的质量鉴别

（1）查看生产日期

可根据生产日期判别啤酒新鲜度。啤酒的生产日期标在酒标上，酒标的上边印有 1～

12个数字，表明月份；左、下、右三边印有1～31个数字，表示日期。通常在表示月、日的数字上剪切一个缺口，表示啤酒罐装日期，也有在酒标上打印日期钢印表示。啤酒以出厂时间短的为好。

(2) 观察色泽

啤酒的色泽深浅因品种而异，黄啤酒颜色为浅黄色，色泽以浅的为好；黑啤酒的色泽应呈深咖啡色。质量好的啤酒应酒液透明，不能有悬浮的颗粒，更不能有沉淀。如果啤酒出现失光现象，说明质量不合标准，不宜购买。

(3) 察看泡沫

啤酒的泡沫对啤酒的质量有特殊的意义，它具有清凉爽口和解暑散热的作用（即所谓“杀口”），所以要求啤酒有丰富的泡沫。好的啤酒泡沫应洁白细腻均匀（既不全是大泡也不全是细沫）。优质啤酒在启开瓶盖时，可听到爆破音，接着瓶内应有泡沫升起，以刚刚溢出瓶口为好。开瓶泡沫突涌的啤酒不能视为好啤酒。当缓缓注入杯中时，泡沫能迅速升起，酒液上部应有1/3～1/2容量充满泡沫，4～5分钟消失为佳，且饮用完毕，杯壁应仍挂有花边样泡沫和滞物。

(4) 嗅闻香气

用鼻子靠近酒杯闻其香气，优质啤酒应有酒花的清香和麦芽焦香。黄啤酒要求酒花清香突出，而黑啤酒还要求有明显的麦芽香。

(5) 品评滋味

优质啤酒应味道纯正、新鲜、爽口，苦味柔和，香味突出，回味醇厚，并有爽快“杀口”感，无酵母味、苦涩味及其他异杂味。

(二) 啤酒的成分（原料）

啤酒由以下几种主要的原料酿造而成。

1. 大麦

大麦是酿造啤酒的重要原料，但是首先必须将其制成麦芽才能用于酿酒。大麦在人工控制和外界条件下发芽和干燥的过程即称为麦芽制造。麦芽决定了啤酒的颜色和气味。

2. 酿造用水

酿造用水的优劣直接影响到啤酒品质的优劣，尤其是用于制作麦芽和糖化的水。啤酒酿造用水量很大，对水的基本要求是不含有妨碍糖化、发酵以及有害于色、香、味的物质。

3. 啤酒花

啤酒花俗称蛇麻花、忽布等，是一种多年生的缠绕草本植物。啤酒花具有独特清爽的苦味，被称为“啤酒的灵魂”，能够给啤酒提供独特的香气，并维持啤酒泡沫的稳定。

4. 酵母

酿酒所使用的酵母的种类很多，用于啤酒生产的酵母叫啤酒酵母。啤酒酵母分为上发酵酵母和下发酵酵母两种。上发酵酵母发酵产生的二氧化碳和泡沫使细泡漂浮于液面，最适宜的发酵温度为10℃～25℃，发酵期为5～7天；下发酵酵母在发酵时悬浮于发酵液中，发酵后凝聚而沉于底部，发酵温度是5℃～10℃，发酵期为6～12天。

（三）啤酒的酿造工艺

1. 选麦

精选优质大麦洗干净，在槽中浸泡3天后送出芽室，在低温潮湿的空气中发芽1周，接着再将这些嫩绿的麦芽在热风中风干24小时，这样大麦就具备了啤酒所必须具备的颜色和风味。

2. 制浆

将风干的麦芽磨碎，加入温度适合的开水，制成麦芽浆。

3. 煮浆

将麦芽浆送进糖化槽，加入米淀粉煮成的糊，加温，这时麦芽酵素充分发挥作用，把淀粉转化为糖，产生麦芽糖般的汁液，过滤之后，加入蛇麻花煮沸，提炼出芳香和苦味。

4. 冷却

经过煮沸的麦芽浆冷却至5℃，然后加入酵母进行发酵。

5. 发酵

麦芽浆在发酵槽经过8天左右的发酵，大部分的糖和酒精都被二氧化碳分解，生涩的啤酒诞生。

6. 陈酿

经过发酵的生涩啤酒被送到调节罐中低温（0℃以下）陈酿2个月。陈酿期间，啤酒中的二氧化碳逐渐溶解渣滓沉淀，酒色开始变得透明。

7. 过滤

成熟后的啤酒经过离心器去除杂质，酒色完全变成透明的琥珀色，这就是通常所称的生啤酒，然后在酒液中注入二氧化碳或少量浓糖进行二次发酵。

8. 杀菌

酒液装入消过毒的瓶中，进行高温杀菌（俗称巴氏消毒）这样瓶中的酒液就可贮藏。

9. 包装销售

装瓶或装桶的啤酒经过最后的检验，贴上标签，包装后便可以出厂上市。一般包装形式有瓶装、听装和桶装几种。

（四）啤酒的分类

啤酒的品种繁多，各具特色，我们可以根据以下几种方法将啤酒分类。

1. 按颜色分

（1）淡色啤酒

淡色啤酒俗称黄啤酒，根据颜色深浅不同，又可分为三类：第一类是淡黄色啤酒，酒液淡黄，香气突出，清亮透明；第二类是金黄色啤酒，酒液金黄，口味清爽而醇厚；第三类是棕黄色啤酒，酒液褐黄，稍带焦香。淡色啤酒为啤酒产量最大的一种。

（2）深色啤酒

深色啤酒呈红棕色或红褐色。麦芽香味突出，口味醇厚，酒花苦味较轻。上发酵深色爱尔啤酒是典型例子，原料采用部分深色麦芽。

（3）黑色啤酒

黑色啤酒呈深褐色至黑色。酒度一般为8.5度。产量较低，麦汁浓度较高，麦芽香味突出，口味醇厚，泡沫细腻。苦味有轻有重。典型产品有慕尼黑啤酒。

2. 根据麦芽汁浓度分类

啤酒酒标上的度数与白酒上的度数不同，并非指酒精度，它的含义为麦芽汁的浓度，即啤酒发酵进罐时麦汁的浓度。主要有 18 度、16 度、14 度、12 度、11 度、10 度、8 度啤酒。日常生活中我们饮用的啤酒多为 11 度、12 度啤酒。

低浓度啤酒：原麦汁浓度 2.5～8 度，酒精含量 2%左右。

中浓度啤酒：原麦汁浓度 9～12 度，酒精含量 2.5%～3.5%。

高浓度啤酒：原麦汁浓度 13～20 度，酒精含量 3.6%～5.5%。

3. 根据杀菌方法分类

鲜啤酒：又称生啤，是指在生产中未经杀菌或经过瞬间杀菌的啤酒，符合饮用卫生标准。这种啤酒味道鲜美，酒花香味浓，更易于开胃健脾，但是容易变质，保质期为 7 天左右。

生啤有较高的营养价值，适合于当地现产现销。

熟啤酒：经过杀菌消毒的啤酒，可防止酵母继续发酵和受微生物影响，因此可以存放较长时间，可用于外地销售。瓶装保质期为 6 个月左右，听装保质期为 12 个月左右。

4. 根据啤酒酵母性质分类

（1）下发酵啤酒

一般采用煮出糖化法抽取麦汁，下发酵酵母在较低的温度下（一般为 5℃～10℃），经过前后两次发酵所制成的酒属下发酵啤酒。下发酵法生产时间长，但酒液澄清度好，酒的泡沫细腻，风味柔和，保存期较长。世界上大多数啤酒生产国多采用此法生产。国际著名的下发酵啤酒有拉戈啤酒、皮尔森啤酒、多特蒙德啤酒、博克啤酒等。

（2）上发酵啤酒

目前采用这种方法生产啤酒的主要国家是英国，其次是比利时、加拿大等国。但国际上采用此法生产的啤酒越来越少。发酵温度为 15℃～20℃，啤酒成熟快、生产周期短、设备周转快、具有独特风格，但产品保存期短。国外著名的上发酵啤酒有爱尔啤酒、波特啤酒、司陶特啤酒等。

5. 根据生产方法分类

比尔森啤酒原产于捷克、斯洛伐克，是目前世界上饮用人数最多的一种啤酒，是世界上啤酒的主导产品。中国目前绝大多数的啤酒均为此种啤酒。它是一种下发酵的浅色啤酒，特点为色泽浅，泡沫丰富，酒花香味浓，苦味重但不长，口味纯爽。

多特蒙德啤酒是一种淡色的下发酵啤酒，原产于德国的多特蒙德。该啤酒颜色较深，苦味较轻，酒精含量较高，口味甘淡。

慕尼黑啤酒是一种下发酵的浓色啤酒，原产于德国的慕尼黑。色泽较深，有浓郁的麦芽焦香味，口味浓醇而不甜，苦味较轻。

博克啤酒是一种下发酵的烈性啤酒，棕红色，原产地为德国。发酵度极低，有醇厚的麦芽香气，口感柔和醇厚，泡沫持久。

英国棕色爱尔啤酒是英国最畅销的爱尔啤酒。色泽呈琥珀色，麦芽香味浓，口感甜而醇厚，爽口微酸。

司都特黑啤酒是一种爱尔兰生产的上发酵黑啤酒。都柏林生产的司都特是世界上最受欢迎的品牌之一。特点是色泽深厚，酒花苦味重，有明显的焦香麦芽味，口感甘而醇，泡沫好。

小麦啤酒是在啤酒制作过程中添加部分小麦所生产的啤酒。此种啤酒的生产工艺要求较高，酒的储藏期较短。特点为色泽较浅，口感淡爽，苦味轻。

6. 特殊类型啤酒

甜啤酒：它是一种加了果汁的啤酒，酒精度有时比一般淡啤酒高。这类啤酒既保留啤酒特有的风味，还有酸甜适口的果香，口感清爽，酒精度低，为消暑解渴之良品。

低醇啤酒：一般来说啤酒的酒精含量低于2.5%，称为低醇啤酒。

无醇啤酒：酒精含量低于0.5%的啤酒称为无醇啤酒。这种啤酒是采用特殊的工艺方法抑制啤酒发酵时的酒精成分，或是先酿成普通啤酒后，采用蒸馏法、反渗透法或渗透法去除啤酒中的酒精成分，既保留啤酒原有的风味，又营养丰富、热值低，深受对酒精有禁忌者欢迎。

冰啤酒：最早由加拿大拉巴特公司开发，其酿造原理是将啤酒处于冰点温度，使之产生冷混浊（冰晶、蛋白质等），然后滤除，生产出清澈的啤酒。一般啤酒的酒精含量在3%～4%，而冰啤酒则在5.6%以上，高者可达10%。冰啤酒色泽特别清亮，口味柔和、醇厚、爽口，尤其适合年轻人饮用。

干啤酒：20世纪80年代末由日本朝日公司率先推出，一经推出大受欢迎。该啤酒的发酵度高，残糖低，二氧化碳含量高，故具有口味干爽、“杀口”力强等特点。

（五）世界著名啤酒

百威：美国Anheuser-Busch集团公司出品，世界单一品牌销量最大的啤酒之一。

蓝带：美国蓝带啤酒酿造有限公司于1844年在美国威斯康星州成立，已有170多年历史，曾多次获得世界博览会金奖。

米勒纯正扎啤：米勒公司是美国第二大啤酒企业，在美国销量领先。

布鲁克林啤酒：该品牌由史蒂夫·欣迪和汤姆·波特于1987年创建，现今出产7种不同风格的啤酒。

内华达山脉：由加利福尼亚的内华达山脉啤酒酿造厂生产，美国国内知名啤酒。

喜力：荷兰喜力啤酒公司是世界上最具知名度的啤酒集团之一，在50个国家中与超过100个啤酒公司联营生产。

科罗娜：目前其销量进入世界啤酒前五位，是我国酒吧爱好者最喜爱的品牌之一。

嘉士伯：嘉士伯公司是居世界领先地位的国际酿酒集团之一，于1847年在丹麦哥本哈根正式成立，现于全球40多个国家和地区设立啤酒厂，产品销往全球超过150个国家。

普拉纳：普拉纳啤酒诞生于1634年，是德国家喻户晓的品牌。其炉火纯青的酿造工艺、特制麦芽、与众不同的发酵工艺和阿尔卑斯山冰川水，打造出与众不同的一款啤酒。

教士：教士啤酒厂于1363年在慕尼黑建立。名字来源于方济会修道院对面的街道。其在德国有很高的知名度，现在归属于英博集团。

卡力特：德国卡力特啤酒选用特别精细的麦芽和滋香型的啤酒花，酿造出了风味独特的卡力特黑啤。卡力特啤酒严格按照德国1516年制定的啤酒纯净法来精心酿造，不但具有纯麦芽和酒花的巧克力香味，而且口感柔和、回味甜爽、完美悠长。

威兰仕：德国帕尔克曼海姆酿酒公司主推产品，采用最先进的酿造工艺，酿造出来的啤酒口感细腻柔和，回味无穷，在小麦啤酒中享有很高的知名度。威兰仕啤酒于2009年获得德国权威质量检测机构DLG四项金奖。

贝克：德国出品的世界著名啤酒，2001年8月已被比利时国际酿造集团英特布鲁收购。

时代啤酒：比利时国际酿造集团英特布鲁首推啤酒品牌。时代啤酒是比利时最知名的窖藏啤酒，在传统的酿造中心鲁汶生产。它的酿造历史可以追溯到1366年。

健力士：由都柏林的St James's Gate啤酒厂出品，远销全世界50多个国家和地区。

麒麟：日本三大啤酒公司之一、世界十大啤酒酿造商之一的麒麟麦酒株式会社生产，在日本和亚洲销量领先。

朝日：朝日啤酒株式会社生产。其产品朝日舒波乐生啤已经成为世界上最畅销的生啤品牌。

三得利：三得利株式会社生产的啤酒在日本国内占有30%的市场份额，在中国也有很大的市场。

生力：亚洲最大的啤酒制造商，本部设在马尼拉。生力啤酒是东南亚畅销啤酒之一。

虎牌：由新加坡亚太啤酒厂生产，是亚洲比较著名的啤酒。

雪花：华润雪花啤酒有限公司成立于1994年，目前在中国经营超过95家啤酒厂，旗下含雪花啤酒品牌及30多个区域品牌，共占有中国啤酒市场23%的份额。

哈尔滨：哈尔滨啤酒远销英国、美国、俄罗斯、日本、韩国、新加坡等30多个国家和地区。哈尔滨啤酒是2010南非世界杯足球赛官方指定啤酒。

燕京：燕京啤酒经过多道工序精选优质大麦，选用无污染矿泉水、纯正优质啤酒花、典型高发酵度酵母，以适合中国人口味为坚持目标。

青岛：青岛啤酒在中国19个省、自治区、直辖市拥有50多家啤酒生产基地。青岛啤酒远销美国、日本、德国、法国、英国、意大利、加拿大、巴西、墨西哥等70多个国家和地区。其是2008年北京奥运会官方赞助商、世界品牌500强、世界第六大啤酒厂商。

（六）啤酒的饮用与服务

1. 分量和酒杯

常见的标准啤酒杯有三种形状：第一种是皮尔森杯，杯口大，杯底小，呈喇叭形平底杯；第二种是类似皮尔森杯的高脚或矮脚杯；第三种是带把柄的扎啤（及高级桶装鲜啤酒）杯，酒杯容量大，一般用来服务桶装啤酒。啤酒杯的容量有0.2升、0.3升、0.5升、1升等。

2. 饮用温度

为了发挥啤酒的最佳酒品风格，以保持丰富细腻的泡沫，并使啤酒既清新爽口又透出非凡的味道，必须确保啤酒的最佳饮用温度。酒温过高，则啤酒泡沫多，持久性弱，二氧化碳不足，缺乏“杀口”力，口感酸涩；酒温过低，则啤酒泡沫不够充盈，苦味突出，酒香减少或丧失。啤酒的最佳饮用温度与环境温度和储存温度相互关联。在对客服务前，啤酒都要进行冰镇，酒温在10℃的状况下啤酒的风味最佳；过于冰镇的啤酒，会使舌头冻麻、失去味觉。亦可根据饮用地区的气候和温度变化来适当调节啤酒的最佳饮用温度。室温条件下，啤酒的最佳温度为10℃左右。冬季啤酒的最佳饮用温度为10℃～12℃；而夏季天气炎热，啤酒的温度在6℃～8℃更能使人觉得清凉解渴。

3. 不同啤酒的斟倒方法

总的来说，如何倒啤酒没有一个硬性标准，即便如此，服务员在斟倒啤酒时还是应该根据每种啤酒的特点来服务，这样才能使饮用啤酒变成一种享受。下面介绍几种啤酒的服务方法。

艾尔啤酒：把啤酒轻轻地倒在倾斜的杯子内侧，当啤酒接近一半时再把啤酒杯竖起来，最后形成一层很厚实的啤酒泡沫。一般来说，这层啤酒泡沫大约有2厘米厚。

比尔森啤酒：把啤酒轻轻地倒在倾斜的杯子里，当啤酒接近一半时把啤酒杯竖立起来。倒啤酒时要注意让啤酒中的啤酒花香充分释放出来，而且啤酒泡沫要超过杯子顶端。

司都特啤酒：这种黑啤酒的倒酒方法分两个步骤：首先沿着杯子的内侧慢慢地倒大约2/3；等啤酒泡沫平静下来后把啤酒倒在杯子中心上，再把杯子竖起来。

小麦啤酒：由于大部分小麦啤酒中含有酵母和自然生成的沉淀，啤酒中含有更多的气体，因此这种啤酒应该和艾尔啤酒一样轻轻地倒。比利时人甚至还会先把杯子弄湿来控制啤酒的泡沫；而在德国的巴伐利亚，小麦啤酒通常要倒出很厚的泡沫，如果杯子里的啤酒看上去不够混浊，人们往往还要把啤酒中的沉淀物也倒进杯子里。

4. 啤酒服务方法

(1) 瓶装、听装啤酒服务方法

① 将冰镇过的啤酒、啤酒杯和杯垫放于托盘上，送至宾客桌前，在宾客右侧服务。

② 先将杯垫放于宾客面前，杯垫微朝向客人，再将啤酒杯放于杯垫上。瓶装啤酒应在客人面前的工作台或桌面上打开，罐装啤酒应在客人面前的托盘上打开。

③ 将啤酒顺杯壁斟入杯中，啤酒商标朝向宾客，斟倒时为了避免泡沫溢出杯口和控制泡沫厚度，应分两次斟倒，泡沫厚度宜占据杯口下沿1.5～2厘米，形状饱满呈冠状。泡沫与酒液的最佳比例是1∶3。如果杯中啤酒少而泡沫太多并溢出，或无泡沫，都会使客人扫兴。

④ 将斟倒后的啤酒瓶放于桌上，啤酒商标朝向宾客。

⑤ 及时为宾客斟倒啤酒，空瓶即时撤走并询问是否加单。

(2) 桶装啤酒服务方法

将冰镇过的啤酒杯倾斜成45度角，低于啤酒桶开关2.5厘米，把开关打开，去掉酒头。当倒至杯子的一半时（有时候倒至2/3，取决于啤酒的种类）将杯子直立，让啤酒流到杯子中央，再把开关开至最大，泡沫高于酒杯时关掉开关。根据杯子的大小，一般啤酒要倒八分满，泡沫2厘米厚为佳。

5. 啤酒服务程序

（1）准备酒杯、用具

① 使用各种无把的平底啤酒杯、各种异形特色啤酒杯。分量在 8～16 盎司。

② 使用前轻度冷冻一下，以保持啤酒的饮用温度。

③ 杯具干净，无水迹、破口。

④ 杯垫干净，无破损，平整。

⑤ 托盘干净，无破损。

（2）酒水服务

① 用托盘拿回啤酒及冰冻啤酒杯，若啤酒低温饮用，一般温度为 3℃～5℃。

② 倒酒时，商标面对客人。

③ 啤酒应倒八分满，泡沫满杯口，不溢出杯外。

④ 如瓶中啤酒未倒完，应把啤酒商标面对客人，摆放在酒杯右上方。

（3）酒水添加

① 当宾客杯中酒水只剩下一半或者 1/3 时，询问宾客是否还要添加。

② 同桌宾客同时添加。

③ 及时将空的酒瓶撤下台面。

九、开胃酒

（一）开胃酒概述

“开胃酒”一词来源于拉丁文“aperare”，其意为“打开”，指的是在正餐前打开食欲。从广义上说，开胃酒是指能够增进食欲的餐前酒。随着饮酒习惯的演变，开胃酒逐渐被专门用于指以葡萄酒或蒸馏酒为酒基，调入各种香料，并具有开胃功能的酒。现代开胃酒有三种主要类型，即味美思、比特酒和茴香酒。

（二）味美思

味美思又称苦艾酒，它起源于希腊，发展于意大利，定名于德国。味美思是以葡萄酒为基酒，加入苦艾等 25～40 种植物和蒸馏酒配制而成，酒精含量在 17%～20%。味美思以意大利、法国生产的最为著名。

1. 味美思的分类

根据酒的颜色和含糖量分为以下四种：

干性味美思含糖量不超过 44g/L，酒度为 18 度左右。意大利产干性味美思呈淡黄色，法国产干性味美思呈草黄、棕黄色。

白色味美思含糖量为 120g/L 左右，属半甜型酒，酒度为 18 度，色泽呈金黄色，香气柔和，口味鲜嫩。

红色味美思中加有焦糖调色，因此色泽棕红，有焦糖的风味，含糖量为 150g/L，酒度为 18 度。

玫瑰红味美思以玫瑰红葡萄酒为酒基，调入香料配制而成。口味微苦带甜，酒度为 16 度，酒液呈玫瑰红色。

2. 味美思的主要生产国及名品

(1) 意大利味美思

意大利以生产甜性红、白味美思著称，其中以意大利都灵（Turin）地区所生产的最为有名，其酒品风格要比法国同类产品更具特色。名牌产品主要有：

① 马天尼

马天尼干：酒精含量为18%，无色透明。因该酒在制作的蒸馏过程中加入了柠檬皮及新鲜的小红莓，故酒香浓郁。

马天尼半干：酒精含量为16%，呈浅黄色，含有香兰素等香味成分。

马天尼甜：酒精含量为16%，呈红色，具有明显的当归药香，含有草药味和焦糖香。

② 仙山露

其由创立于1754年的仙山露公司采用优质葡萄酒加入众多香料调制而成。主要产品有干性、白色、红色三种，是意大利最著名的味美思之一。

③ 干霞

干霞主要产品也有干性、白色、红色三种类型味美思，公司位于意大利皮埃蒙特，是意大利著名的味美思品牌之一。

(2) 法国味美思

法国的味美思按酒法规定，必须以80%的白葡萄酒为酒基，所用的芳香植物也以苦艾为主。法国以生产干性白色味美思见长，酒液呈禾秆黄色，具有酒香，口味淡雅，苦涩味明显，更具刺激性。名牌产品主要有：

① 香百利

公司 Ets Chambery-comoz 位于法国。Sweet Chambery 为红苦艾酒，芳香浓郁，酒精含量高，为18%；Extra Sec Chambery 为白苦艾酒。

② 杜法尔

制作时将植物香料切碎后，与原酒浸泡5～6天，静置澄清14天，再加入苦杏仁壳浸泡两个月而成。

(3) 诺瓦丽·普拉

诺瓦丽·普拉味美思最具名气，干性诺瓦丽·普拉是调酒师必备的材料之一。

(三) 比特酒

比特酒取其音译，有“苦酒”之意。该类酒以葡萄酒或某些蒸馏酒、食用酒精为酒基，加入芳香植物和药材配制而成。其酒精含量为18%～49%，具有一定的苦涩味和药味。其香味、口味浓重且刺激性强。

1. 比特酒种类

有清香型和浓香型比特酒、淡色和深色比特酒、比特酒和比特精之分。

2. 名牌产品

金巴利产自意大利的米兰，是最著名的比特酒之一。其配料为橘皮等药材，苦味主要来自奎宁。酒精含量为23%，色泽鲜红，药香浓郁，口味略苦而可口，可加入柠檬皮和苏打水饮用，也可与意大利味美思兑饮。

杜本内产于法国巴黎，以白葡萄酒、金鸡纳树皮及其他草药为原料配制而成。酒精含量为16%，通常为暗红色，药香明显，苦中带甜，风格独特。

飘仙一号清爽、略带甜味，适合制作一些清新的饮品，酒精含量为25%，产于英国，为金酒加味美思制作而成。

安德卜格产自德国，酒精含量为44%，呈殷红色，具有解酒的作用。这是以40多种药材、香料浸渍而成的烈酒，通常用20毫升的小瓶包装。

安哥斯特拉产自委内瑞拉，又音译为“安高斯杜拉”“恩科斯脱拉”。它以老朗姆酒为基酒、龙胆草为主要配料制作而成。酒精含量为44.7%，呈褐红色，具有悦人的药香，口感微苦而爽适，深受拉美各国饮用者喜爱。它通常为140美元的小包装，是一种特别的苦酒，常用于调酒。

比特产自德国，酒精含量为25%。该酒香气与味道俱佳，但有苦味，深褐色酒质，以蒸馏酒、奎宁皮及其他药草调配而成。

苏滋产自法国，酒精含量为16%，含糖量为16%，呈橘黄色，具有甘润而微苦的味感。其配料为法国中部火山带生长20年的龙胆草的块根。

阿贝诺产于意大利，酒精含量为11%，由蒸馏酒浸泡奎宁、龙胆草等过滤而成，因酒度较低，可直接用作开胃酒。

（四）茴香酒

茴香酒以纯食用酒精或烈酒为基酒，加入茴香油或甜型大茴香子制成。该酒通常具有明亮的光泽，具有浓郁的茴香气味，口味浓重且刺激性强。

1. 茴香酒的特点

它有无色和染色之分，色泽因品种而异。酒液视品种的不同而呈现不同的颜色；茴香味很浓，味重而刺激；酒精含量在25%左右。

2. 名牌产品

潘诺产于法国，酒精含量为40%，含糖量为10%；使用茴香等15种药材；呈浅青色，半透明状，具有浓烈的茴香味，饮用时加冰加水呈乳白色。该酒具有一股浓烈的草药气味，既香又甜，很吸引人，可作为上等的烹饪调味料。据说在18世纪中叶，一位叫Ordaire的法国医生在瑞士以白兰地、苦艾草、薄荷、荷兰根及茴香、玉桂皮等为材料，配制一种香气与味道俱佳的餐后酒，受到人们的喜爱。1797年，他将配方售给一位叫Pernod的法国人。此人就以自己的名字为酒名，在法国生产并使该酒得以流行。

巴斯特51又译为巴斯的士51，为染色酒，在调配时为使成品酒口味更为柔顺，加有甘草油。

里卡德为染色酒，这是全世界销量第一的大茴香酒，酒精含量为45%。

伯格呈白色，口味清淡。

海岸之雾产自德国，酒精含量为25%，以本国大茴香制成。

（五）开胃酒的饮用与服务

1. 酒杯与分量

可视酒品的分量或混合的配方选用不同的酒杯。例如，纯饮味美思可用白葡萄酒杯；

喝加冰块的干性马天尼可用高脚杯；喝金巴利加苏打水和冰块时，应选用平底高身杯。味美思的标准量为每杯 50 毫升，比特酒为 20～50 毫升，茴香酒为 20～30 毫升。

2. 饮用与服务方法

喝开胃酒时，一般要兑水或调入其他饮料混合饮用，尤其是比特酒和茴香酒，兑水量为酒量的 5～10 倍，或依个人口味适当增减。味美思可纯饮或加冰块。

以白葡萄酒为酒基配制的开胃酒要冰镇后饮用。喝开胃酒时，一般加入橘皮、柠檬皮以增强香味。

需要说明的是，开胃酒具有清凉功能，应低温保存；同时，因开胃酒中含有奎宁成分，低温保存会产生一定的沉淀，这是正常现象。

3. 开胃酒服务程序和标准

(1) 准备酒杯、用具

① 净饮使用雪利酒杯，加冰饮用时使用威士忌杯，混合饮用时使用高脚杯，同时使用调酒杯和搅拌棒。

② 杯具干净，无水迹、破口。

③ 杯垫干净，无破损，平整。

④ 托盘干净，无破损。

(2) 准备酒水

① 根据宾客要求采用杯具：加冰饮用时，在威士忌杯中先加入 3 块左右冰块；净饮时，用高脚杯准备一杯冰水。

② 在吧台用量酒器将酒倒入杯中，开胃酒每份的量为 42 毫升。

③ 在杯中加入半片柠檬。

④ 附加酒水倒入调酒杯中，由服务员在宾客面前服务。

⑤ 混合饮用时，搅拌棒提前放入高脚杯中。味美思和比特酒用苏打水冲兑。

(3) 服务酒水

① 与其他酒水服务相同。

② 免费配送指定小吃。

十、甜食酒

(一) 甜食酒概述

甜食酒是以葡萄酒为酒基，调入蒸馏酒勾兑配制而成，故也称为强化葡萄酒。甜食酒是一类佐助西餐甜食的酒精饮料，所以英语叫 Dessert Wine。

甜食酒的糖度和酒度均高于一般的葡萄酒，达 25%左右。甜食酒的特点是口味较甜，常以葡萄酒为酒基，这与利口酒有明显的区别，后者虽然口味甜，但主要的酒基是蒸馏酒或食用酒精。甜食酒中的干涩品种常被作为开胃酒来饮用。

世界著名的甜食酒生产国主要集中在欧洲南部，最著名的代表酒品有雪利酒和波特酒，其次是马德拉酒、马拉加酒和马萨拉酒。

(二) 雪利酒

雪利酒产于西班牙的赫雷斯，是西班牙的国酒。雪利酒在西班牙称 Jerez，在法国称

Xeres，在英国称 Sherry。

1. 雪利酒的制作工艺

西班牙南部城市赫雷斯是以雪利酒而闻名的。用料选择赫雷斯巴洛来洛、白得洛斯麦勒、菲奴巴罗米洛葡萄及少量的玫瑰香葡萄。采下的葡萄在草席上晒 1～2 天，以达到榨取浓果汁的目的；然后装入长有菌膜的木桶里发酵，只装 2/3 或 3/4 桶。第一次发酵为 3～7天，其过程异常猛烈，3 个月后开桶令空气进入。发酵完毕时的雪利酒为干型，即糖分已转化为酒精。以后的 1～2 月，酒液表面长出“酒花”。

2. 雪利酒的分类

干性雪利酒：以清淡著称，有新鲜的苹果或苦杏仁的香气，酒精含量为16%～18%。常被用作开胃酒，须冰镇后饮用。

甜型雪利酒：酒呈黄色，酒质芳醇，带有核桃香味，口感浓烈，甘甜可口。酒精含量为 18%～20%，酒龄长的酒精含量更高，是理想的甜食酒。

（三）波特酒

波特酒为著名的甜葡萄酒，也是葡萄牙的国酒。该酒在发酵过程中加入酒精，使其酒度提高到 20 度，同时保留了相当高的糖度，是一种强化的葡萄酒。波特酒自问世以来，已有 100 多年的历史，80%以上出口到国际市场。长盛不衰的原因是它的产区具有得天独厚的适宜于葡萄栽培的条件以及夏季酷热和冬季严寒的气候因素。这种酒甜味适中，酒味浓醇清香。

1. 波特酒的制作工艺

波特酒乃葡萄牙的特产。葡萄牙法律明文规定必须由杜罗河酿制的葡萄酒，加入葡萄牙葡萄酿制的白兰地来提高其酒精浓度。此外，必须是由奥波多港口运出者，才能称为波特酒。

在制作过程中，波特酒选用葡萄牙杜罗河谷及由此南进 320 千米的里斯本周围所产葡萄，其他任何地方以任何方式生产的葡萄都不允许用以生产波特酒；而且所用葡萄必须完全成熟，糖度在 23～26，采摘时剔去老烂变质及碰伤的。其主要问题是萃取足够成熟的葡萄的色泽，一般在破碎时加入二氧化硫（约每升葡萄糖浆加入 100 毫克）再加热至 50℃并保持 24 小时，或瞬时加热至 60℃或更高温度，其色泽便很快提出。发酵时可用野生及人工培养的酵母，初发酵时为 2～4 天，同酿造葡萄酒相同要常常捣汁，残糖低至所需，也即酒度 6～8 度，皮渣分离。酒液泵至桶内，加入原白兰地进行发酵贮存。至来年春季伊始，杜罗河地区以葡萄园、作坊及农家为单位生产的葡萄酒，以木桶或木船运送至各个酒库贮存。运送过程中还须经过热灭菌、冷冻处理，以澄清酒液加以稳定并促进葡萄酒的老熟。酒存放 4～6 年，其间进行 1～3 次换桶。

2. 波特酒的分类

由于制造和贮存的方法不同，波特酒又分为多种不同的类型，风格有时相差很大，有些酒厂有时会依据市场的需要配制特殊口味的波特酒，但比较常见的波特酒可分为以下五大类。

（1）宝石红波特酒

这是所有波特酒中最年轻的一种，也比较简单，以黑色水果香味为主，通常会混合不同年份的酒而成。由于装瓶前并没有经过太长的贮存，所以颜色殷红且深，可以用来搭配黑巧克力做成的甜点。

(2) 陈年波特酒

该酒又叫茶色波特酒，属于经较长期橡木桶陈酿的波特酒，由于氧化的程度较高，颜色比较淡，呈橘红色，如果是经过数十年以上的陈酿甚至可能呈琥珀色。各式的干果香是最常有的香味，通常比宝石红波特酒来得丰富且余味绵长，搭配乳酪、干果、甜点都不错。陈年波特酒陈酿的差别从数年到数十年不等，品质和价格的差别颇大。

(3) 年份波特酒

珍罕而昂贵的波特酒只有在特殊年份才生产，而且都是挑选上等果区同一年份最优良的葡萄配制酒，酒色浓黑，酒体雄厚，结构感强，只经过两年的橡木桶贮藏就装瓶，但之后却需要经过数十年的等待才能达到最佳饮用期。由于装瓶前年份波特酒通常没有过滤的程序，所以酒的口感非常厚实，成熟后有非常丰富浓郁的香味，特别是饮后有很长的余香。

(4) 特优年份波特酒

该酒贮存一段时间之后常会出现沉淀，饮用前必须经过换瓶的程序。通常一家酒商会同时拥有数家酒厂，如果是产自同一个酒厂的特优年份波特酒就可以称为 Single Quinta Vintage Port。

(5) 迟装瓶型年份波特酒

和特优年份波特酒一样，它也是采用同一年份的葡萄制成的，装瓶的时间比较晚，一般会经过 4～6 年的陈酿才装瓶。其虽然不及特优年份波特酒来得浓郁，却比较快达到成熟期，不用经过漫长的等待。

此外还有白波特酒。白波特酒不及红酒出名，产量并不大，酿造法和红波特酒差不多，只是浸皮的时间缩短或者干脆没有浸皮而已。

3. 波特酒的名品

波特酒著名品牌产品有科伯恩、桑德曼、戴尔瓦、克罗夫特、方瑟卡、泰勒等。

(四) 马德拉酒

该酒是用当地生产的葡萄酒与白兰地勾兑而成的一种强化葡萄酒。最好的马德拉酒不用加温催熟，而是利用自然的日照，温和地把仓库温度提高，酒必须 20 年以上方能成熟，有些酒甚至需要百年。

1. 马德拉酒的特点

马德拉酒酒精含量为 16%～18%，其干涩强化葡萄酒是优质的开胃酒、甜型强化葡萄酒是著名的甜食酒。马德拉酒饮用初期须稍烫一下，越干越好喝。

2. 马德拉酒的分类

马德拉酒是以品种和商标的知名度来判断其品质，分为四大类：

(1) 舍西亚尔

舍西亚尔酒液呈金黄或淡黄色，色泽艳丽，香气卓绝，带有清香的杏仁味，优美至极，人称“香魂”，属干型酒，是一种极好的开胃酒。其口味醇厚纯正，西餐厨师常用之为料酒。

(2) 弗德罗

弗德罗也属干型酒，但比舍西亚尔略甜，很适合多数人的口味。酒液为金黄色，光泽动人，香气优雅，口味甘洌、醇厚、纯正，是马德拉酒中的精品。

(3) 布拉尔

布拉尔属半甜型酒，色泽为栗黄或棕黄，香气浓郁，富有个性，口味甘润、浓醇，甜而不腻，最适宜作为甜食酒。

(4) 玛尔姆赛

玛尔姆赛属甜型酒，在马德拉酒中享誉最高。该酒呈褐黄或棕黄色，香气怡人，口味极佳，甜适润爽，比其他同类更醇厚浓正，风格和酒体给人以富贵豪华的感受，是世界上最好的甜食酒之一。

3. 马德拉酒的名品

其著名品牌产品有利高克、博格斯、马贝都王冠、法兰卡等。

(五) 马拉加酒

马拉加酒色泽深黑，酒质圆润、饱满，酒精含量为14%～23%。此酒酒质在甜食酒和开胃酒之间，虽不及其他同类酒品，但它具有显著的滋补效用，比较适合病人及疗养者进补之用。

1. 马拉加酒的分类

此酒分类是按照色泽和甘甜程度进行的。

深甜马拉加呈深褐色或浓栗色，发黑，口味甘甜。

浅甜马拉加呈金黄色或黄玉色，色泽浅，口味甜。

干甜马拉加呈金黄色或黄红色，口味较甜。

耶苏马拉加呈深黄色，无光泽，口味甜。

干白马拉加色泽淡白，口味甘洌，回味适爽。

麝香马拉加色泽呈琥珀黄色，果味突出。

比德罗西莫乃呈红黄色，无光泽，口味甜浓。

罗马马拉加呈金黄或淡红色，口味浓烈。

帕雅尔特马拉加色泽呈琥珀黄色，无光泽，口味浓烈。

丁地药马拉加呈红色，无光泽，口味醇正。

2. 马拉加酒的名品

马拉加酒的著名品牌产品有弗罗尔・海马诺斯、菲利克斯、黑交斯、约塞、拉丽欧斯、路易斯、马大等。

(六) 马萨拉酒

马萨拉酒以其独特的风格和品质闻名于世。马萨拉酒是以当地生产的葡萄为原料，先酿制成白葡萄酒，然后将白葡萄酒用文火加热 24 小时，使之浓缩至原来体积的 1/3，变成浓稠、甜的焦糖色样体，再按比例调入蒸馏酒进行勾兑，最后陈酿而成。

马萨拉酒的风格类似雪利酒，又兼具马德拉酒的特点，酒味香醇，略带焦糖味，酒液呈金黄色，酒精含量为18%左右。

1. 马萨拉酒的分类

马萨拉酒按陈酿的时间可分为以下四种类型：

精酿最少陈酿 4 个月，酒精含量不低于 17%。这种酒在美国销量最大，常标以 IP

(Italian Particular 的缩写)。

优酿最少陈酿 2 年，酒精含量不低于 17%，有干型和甜型两种。该类酒有爽口的苦味和焦糖风味。

特制酿酒精含量为 18%以上。这种酒可加各种辅香剂，如咖啡、可可、杏仁、奶油、鸡蛋等，形成各种香型的甜食酒。

特精酿陈酿最少 5 年，酒精含量不低于 18%，如果操作得当能陈酿 10～15 年。

2. 马萨拉酒的名品

马萨拉酒的著名产品主要有佛罗里欧、厨师长、拉罗、佩勒克利诺、史密斯·伍德郝斯等。

（七）甜食酒的饮用与服务

1. 酒杯与分量

甜食酒可选用红、白葡萄酒杯具服务，但雪利酒和波特酒则用各自的专用杯具。甜食酒的标准用量为每位客人 50 毫升。

2. 饮用方法

甜食酒一律纯饮，不宜兑水或加入其他饮料混合饮用。

根据酒品本身的特点和不同国家的饮食习惯，甜食酒的品种中有的作为开胃酒、有的作为餐后酒。如雪利酒中菲奴酒品，常被用来作为开胃酒，而奥罗露索酒品则可用来佐甜食，用作甜食酒；波特酒的饮用时机，视不同国家的饮用习惯而异，如英语国家常将其作为餐后酒饮用，法、葡、德及其他国家则常用其作为餐前酒。一般来说，所有干型甜食酒作为开胃酒，甜型酒品则佐食甜点或在餐后饮用。

陈年红色甜食酒因有沉淀须滤酒后饮用。红甜食酒开瓶后应一次性用完，否则，所剩的酒会迅速氧化而改变风味；白甜食酒开瓶后也不宜久存，最好在两天内喝完，剩余的酒应放冰箱内待用。

白甜食酒要冰镇后饮用，温度在 10℃左右，红甜食酒可以常温饮用。甜食酒的保存方法与葡萄酒相似。

3. 甜食酒服务程序和标准

(1) 准备酒杯、用具

① 净饮使用雪利酒杯，加冰饮用时使用威士忌杯，混合饮用时使用高脚杯，同时使用调酒杯和搅拌棒。

② 杯具干净，无水迹、破口。

③ 杯垫干净，无破损，平整。

④ 托盘干净，无破损。

(2) 准备酒水

① 甜食酒采用红、白葡萄酒杯，加冰饮用时，在威士忌杯中先加入 3 块左右的冰块；净饮时，用高脚杯准备一杯冰水。

② 在吧台用量酒器将酒倒入杯中，开胃酒每份的量为 50 毫升。

③ 由服务员在宾客面前服务。

（3）服务酒水

① 与酒水服务相同。

② 免费配送指定小吃。

十一、利口酒

（一）利口酒概述

利口酒是英文“Liqueur”一词的译音。美国人称其为Cordial（拉丁文），与Liqueur同义，意为“心脏”，指酒对心脏有刺激作用；而在法国却有人称它为Digetifs，是指这种酒有助于消化。我国港、澳、台地区称利口酒为“力娇酒”。利口酒香味浓郁，含糖量高，故又叫“香甜酒”。

利口酒始创于公元1137年，为了调和葡萄酒中的酸味，掺入蜂蜜、香草、大茴香等材料，再以毛袋过滤制作而成。后来人们把柠檬、橘子花、香料等的香味用酒精析出，再配上颜色，创新了利口酒的制造方式。

到16世纪，意大利人在制作过程中把蒸馏过的葡萄酒稀释，加入肉桂、大茴香籽、麝香、糖等配料，并加以创新，制成利口酒，使之声誉鹊起。

（二）利口酒的制作工艺

蒸馏法：把基酒和香料同置于锅中蒸馏，如香草类利口酒多用此法制成。

浸渍法：把配料浸入酒中，让香味和成分自然地释出，如梅子酒是用此法制成的。

滤出法：在滤网里放入原料，将其置于酒糟中，滤出香味和成分。

香精法：将配制香料或合成品调入基酒中。

（三）利口酒的分类

1. 果料利口酒

果料利口酒以果实，包括苹果、樱桃、柠檬、草莓等果皮及其肉质为辅料与酒基配制而成。主要采用浸泡法配制，具有天然水果的色泽，风格明显，口味清新，适宜新鲜时饮用。

2. 草料利口酒

草料利口酒是以草本植物，包括金鸡纳树皮、樟树皮、当归、龙胆果、甘草、姜黄及各种花类等为辅料，与酒基配制而成。该酒一般是无色的，如果有颜色，也是外加的。这类酒是利口酒中的高级品。

3. 种料利口酒

该酒是以植物种子，如茴香子、杏仁、丁香、可可豆、咖啡豆、松果、胡椒等为辅料，与酒基配制而成。通常选用香味较浓、含油量较高的坚果种子。该酒与草料利口酒一样，酒液是无色的。

（四）利口酒的名品

1. 果料利口酒

果料利口酒一般采用浸渍法酿制，其突出的风格是口味清爽新鲜。

（1）库拉索酒

库拉索酒产于荷属库拉索岛。库拉索酒是由橘子皮调香浸制成的利口酒。该酒有无色透明的，也有呈粉红色、绿色、蓝色的，橘香怡人、香馨优雅，味微苦但十分爽口。酒精度为25～35度，比较适合作为餐后酒或配制鸡尾酒。

（2）大马尼尔酒

大马尼尔酒又叫作“金万利”，产于法国的干邑地区。该酒橘香突出，口味凶烈，劲大，甘甜，醇浓，酒度在40度左右。大马尼尔酒有红标和黄标两种，红标是以科涅克为酒基，黄标则是以其他蒸馏酒为酒基，均属特精制利口酒。

大马尼尔酒厂积累超过1个世纪的经验，酿制了香橙干邑白兰地。其五花八门的饮用方法为不同的消费者提供了各种款式的鸡尾酒品。

（3）库舍涅橘酒

库舍涅橘酒产于法国巴黎，配制原料是苦橘和甜橘皮。库舍涅橘酒也是库拉索的仿制品，风格与库拉索相仿，酒精度为40度。

（4）君度酒

君度酒在世界上很有名气，产量较大，主要由法国和美国的君度酒厂生产。其是用苦橘皮和甜橘皮浸渍而成，也是库拉索酒的仿制品。酒精度为40度，较适合作为餐后酒和兑水饮料。

君度是一种晶莹剔透的利口酒，以来自世界各地的甜味、苦味橙皮完美混合制成。在1875年，其主要配方由公司创始人的儿子爱德华·君度发明，并由此作为一个秘方保留下来，不断传给君度家族优秀的后代。

（5）马拉希奴酒

马拉希奴酒又名马拉斯钦，原产于南斯拉夫境内的萨拉一带，第二次世界大战后转向意大利威尼斯地区，主要产于帕多瓦附近。

马拉希奴酒制作时，先将带核樱桃制成樱桃酒，再兑入蒸馏酒配制成利口酒。马拉希奴酒有两个牌号，一个叫Luxado，一个叫Drioli，它们都具有浓郁的果香，口味醇美甘甜，酒精度在25度上下，属精制利口酒，适于餐后饮用或配制鸡尾酒。

（6）利口杏酒

杏子是利口酒极好的配料，可以直接浸渍，也可以先制成杏酒，再兑入白兰地。酒度在20～30度。世界较有名的利口杏酒有凯克斯克麦特，产于匈牙利；加尼尔杏酒，产于法国。

（7）卡悉酒

卡悉酒又名“黑加仑子酒”，产于法国第戎一带，酒呈深红色，乳状，果香优雅，口味甘润；维生素C的含量十分丰富，是利口酒中最富营养的饮品；酒精度为20～30度，适于餐后、兑水、配制鸡尾酒饮用等。

卡悉的名牌产品有第戎卡悉、博恩卡悉、悉斯卡、超级卡悉等。

此外，可用来配制利口酒的果料有很多，例如菠萝、香蕉、草莓、覆盆子、橘子、柠檬、李子、柚子、桑葚、椰子、甜瓜等。

2. 草料利口酒

草料利口酒的配制原料是草本植物，制酒工艺较为复杂，让人感到神秘难测。生产者对其配方严加保密，人们只能了解其中的大概情况。

（1）修道院酒

修道院酒是法国修士发明的一种驰名世界的配制酒，目前仍然由法国依赛地区的卡尔特教团大修道院生产。修道院酒的秘方至今仍掌握在教士们的手中。

分析表明：该酒用葡萄蒸馏酒为酒基，浸制 130 余种阿尔卑斯山区的草药，其中有虎耳草、风铃草、龙胆草等，再配兑以蜂蜜等原料，成酒须陈酿 3 年以上，有的长达 12 年之久。

修道院酒中最有名的叫修道院绿酒，酒精度在 55 度左右。其他有修道院黄酒，酒精度在 40 度左右；陈酿绿酒，54 度左右；陈酿黄酒，42 度左右；驰酒，71 度左右。修道院酒是草类利口酒中一个主要品种，属特精制利口酒。

（2）修士酒

修士酒音译为“本尼狄克丁”，也被称为“泵酒”。此酒产于法国诺曼底地区的费康，是很有名的一种利口酒。修士酒用葡萄蒸馏酒做酒基，用 27 种草药调香，其中有海索草、蜜蜂花、当归、芫荽、丁香、肉豆蔻、茶叶、桂皮等，再掺兑糖液和蜂蜜，经过提炼、冲沏、浸泡、掐头去尾、勾兑等工序制成。

修士酒在世界市场上获得了很大成功。生产者又用修士酒和白兰地兑和，制出另一新产品，命名为“B&B”，酒度为 43 度，属特精制利口酒。修士酒瓶上标有“DOM”字样。

（3）衣扎拉酒

衣扎拉酒产于法国巴斯克地区。在巴斯克族语中，Izarra 是星星的意思，所以衣扎拉酒又名“巴斯克星酒”。该酒调香以草类为主，也有果类和种类：先用草料与蒸馏酒做成香精；再将其兑入浸有果料和种料的雅文邑酒液，加入糖和蜂蜜；最后用藏红花染色而成。衣扎拉酒也有绿酒和黄酒之分，绿酒含有 48 种香料，酒精度是 48 度；黄酒含有 32 种香料，酒精度为 40 度。它们均属于特精制利口酒。

（4）马鞭草酒

马鞭草具有清香味和药用功能，用马鞭草浸制的利口酒是一种高级药酒。主要有三个品种：马鞭草绿白兰地酒，酒精度为 55 度；马鞭草绿酒，酒精度为 50 度；马鞭草黄酒，酒精度为 40 度。三种酒均属特精制利口酒。最出名的马鞭草利口酒是弗莱马鞭草酒。

（5）杜林标酒

产于英国爱丁堡的杜林标利口酒是一种以威士忌酒为基酒、用蜂蜜增甜的利口酒，其主体风味为苏格兰威士忌酒的烟熏味。据说，杜林标利口酒可追溯到酿造蜂蜜酒的盖尔特人和掌握蒸馏技艺的北爱尔兰僧侣，当时他们定居在苏格兰高地。杜林标酒的名称来自盖尔特人的克特语“Dran Buidheach”，意思是“一种满意的饮料”。

（6）利口乳酒

利口乳酒是一种比较浓稠的利口酒，以草料调配的乳酒比较多，如薄荷乳酒、玫瑰乳酒、香草乳酒、紫罗兰乳酒、桂皮乳酒。

（7）加里安诺

加里安诺是意大利有名的香草类利口酒。它是以食用酒精做基酒，加入 30 多种香草酿造出来的金色甜酒，味道醇美，香味浓郁。其被装盛在高身而细长的酒瓶内，商标上有一个红色的碉堡，纸盒上有一戎装军人影像。

3. 种料利口酒

种料利口酒是用植物的种子为基本原料配制的利口酒。用以配料的植物种子有许多种，制酒者往往选用那些香味较浓、含油量较高的坚果种子进行配制加工。

(1) 茴香利口酒

茴香利口酒起源于荷兰的阿姆斯特丹，为地中海诸国最流行的利口酒之一。法国、意大利、西班牙、希腊、土耳其等国均生产茴香利口酒，其中以法国和意大利的最为有名。

该酒先用茴香和酒精制成香精，再兑以蒸馏酒基和糖液，经过搅拌、冷处理、澄清而成，酒度在30度左右。茴香利口酒中最出名的叫玛丽·布利查，是18世纪一位法国女郎的名字，该酒又称作"波尔多茴香酒"，产于法国。

(2) 顾美露

顾美露的原料是一种野生的茴香植物，名叫"加维茴香"，主要生长在北欧。顾美露产于荷兰和德国。较为出名的产品有阿拉西（荷兰）、波尔斯（荷兰）、弗金克（荷兰）、沃尔夫斯密德（德国）、曼珍道夫（德国）。

(3) 蛋黄酒

蛋黄酒产于荷兰和德国，主要配料是鸡蛋黄和杜松子。

其香气独特口味鲜美，酒度为15～20度。蛋黄酒是以白兰地为酒基、鸡蛋黄为主要调香原料精制而成，故又称"蛋黄白兰地"。该酒呈蛋黄色，颜色鲜艳突出，香色独特，有较浓郁的蛋黄香味，富含维生素A、维生素B、脂肪及蛋白质等营养成分，故需低温保存并避免阳光。

(4) 咖啡乳酒

咖啡乳酒主要产于咖啡生产国，它的原料是咖啡豆。制作过程中，先烘焙粉碎咖啡豆，再进行浸制和蒸馏，然后将不同的酒液进行勾兑，加糖处理，澄清过滤而成，酒精度为26度左右。咖啡乳酒属普通利口酒，较出名的有卡鲁瓦（墨西哥）、添万利（牙买加）、爱尔兰绒（爱尔兰）、巴笛奶（法国）、巴黎佐（法国）。

(5) 可可乳酒

可可乳酒主要产于西印度群岛，它的原料是可可豆种子。制酒时，将可可豆经烘焙粉碎后浸入酒精中，取一部分直接蒸馏提取酒液，然后将这两部分酒液勾兑，再加入香草和糖浆制成。较为出名的可可乳酒有朱傲可可、亚非可可、可可利口。

(6) 杏仁利口酒

杏仁利口酒以杏仁和其他果仁为配料，酒液绛红发黑，果香突出，口味甘美。较为有名的杏仁利口酒有阿玛雷托（意大利）、仁乳酒（法国）、阿尔蒙利口（英国）。

(五) 利口酒的饮用与服务

1. 酒杯与分量

纯饮利口酒时可用利口酒杯；加入冰块时可用古典杯或葡萄酒杯；加苏打水或果汁饮料时，用果汁杯或高身杯。利口酒每份的标准用量为25毫升。

2. 饮用方法

纯饮法选用纯度高的利口酒，倒在专用杯里，用嘴一点点慢慢地啜，细细品饮，但多数人认为这样喝太甜太腻，可采用其他饮用方法。

兑饮法也就是加苏打水或矿泉水饮用法。不论哪一种甜酒，喝前先将酒倒入平底杯中，其数量约为杯子容量的60%，再加满苏打水即可。如觉得水分过多，可添加一些柠檬汁，以半个柠檬的量较合适，在上面可再加碎冰。若是鸡尾酒的话，可加入适量柠檬汁。

碎冰法先做碎冰，即用布将冰块包起，用锤子敲碎，然后将碎冰倒入鸡尾酒杯或葡萄酒杯内，再倒入甜酒，插入吸管即可。

也可将利口酒加在冰激凌或果冻上饮用。

3. 利口酒的服务程序和标准

(1) 准备酒杯、用具

① 净饮使用雪利酒杯，加杯饮用时使用威士忌杯，混合饮用时使用高脚杯，同时使用调酒杯和搅拌棒。

② 杯具干净，无水迹、破口。

③ 杯垫干净，无破损，平整。

④ 托盘干净，无破损。

(2) 准备酒水

① 根据宾客要求采用杯具，加冰饮用时，在威士忌杯中先加入3块左右的冰块；净饮时，用高脚杯准备一杯冰水。

② 在吧台用量酒器将酒倒入杯中，开胃酒每份的量为30毫升。

③ 附加酒水倒入调酒杯中，由服务员在宾客面前服务。

④ 混合饮用时，搅拌棒提前放入高脚杯中。

⑤ 果料利口酒饮用时最好冰镇，草料利口酒宜冰镇饮用，种料利口酒宜常温饮用，乳脂利口酒宜在冰桶中降温后饮用。

(3) 服务酒水

① 与酒水服务相同。

② 免费配送指定小吃。

十二、鸡尾酒

(一) 鸡尾酒定义

关于鸡尾酒的由来，有很多种不同的说法。相传某天一次宴会过后，席上剩下各种不同的酒，有的杯里剩下1/4的酒，有的杯里剩下1/2的酒。有个清理桌子的伙计，将各种剩下的酒混在一起，一尝味道却比原来各种单一的酒要好喝。他便将各种混合酒分给大家喝，结果评价很高，于是，这种混合饮酒的方法出了名，并流传开来。

"鸡尾酒"一词由英文Cock（公鸡）和Tail（尾）两词组成。鸡尾酒（Cocktail）是由两种或两种以上的饮料，按一定的配方、比例，混合调制而成的一种含酒精的饮品。

(二) 鸡尾酒的基本构成

鸡尾酒是一种以酿造酒、蒸馏酒和配制酒为基酒，再配以果汁、汽水、矿泉水等辅助成分及其他装饰材料调制而成的色、香、味、形俱佳的艺术酒品。根据这个定义，我们可以发现鸡尾酒的结构是由基本成分（基酒），调色、调味、调香等辅助成分（辅料）和装饰物3个部分组成的。

1. 基酒

基酒也称“酒基”，又称为“鸡尾酒的酒底”，是构成鸡尾酒的主体，决定了鸡尾酒的酒品风格特色。常用作鸡尾酒的基酒主要包括各类烈性酒，如金酒、白兰地酒、伏特加酒、威士忌酒、朗姆酒、特基拉酒、中国白酒等；烧酒、清酒、葡萄酒、葡萄汽酒等酿造酒以及配制酒等亦可作为鸡尾酒的基酒。目前流行的无酒精鸡尾酒则以软饮料调制而成。

2. 辅料

辅料是鸡尾酒调味、调香、调色原料的总称。它们能与基酒充分混合，降低基酒的酒精含量，缓冲基酒强烈的刺激感。其中调香、调色材料使鸡尾酒色香味俱佳。常见的辅料有各种果汁（苹果、菠萝、葡萄、柚子、柠檬、青柠、桃、猕猴桃）、糖浆（红石榴、覆盆子、草莓、奇异果、巧克力、杏仁、红醋栗、莫林糖浆系列）、乳脂类（牛奶、奶油）、二氧化碳汽水（干姜水、苏打水、汤力水）、咖啡、蜂蜜、椰浆、椰汁。

3. 装饰物

鸡尾酒的装饰物是鸡尾酒的重要组成部分。装饰物的巧妙运用，有着画龙点睛般的效果，使一杯平淡单调的鸡尾酒旋即鲜活生动起来，洋溢着生活的情趣和艺术。一杯经过精心装饰的鸡尾酒不仅能捕捉自然生机于杯盏之间，而且也可成为鸡尾酒典型的标志与象征。

常用的装饰物有各类水果（猕猴桃、香蕉、菠萝、柠檬、青柠、橙子、草莓、樱桃）、薄荷、肉桂、胡椒粉、盐、糖、辣椒籽。

对于经典的鸡尾酒，其装饰物的构成和制作方式是固定的，应保持原貌，不要随意改。而对于创新的鸡尾酒，装饰物的修饰和雕琢则不受限制，调酒师可充分发挥想象力和创造力。但是，对于不需要装饰的鸡尾酒品，加以装饰则是画蛇添足，反而会破坏鸡尾酒的意境。

（三）鸡尾酒的分类

1. 按照饮用时间分类

（1）清晨鸡尾酒

清晨人们大多情绪不高，可饮用一杯蛋制鸡尾酒，以饱满的精神投入一天的工作、学习和生活。

（2）餐前鸡尾酒

它也称为“开胃鸡尾酒”。它是以增进食欲为目的的鸡尾酒，可选饮含糖量较少、微酸或稍烈的冰镇鸡尾酒。

（3）餐后鸡尾酒

这类鸡尾酒有助于消化，多为含有多种药材的甜味鸡尾酒。也可在热咖啡中加入适量白兰地或咖啡利口酒。

（4）晚餐鸡尾酒

这是人们在晚餐时饮用的鸡尾酒，一般口味和所点的食物相辅相成。

（5）寝前鸡尾酒

这类鸡尾酒多以具有滋补和安眠作用的茴香、牛奶、鸡蛋等作为材料调制而成。

2. 按照饮用场所分类

(1) 俱乐部鸡尾酒

在用正餐（午、晚餐）时，营养丰富的鸡尾酒可代替凉菜和汤类。这种鸡尾酒色彩鲜艳，略具刺激性，故有利于调和入口的菜肴，可作为佐餐鸡尾酒。

(2) 香槟鸡尾酒

该酒以香槟酒为基酒调制而成，其风格清爽、典雅，通常在盛夏或节日饮用。

(3) 季节鸡尾酒

这是适于春、夏、秋、冬不同季节饮用和一年四季皆宜饮用的鸡尾酒。例如，在炎热的夏季，饮用冰镇“长饮”，可消暑解渴；而在寒冷的冬季，则更适于饮用热的鸡尾酒。

3. 按照混合方法分类

(1) 短饮类

短饮类也称“鸡尾酒”，酒精含量较高，其中基酒占50%以上，香料味浓重，放置时间不宜过长，如马天尼、曼哈顿。

(2) 热饮类

此类鸡尾酒与其他混合酒最大的区别是用沸水、咖啡或热牛奶冲兑。

(3) 长饮类

长饮类是指用烈酒、果汁、汽水等混合调制的酒精含量低的饮料。其酒精含量为8%左右，是一种温和的混合酒，可放置较长时间不变质。以下介绍几种代表性的长饮。

① 奶露

奶露是在白兰地、朗姆酒等烈酒中加入鸡蛋、牛奶、砂糖等制作的鸡尾酒，起源于美国南部地区，原本是圣诞节饮品，冷热皆可，也可以制作无酒精奶露鸡尾酒。奶露可使用多种类型的酒杯。

② 洛克

洛克是将原材料倒入盛有大冰块的古典式酒杯中制作的鸡尾酒。

③ 酷乐

酷乐是在烈酒中加入柠檬汁或青柠汁、糖浆，并用苏打水、姜汁汽水等碳酸饮料注满柯林杯进行制作。酷乐的意思是“冰凉爽口、具有清凉口感的饮品”。

④ 柯林

柯林是在烈酒中加入柠檬汁和砂糖（糖浆），并用苏打水注满酒杯制作的鸡尾酒。柯林风格的鸡尾酒与菲士风格的鸡尾酒很相似。柯林类饮品使用柯林杯。

⑤ 酸味

酸味鸡尾酒是在酒精类基酒中加入柠檬汁和砂糖等甜酸味物质制作的鸡尾酒。调制酸味鸡尾酒时，原则上不加苏打水，但在美国之外也有一些国家加入苏打水或香槟酒。酸味鸡尾酒使用威士忌杯。

⑥ 茱莉普

茱莉普是在烈酒或葡萄酒中加入砂糖和薄荷叶，放入碎冰并充分搅拌的鸡尾酒。茱莉普类饮品大多使用柯林杯。

⑦ 司令

司令是在烈酒中加入柠檬汁和甜味物质，并用水（矿泉水）或苏打水、姜汁汽水等注满酒杯制作的鸡尾酒。有时也将其倒满热水调制成热饮型鸡尾酒。“司令”一词来自德语，是“吞咽”的意思。司令类鸡尾酒大多使用柯林杯和海波杯。

⑧ 戴兹

戴兹是在烈酒中加入柑橘系列果汁、糖浆或利口酒等，并放入碎冰制作的鸡尾酒。“戴兹”的意思是“雏菊”或“漂亮的东西”。戴兹鸡尾酒用柯林杯盛装。

⑨ 托地

托地是在平底大玻璃杯或古典式酒杯中放入砂糖、倒入烈酒并用水（矿泉水）或热水注满酒杯制作的一种鸡尾酒。在英国为了防寒热身，人们自古以来就把它调制成一款热饮。

⑩ 海波

海波是使用烈酒等各种酒品作基酒，用苏打水或姜汁汽水、可乐、果汁类软饮进行调兑的鸡尾酒。海波鸡尾酒用海波杯盛装。

⑪ 霸克

霸克是往各种烈酒中加入柠檬汁和姜汁汽水后制作的鸡尾酒。“霸克”原意为“雄鹿”，所以人们将像雄鹿一样有踢劲儿（即酒精度高）的酒品称为霸克鸡尾酒。霸克鸡尾酒常用海波杯或柯林杯盛装。

⑫ 宾治

宾治是以葡萄酒或烈酒等为基酒，将利口酒、水果、果汁等用宾治球进行搅拌制作的鸡尾酒。宾治鸡尾酒常作为聚会饮品供多人享用。宾治酒多用宾治盆盛装。

⑬ 费克斯

费克斯是往烈酒中加入柑橘系列的果汁、糖浆或利口酒后制作的鸡尾酒。调制费克斯鸡尾酒时，在平底大玻璃杯或高脚酒杯内放入碎冰，并添加上水果和吸管。

⑭ 菲士

菲士是往烈酒或利口酒中加入柠檬汁、砂糖（糖浆），将其摇匀后倒入柯林杯，并用苏打水注满的鸡尾酒。

⑮ 冰冻

冰冻鸡尾酒是将原材料与碎冰一起倒入搅拌机内搅拌均匀的一种鸡尾酒。冰冻鸡尾酒可以使用各种类型的酒杯。

⑯ 瑞基

瑞基是将新鲜青柠（或柠檬）挤压后，果汁和果肉一起放入杯中，再加入冰块和烈酒并用苏打水调兑的鸡尾酒。饮用这种鸡尾酒时可一边用搅拌匙将果肉搅拌，一边享受它的美味。瑞基类鸡尾酒大多使用柯林杯或海波杯。

4. 按照基酒分类

主要有以金酒为基酒的鸡尾酒，以威士忌为基酒的鸡尾酒，以白兰地为基酒的鸡尾酒，以朗姆酒为基酒的鸡尾酒，以伏特加为基酒的鸡尾酒，以中国白酒为基酒的鸡尾酒，以烧酒、清酒为基酒的鸡尾酒，以啤酒为基酒的鸡尾酒，以香槟为基酒的鸡尾酒和以利口酒为基酒的鸡尾酒。

（四）鸡尾酒调制方法

1. 调酒常用载杯

（1）鸡尾酒杯

鸡尾酒杯又称马天尼杯，是饮用短饮风格的鸡尾酒时使用的一种玻璃器。通常标准容量为 90 毫升，也有的容量为 60～150 毫升。

（2）古典酒杯

古典酒杯又称岩石杯，是一种矮型宽口径的玻璃杯，是饮用洛克风格的鸡尾酒时使用的玻璃杯。古典式酒杯的容量一般为 180～300 毫升。

（3）平底大玻璃杯

平底大玻璃杯又称海波杯，这种酒杯除了用来盛海波风格的鸡尾酒外，还被广泛地用来盛长饮风格的鸡尾酒。平底大玻璃杯的容量一般为 240～300 毫升。

（4）柯林杯

柯林杯是一种圆筒形、高杯身形玻璃杯，又称高玻璃杯。柯林杯杯身高、口径小，多用于盛含碳酸饮料的鸡尾酒，容量一般为 300～360 毫升。

（5）酸味鸡尾酒杯

酸味鸡尾酒杯是饮用酸味风格鸡尾酒时使用的一种玻璃杯。另外，它也可以用来盛其他风格的鸡尾酒。酸味鸡尾酒杯的容量一般在 120 毫升左右。

（6）高脚酒杯

饮用放入大量冰块的长饮风格等类型鸡尾酒时，使用高脚酒杯。高脚酒杯的标准容量为 300 毫升，大容量的高脚酒杯更受欢迎。

2. 调酒常用器具

（1）调酒壶

调酒壶是制作摇和法鸡尾酒的器具。它将冰块和原材料进行充分混合。它分大、中、小三个型号。常见的调酒壶有波士顿调酒壶和不锈钢调酒壶两种。

（2）调酒杯

调酒杯是一种厚玻璃器皿，用来盛冰块以及各种饮料。

（3）量杯

量杯是用来量取酒、果汁等液体材料的器具。量杯有很多不同型号，常见的为 15 毫升与 30 毫升搭配、20 毫升与 40 毫升搭配。

（4）酒吧匙

酒吧匙最主要的作用是搅拌原材料或制作悬浮酒。它一端为汤匙，一端为叉子，汤匙的容量相当于 1 茶匙。酒吧匙也可以用来制作装饰物。

（5）水果挤压器

这是用来榨取柠檬或青柠等水果汁液的手动挤压器。

（6）滤冰器

滤冰器为圆形的过滤网，不锈钢丝绕在一个柄上，并附有两个耳形的边。其主要用来盖住调酒杯的上部，两个耳形的边用来固定其位置。

（7）鸡尾酒装饰针

鸡尾酒装饰针是用来叉橄榄、酒味樱桃、水果等，做鸡尾酒装饰用。

（8）碎冰机

这是一种能将冰块粉碎成碎冰的机器，分为手动式和电动式两种。

（9）冰勺冰夹

这是用来从冰桶中取出冰块的器具。

（10）酒嘴

酒嘴安装在酒瓶口上，用来控制倒出来的酒量。酒嘴有塑料和不锈钢两种材质，有不停和15毫升、30毫升自动停的几款。

3. 鸡尾酒调制方法

常见的鸡尾酒调制方法有兑和法、调和法、摇和法以及搅和法这四种。

（1）兑和法

兑和法是将配方中的酒水按分量直接倒入杯里，无须搅拌（或轻微搅拌即可）。有时候也需要用酒吧匙贴紧杯壁慢慢地将酒水倒入，以免冲撞混合。

① 以冰铲或冰夹取冰，放入鸡尾酒酒杯中。

② 将基酒用量杯量出正确的分量后，倒入鸡尾酒杯中。

③ 最后倒入其他配料至满杯即可。

（2）调和法

调和法是将冰块和原材料放入混合杯（调酒壶）后再用酒吧匙迅速搅动的技法。这种操作技法的关键是用酒吧匙的背靠混合杯内壁朝同一方向迅速搅动。

① 在酒杯中放入适量冰块，冰镇酒杯。在倒入鸡尾酒之前倒出冰块。

② 在混合杯中放入一半冰块，然后用酒吧匙搅拌，以便去除冰角。

③ 盖上过滤网滤掉水分后，再倒入原材料，并用酒吧匙的背靠混合杯内壁沿同一方向迅速搅拌若干次。

④ 为防止冰块倒入鸡尾酒中，将混合杯盖上过滤网。

⑤ 用食指按住过滤网，其他手指顺势握住混合杯，将鸡尾酒缓慢地滤入其他事先冰镇过的酒杯中。

（3）摇和法

摇和法就是把原材料和冰块放入调酒壶中制作冰冷鸡尾酒的技法。采用摇和法调酒的目的有两个：一是让较难混合的原材料快速地融合在一起；二是将酒精度高的酒味压低，以便容易入口。

① 调酒壶的拿法：拿调酒壶的一只手的拇指按住调酒壶的壶盖，用中指和无名指夹住壶身。用另一只手的小指（或小指与无名指）支持壶体底部，其他手指顺势放好。

② 冰镇鸡尾酒杯（少数鸡尾酒不需要）。

③ 在调酒壶中放入适量的冰块。

④ 将原材料按照配方的顺序依次放入调酒壶中。

⑤ 盖上过滤网，并拧上壶盖。

⑥ 将调酒壶置于胸前，然后按斜上、胸前、斜下的顺序有节奏地摇动酒壶。渐渐地加快速度，按顺序反复摇动 7～8 次，至调酒壶表面结成一层薄霜、杯底冷却即可。

⑦ 打开壶盖用食指按住过滤网，将鸡尾酒缓慢地滤入其他事先冷却好的酒杯中。

(4) 搅和法

搅和法是使用搅拌机（酒吧专用电动果汁机）搅拌原材料的一种技法。通常在调制冰冻风格或含有新鲜水果类型的鸡尾酒时使用这种方法。注意不要放入过多的冰块，以防融化的冰水冲淡鸡尾酒的原味。如果没有酒吧专用电动果汁机，也可以使用家用搅拌机。

① 在搅拌杯中放入原材料和碎冰。

② 盖紧杯盖。

③ 将其安装到搅拌机机体上，插入电源。用手按压好顶部，以便固定搅拌机，让杯内物体充分搅拌至果露状。

④ 使用酒吧匙将杯内的物体移入事先备好的酒杯中。

4. 鸡尾酒调酒术语与调酒原则

(1) 调酒术语

① 悬浮

将酒吧匙抵在酒杯内壁，然后把原材料缓慢地顺着酒吧匙背部倒入杯中。

② 润湿

往杯中滴入少许苦精酒，然后倾斜酒杯，让苦精酒将酒杯内壁全部湿润，最后倒掉多余的苦精酒。

③ 酒霜

a. 将柠檬切口抵住酒杯杯口，并沿杯口旋转一圈，以擦拭杯口。

b. 在蘸盐器（或平底盘）中铺上盐（或糖），等将它们均匀铺开后，杯口朝下，在盐（或糖）中轻按一下，蘸上盐（或糖）。

c. 倒置酒杯，用手轻轻地敲打杯身以便将多余的盐（或糖）抖落。

④ 珊瑚风格

a. 将一定量的石榴糖浆（或蓝橙酒）倒入任意大酒杯中，把香槟酒杯杯口朝下笔直地浸入其中。

b. 在另一个大酒杯中倒入一定量的糖（或盐），再把蘸有石榴糖浆（或蓝橙酒）的香槟酒杯笔直地插入这个酒杯中。

c. 缓慢地拿起酒杯，并用干抹布将酒杯内壁多余的糖（或盐）擦干净。

⑤ 盎司

一种计量单位。1 盎司约为 30 毫升。

⑥ 干

“辛口”的意思。如果酒名中带有“very dry”“extra dry”，酒精度数就更高了。

⑦ 滴

主要是用来衡量苦精酒的单位。

⑧ 单份（酒）/双份（酒）

这是酒的一种计量方式，1单份大约相当于30毫升。与它等量的单位是1盎司。双份大约相当于60毫升。

⑨ 酒后水

酒后水是一种喝过较烈的酒之后饮用的水或碳酸饮料，可与烈酒中和，保持味觉的新鲜。

（2）调酒原则

① 要严格按照配方分量调制鸡尾酒。

② 倒酒水要使用量杯，不要随意把酒斟入杯中。

③ 使用调和法时，搅拌时间不能太长，一般用中速搅拌5～10秒钟即可。

④ 使用调和法时，动作要快，用力摇荡，摇至调酒壶表面起霜即可。

⑤ 调酒壶和电动搅拌机每使用一次要清洗一次。

⑥ 量杯、酒吧匙要保持清洁。

⑦ 使用合格的酒水，不能用其他酒水随意代替或使用劣质酒水。

⑧ 调制好的鸡尾酒要立即倒入杯中。

⑨ 水果饰物要选用新鲜的水果，切好后用保鲜膜包好放入冰箱备用。隔天切的水果食物不能使用。

⑩ 不要用手去接触酒水、冰块、杯边或饰物。

⑪ 上霜要均匀，杯口不可潮湿。

⑫ 调好的酒应迅速服务。

⑬ 调酒动作要规范、标准、快速、美观。

⑭ 会起泡的配料不能放入摇酒壶、电动搅拌器或榨汁机中。

⑮ 加料时先放入冰块或者碎冰，再加苦精、糖浆、果汁等副料，最后加入基酒。

⑯ 酒杯装载混合酒不能太满或者太少，杯口留的空隙以1/8～1/4为宜。

⑰ 制作糖浆时糖与水的比例是1∶1。

⑱ 调制热饮酒时酒温不可太高，因为酒精的沸点低。

⑲ 水果事先用温水泡5～10分钟，在榨汁过程中会多产生1/4的汁。

⑳ 绝大多数鸡尾酒要现喝现调，不可放置太长时间。

（五）经典鸡尾酒酒谱

1. 基酒之金酒

鸡尾酒中使用次数最多、最具有亲和力的基酒就是金酒。大多数鸡尾酒都具有干金酒的特殊香味。

（1）三叶草俱乐部

17度，中口，摇和法。

这是一款极具代表性的俱乐部鸡尾酒（进餐时代替汤品的鸡尾酒），带有石榴糖浆的鲜艳色彩。这款酒品将甜味和酸味恰到好处地结合在一起。

干金酒——30毫升；

青柠汁（或柠檬汁）——15 毫升；

石榴糖浆——15 毫升；

蛋清——1 个。

将原材料充分摇匀后倒入大鸡尾酒杯或飞碟形香槟酒杯中。

(2) 金菲士

14 度，中口，摇和法。

这款鸡尾酒是菲士风格长饮的代表性作品。柠檬淡淡的酸味使得金酒的酒香更加醇厚。这是一款口感颇佳的鸡尾酒。饮用时可以根据个人喜好调整它的甜度。

干金酒——45 毫升；

柠檬汁——15 毫升；

糖浆——2 茶勺；

苏打——适量；

柠檬块、樱桃——适量。

将苏打水之外的原材料摇匀后倒入盛有冰块的酒杯中，然后用冰凉的苏打水注满酒杯并轻轻地搅拌，最后可以根据个人的爱好装饰上柠檬块或酒味樱桃。

(3) 干马天尼

34 度，中口，摇和法。

这款酒被誉为“世界鸡尾酒之王”，它是一种深受人们喜爱的辛口鸡尾酒。随着金酒和味美思搭配比例的改变，它的口味也会随之产生变化。

干金酒——45 毫升；

干味美思——15 毫升；

柠檬皮、橄榄——适量。

将原材料用混合杯搅拌后倒入鸡尾酒杯中，并拧入几滴柠檬皮汁。可以根据个人的爱好装饰上鸡尾酒饰针穿的橄榄。

(4) 甜马天尼

32 度，中口，调和法。

甜味的马天尼，配方中使用了甜味美思，所以它呈现出美丽透明的褐色。

干金酒——45 毫升；

甜味美——15 毫升；

鸡尾酒樱桃——适量。

将原材料用混合杯搅拌后倒入鸡尾酒杯中。可以根据个人的爱好装饰上酒味樱桃。

(5) 完美马天尼

35 度，中口，调和法。

这款鸡尾酒是用干甜两种味美思调制的。

干金酒——45 毫升；

干味美思——15 毫升；

甜味美思——15 毫升；

橄榄——适量。

将原材料用混合杯搅拌后倒入鸡尾酒杯中。可以根据个人的爱好装饰上橄榄。

(6) 詹姆斯·邦德马天尼

36 度，辛口，摇和法。

这款鸡尾酒是詹姆斯·邦德在电影《007》中最先调制的。它的特点是在干金酒中加入伏特加后进行摇和。配方中的开胃酒使用干味美思。

干金酒——45 毫升；

伏特加——15 毫升；

干味美思——15 毫升；

柠檬皮——适量。

将原材料摇匀后倒入鸡尾酒杯，然后再装饰上柠檬皮。

(7) 烟熏马天尼

40 度，辛口，调和法。

这款鸡尾酒是马天尼鸡尾酒的变异饮品之一。如果把配方中的苦精酒换成麦芽威士忌的话，那么酒精度数会变得更高，还能品出烟熏的味道。

干金酒——45 毫升；

麦芽威士忌酒——15 毫升；

柠檬皮——适量。

把原材料用混合杯搅拌后倒入鸡尾酒杯中，然后拧入几滴柠檬皮汁。

(8) 草莓马天尼

25 度，中口，摇和法。

饮用这款鸡尾酒时，可以感受到草莓的清甜和芳香。如果觉得甜味已经足够，也可以选择不放糖浆。在制作这种类型的鸡尾酒时，也可以使用菠萝、哈密瓜、桃子等。

干金酒——45 毫升；

鲜草莓——3～4 个；

糖浆——1～2 茶匙。

将草莓切成小块与其他原材料一起摇匀后，倒入大鸡尾酒杯中；然后拿掉摇酒壶的过滤网，把酒壶中残留的果肉也一起倒入酒杯中。

(9) 新加坡司令

17 度，中口，摇和法。

这款鸡尾酒是在 1915 年新加坡的莱佛士酒店首创的。它把金酒的清爽口感和雪利白兰地的浓香完美地结合在一起，是一款世界性的名酒。

干金酒——45 毫升；

樱桃白兰地——15 毫升；

柠檬汁——2 茶勺；

苏打水——适量；

柠檬片、柳橙片、酒味樱桃——适量。

将苏打水之外的原材料摇匀后倒入盛有冰块的酒杯中，再用冰凉的苏打水注满杯子并轻轻地搅拌，最后可以根据个人的爱好装饰上青柠片或酒味樱桃等。

（10）金戴兹

22 度，中口，摇和法。

这款长饮类型的鸡尾酒在色泽上呈现出极具透明感的淡淡的桃色，口味上带有翠绿薄荷叶的清凉口感。将基酒换成朗姆酒、威士忌或白兰地后再如法炮制，就会调制出不同口味的戴兹风格的鸡尾酒。

干金酒——45 毫升；

柠檬汁——15 毫升；

红石榴——1 茶勺；

柠檬片、薄荷叶——适量。

将原材料摇匀后倒入盛有碎冰的鸡尾酒杯中，然后装饰上柠檬片和薄荷叶。

（11）金汤力

14 度，中口，兑和法。

这款鸡尾酒洋溢着青柠（或柠檬）的果香和汤力（即奎宁）的微苦味，饮用后会让人感到十分畅快。

干金酒——45 毫升；

汤力水——适量；

柠檬块、青柠块——适量。

将金酒倒入盛有冰块的酒杯中，然后放入挤榨过的青柠块（或柠檬块），最后用冰凉的苏打水注满酒杯并轻轻地调和。

（12）汤姆柯林斯

16 度，中口，摇和法。

这款鸡尾酒在 19 世纪初期极为盛行，口感爽快，十分美味可口。

干金酒——45 毫升；

柠檬——15 毫升；

糖浆——1～2 茶匙；

苏打水——适量；

青柠片、酒味樱桃——适量。

将苏打水之外的原材料摇匀后，倒入盛有冰块的柯林杯中，然后再用冰凉的苏打水注满杯子，并轻轻地搅拌。最后可以根据个人的爱好装饰上青柠片或酒味樱桃等。

（13）七重天

38 度，中口，摇和法。

这款酒把金酒和黑樱桃酒（樱桃利口酒）的风味极好地结合在一起。

干金酒——45 毫升；

黑樱桃酒——15 毫升；

西柚汁——1 茶匙。

将原材料摇匀后倒入鸡尾酒杯中，然后让绿樱桃沉淀下来。

（14）纯洁的爱情

5度，中口，摇和法。

日本人上田和男在1980年的日本全国鸡尾酒大赛上第一次参赛就获了奖。为了纪念这件事，他特意制作了这款鸡尾酒。这款鸡尾酒酸中带甜的感觉会让人们不禁想起自己的初恋。

干金酒——30毫升；

草莓利口酒——15毫升；

青柠汁——15毫升；

姜汁汽水——适量；

青柠片——适量。

将姜汁汽水以外的原材料充分摇匀后，倒入平底大玻璃杯中，然后倒入冰块，再用冰凉的苏打水将酒杯注满，并轻轻地搅拌，最后装饰上青柠片。

（15）红粉佳人

20度，中口，摇和法。

这款鸡尾酒是为了纪念1912年在伦敦盛行一时的“红粉佳人”而创作的。石榴糖浆的甜美颜色柔和地包裹着金酒的浓郁酒香。

干金酒——45毫升；

石榴糖浆——15毫升；

柳橙汁——1茶匙；

蛋清——1个。

将原材料充分摇匀后倒入大鸡尾酒杯中。

（16）环游世界

30度，中口，摇和法。

这款酒名是环游世界一周的意思。它呈现淡绿色，属于中口鸡尾酒。它同时带有菠萝的酸甜和薄荷的清香。饮用后，人们会有种清爽明快的感觉。

干金酒——45毫升；

绿薄荷酒——15毫升；

菠萝汁——15毫升；

绿樱桃——适量。

将原材料倒入摇壶摇匀后倒入鸡尾酒杯中，然后让绿樱桃沉淀下来。

（17）翡翠酷乐

24度，中口，摇和法。

这款鸡尾酒是由绿薄荷酒、柠檬汁以及苏打水共同构成的。它的特点是清润爽口。宝石般的透明显现出了翡翠酷乐的美。

干金酒——30毫升；

绿薄荷酒——15毫升；

柠檬汁——15毫升；

糖浆——1 茶匙

苏打水——适量；

酒味樱桃——适量。

将苏打水之外的原材料全部倒入摇壶摇匀，然后倒入盛有冰块的鸡尾酒杯中，再用冰凉的苏打水注满酒杯，轻轻地搅拌，最后装饰上酒味樱桃。

（18）长岛冰茶

19 度，中口，兑和法。

这款鸡尾酒虽然不是红茶，却带有红茶的滋味。它于 1980 年诞生于美国西海岸。由于配方中加了 4 种烈酒，所以其酒精度较高。

干金酒——15 毫升；

伏特加——15 毫升；

白朗姆——15 毫升；

特基拉——15 毫升；

白橙皮或君度——15 毫升；

柠檬汁——30 毫升；

糖浆——1 茶匙；

可乐——适量。

将可乐之外的原材料倒入盛有碎冰的酒杯中，然后用冰凉的可乐注满酒杯，并轻轻地搅拌，最后根据个人喜好装饰上青柠或柠檬片及酒味樱桃。

2. 基酒之伏特加

伏特加的最大特点是无色无味、口味醇正。以伏特加做基酒调制的鸡尾酒，其酒香多来自与之搭配的原材料。

（1）神风

这款酒品在伏特加中加入了白橙皮酒的芳香和青柠汁的微酸。

伏特加——15 毫升；

白橙皮酒——1 茶勺；

青柠汁——15 毫升。

将所有原材料摇和后倒入盛有冰块的古典式酒杯中。

（2）大都会

这是一款粉红色的鸡尾酒，将白橙皮酒和两种果汁的风味完美地结合在一起。

伏特加——30 毫升；

白橙皮酒——15 毫升；

青柠汁——15 毫升；

蔓越莓汁——30 毫升。

将所有原材料摇和后倒入鸡尾酒杯中。

（3）卡匹洛斯卡

这是一款添加了碎青柠和糖浆的鸡尾酒，用兑和法调制而成。

伏特加——30 毫升；

青柠——1～2 个；

糖浆——1～2 茶匙。

将青柠切成细块后放入酒杯中，加入糖浆（砂糖），再将其碾碎，然后放入碎冰、加入伏特加轻轻搅拌。

（4）海风

这款鸡尾酒是于 1980 年风行美国大陆的“海风”。它属于低酒精饮料。其制作要点是用摇和法调制出蔓越莓的清爽色泽和口感。

伏特加——30 毫升；

蔓越莓汁——60 毫升；

西柚汁——60 毫升。

将原材料摇匀后倒入盛有冰块的鸡尾酒杯中，还可以根据个人喜好装饰上鲜花。

（5）螺丝刀

这款鸡尾酒的名字来自搅拌勺的“回旋”形态。它用兑和法调成，口感清爽滑润。

伏特加——45 毫升；

柳橙汁——适量；

柳橙片——适量。

将伏特加倒入盛有冰块的酒杯中，然后用冰凉的西柚汁注满酒杯，并轻轻地搅拌。最后根据个人喜好装饰上柳橙片。

（6）激情海岸

这款酒品因在电影《鸡尾酒》中出现，所以人们对它十分熟悉。它用兑和法调成，融合了蜜瓜利口酒和木莓利口酒的特色，能够让人们充分地享受到那迷人的鲜果芳香。

伏特加——15 毫升；

蜜瓜利口酒——15 毫升；

木莓利口酒——15 毫升；

蔓越莓汁——45 毫升；

菠萝汁——45 毫升；

菠萝块——适量。

将原材料摇匀后倒入盛有冰块的鸡尾酒杯中，还可以根据个人喜好装饰上一些水果和鲜花。

（7）咸狗

这是一种用兑和法调成的面向海事工作者的鸡尾酒。西柚汁的微酸和盐的微咸使得伏特加的酒香更加浓郁。

伏特加——45 毫升；

西柚汁——适量；

盐（雪花风格）——适量。

将冰块和伏特加一起倒入盐口雪花风格的鸡尾酒杯中，然后用冰凉的西柚汁注满酒杯，并轻轻地搅拌。

(8) 黑色俄罗斯

饮用这款用兑和法调成的鸡尾酒时，可以体会到咖啡利口酒的芳香。如果在酒液上浇上 15 毫升鲜奶油，那么它就变成了“白色俄罗斯”。

伏特加——30 毫升；

咖啡利口酒——15 毫升；

将所有原材料摇匀后倒入盛有冰块的古典式酒杯中，然后轻轻地搅拌。

(9) 血腥玛丽

这款用兑和法调成的鸡尾酒名来自 16 世纪的英国。可以根据个人的口味加些食盐、胡椒、柠檬块和西红柿汁等。

伏特加——45 毫升；

西红柿汁——适量；

柠檬块——适量；

芹菜段——适量。

将威士忌倒入盛有冰块的酒杯中，然后用冰凉的西红柿汁将酒杯注满，并轻轻地搅拌，最后根据个人喜好装饰上柠檬块和芹菜。

(10) 蓝色潟湖

这款用摇和法调成的鸡尾酒的特点正如其名，显现出了蓝橙所特有的鲜亮色泽。它 1960 年诞生于法国巴黎，现在闻名世界。

伏特加——30 毫升；

蓝橙酒——30 毫升；

柠檬汁——30 毫升；

柳橙片——适量；

酒味樱桃——适量。

将原材料摇匀后倒入鸡尾酒杯中，然后再装饰上柳橙片和酒味樱桃。

(11) 奇奇

从这款产自夏威夷的用摇和法调成的热带饮料中，人们可以清晰地体味到菠萝汁的清甜和椰奶的醇香。

伏特加——30 毫升；

菠萝汁——90 毫升；

椰奶——45 毫升；

菠萝块、柳橙片——各适量。

将原材料摇匀后倒入盛有冰块的鸡尾酒杯中，还可以根据个人喜好装饰上一些水果或鲜花。

3. 基酒之朗姆酒

在鸡尾酒中，有着朗姆酒特有的甜味并洋溢着南国风情的鸡尾酒占主流。调制鸡尾酒时，可以根据个人喜好选择白朗姆酒、金黄朗姆酒或黑朗姆酒。

（1）自由古巴

1902年，古巴人民进行了反抗西班牙的独立战争，在这场战争中他们使用“Cuba Libre”作为纲领性口号，于是便有了这款名为自由古巴的兑和鸡尾酒。加入可乐后，鸡尾酒口感轻柔，适合在海滩酒吧饮用。

白朗姆——45毫升；

青柠汁——15毫升；

可乐——适量；

青柠片——适量。

将朗姆酒和青柠汁倒入盛有冰块的酒杯后，用冰凉的可乐注满杯，然后轻轻地搅拌。可以根据个人的喜好装饰上青柠片。

（2）戴吉利

戴吉利鸡尾酒是用朗姆酒做基酒、用摇和法调制而成的代表性鸡尾酒，特点是透露出清凉的酸感。

白朗姆——45毫升；

青柠汁——15毫升；

糖浆——1茶匙。

将原材料摇匀后，倒入盛有冰块的鸡尾酒杯中。

（3）冰冻草莓戴吉利

这款鸡尾酒是“冰冻戴吉利”系列的变异饮品之一，用摇和法调成，充分运用了新鲜草莓的味觉和视觉冲击力。

白朗姆——30毫升；

草莓酒——15毫升；

青柠汁——15毫升；

糖浆——1茶匙；

鲜草莓——1/3个；

碎冰——1茶杯。

将原材料用搅拌机搅拌后，倒入酒杯内，放入吸管。可以根据个人喜好装饰上草莓。

（4）冰冻香蕉戴吉利

这款鸡尾酒是“冰冻戴吉利”系列的另一个变异饮品，它使用香蕉利口酒和新鲜香蕉作为原料，用摇和法调成。由于加入过多的香蕉，鸡尾酒会变得淡而无味，所以制作时应注意香蕉的用量。

白朗姆——30毫升；

香蕉酒——15毫升；

柠檬汁——15毫升；

糖浆——1茶匙；

鲜香蕉——1/3个；

碎冰——1茶杯。

将原材料用搅拌机搅拌后，倒入酒杯内，放入吸管。

（5）椰林飘香

其英文 Pina Colada 在西班牙语中是“菠萝茂盛的山谷”的意思。它是一款原产于加勒比海、在美国大受欢迎的热带风情饮品。这款酒用摇和法调成，菠萝和椰子相互融合，使得口感协调润滑，堪称极品。

白朗姆——30 毫升；

菠萝汁——30 毫升；

椰子汁——15 毫升；

菠萝块——适量；

酒味樱桃——适量。

将原材料摇匀后，倒入有碎冰块的大酒杯中，再装饰上菠萝块和樱桃。

（6）蓝色夏威夷

这款用摇和法调成的鸡尾酒洋溢着热带风情，见到它就会让人不禁联想到常夏之岛夏威夷的蔚蓝大海。这款酒具有蓝橙酒和菠萝汁的爽快酸味。

白朗姆——30 毫升；

蓝橙酒——15 毫升；

菠萝汁——30 毫升；

柠檬汁——15 毫升；

菠萝块——适量；

酒味樱桃——适量；

薄荷叶——适量。

将原材料摇匀后，倒入盛有冰块的大酒杯中，再装饰上菠萝块等水果和花儿。

（7）莫吉托

这是一款用兑和法调成的让人享受到清凉感的、适合夏天饮用的鸡尾酒。制作这款酒品时，先在朗姆酒和青柠中加入薄荷叶，再放入冰块，充分搅拌后至酒杯外面挂霜，这样才能更好地显现这款饮品的特点。

白朗姆——45 毫升；

鲜青柠——1/2 个；

糖浆——1 茶匙；

薄荷叶——6～7 片。

将青柠拧绞后连果肉带果皮一起倒入酒杯内，再放入薄荷叶和糖浆轻轻地搅拌，最后放入碎冰，并倒入朗姆酒再充分地搅拌。

（8）珊瑚

24 度，中口，摇和法。

这是一款颇具南国风味的鸡尾酒，它将与果汁融合性极好的白朗姆酒和杏子白兰地绝妙地混合在一起。饮用这款鸡尾酒时，能享受到酸甜味搭配后的绝妙协调感。

白朗姆——30 毫升；

杏子白兰地——15 毫升；

西柚汁——15 毫升；

柠檬汁——15 毫升。

将原材料摇匀后，倒入鸡尾酒杯中。

(9) 天蝎座

这是一款以“天蝎”或“天蝎座”命名的，原产于夏威夷的热带风情饮品。这款用摇和法调成的酒品中虽然加入了很多的烈酒，但它的口感却宛如新鲜果汁般爽快。

白朗姆——45 毫升；

白兰地——30 毫升；

柳橙汁——30 毫升；

柠檬汁——30 毫升；

青柠汁（加糖）——15 毫升；

柳橙片、酒味樱桃——各适量。

将原材料摇匀后，倒入装有碎冰的酒杯内。可以根据个人的喜好装饰上柳橙片和酒味樱桃。

4. 基酒之特基拉

我们可以充分利用墨西哥产的特基拉酒调制出种类繁多、口味丰富的鸡尾酒。特基拉酒可以与利口酒和果汁完美地融合在一起。

(1) 常青树

这是一款用摇和法调成的漂亮的、水果味的鸡尾酒。这款酒品是将极具清凉感的绿薄荷汁与具有香草和茴芹香气的甜加里安奴酒调和在一起的。

特基拉——30 毫升；

绿薄荷——15 毫升；

加里安奴——15 毫升；

菠萝汁——90 毫升；

菠萝块——适量；

薄荷叶——适量；

酒味樱桃——适量；

绿樱桃——适量。

将原材料调和后倒入盛有冰块的酒杯中，可以根据个人的喜好装饰上菠萝块、薄荷叶、酒味樱桃、绿樱桃。

(2) 特基拉日出

这是一款用兑和法调成的让人联想到墨西哥朝霞的、充满热情的鸡尾酒。20 世纪 70 年代滚石乐队的成员迈克·杰格在墨西哥演出时特别喜欢喝这款鸡尾酒，使得这款鸡尾酒更加出名。

特基拉酒——45 毫升；

石榴糖浆——2 茶匙；

柳橙片——适量。

将特基拉酒和柳橙汁倒入盛有冰块的酒杯中，轻轻地搅拌后，让石榴糖浆缓慢地沉淀下来。可以根据个人喜好装饰上柳橙片。

(3) 玛格丽特

本款用摇和法调成的鸡尾酒是1949年全美鸡尾酒大赛上的冠军作品。这款酒品的创作者为了纪念死去的恋人，将自己的作品以恋人的名字来命名。这款鸡尾酒略带酸味。

特基拉——30毫升；

君度——15毫升；

柠檬汁——15毫升。

将原材料摇匀后，倒入撒有盐口雪花风格的鸡尾酒杯中。

(4) 冰冻蓝色玛格丽特

这款用搅和法调成的酒品是玛格丽特鸡尾酒的冰冻风格饮品。它将玛格丽特鸡尾酒中的基酒由君度换成了蓝橙，以调制出美丽的蓝色。酒的酸味突出。

特基拉——30毫升；

蓝橙酒——15毫升；

柠檬汁——15毫升；

砂糖（糖浆）——1茶匙；

碎冰——1茶杯。

将原材料用搅拌机搅拌后，倒入撒有盐口雪花风格的酒杯中。

(5) 破冰船

其英文 Ice - Breaker 意为“破冰船”或“破冰器”，引申义为“调和物”。这是一款用摇和法调成的口感爽快的粉红色鸡尾酒。这款酒品以特基拉酒作为基酒，并兑入略带苦味的西柚汁。

特基拉酒——30毫升；

君度——15毫升；

西柚汁——15毫升；

石榴糖浆——1茶匙。

将原材料摇匀后，倒入盛有冰块的古典式酒杯中。

(6) 伯爵夫人

其英文 Contessa 在意大利语中是“伯爵夫人”的意思。这是一款用摇和法调成的水果口味、美味可口的鸡尾酒。这款酒品将西柚汁和荔枝利口酒极其和谐地融合在一起。

特基拉酒——30毫升；

荔枝利口酒——15毫升；

西柚汁——15毫升。

将原材料摇匀后，倒入鸡尾酒杯中。

(7) 仙客来

26度，中口，摇和法。

这款鸡尾酒让人不禁联想到那美丽的仙客来花。它甜度适中，呈水果口味。那沉淀下来的石榴糖浆与柳橙汁颜色对比强烈，十分美丽。

特基拉酒——30毫升；

君度——15毫升；

柳橙汁——15毫升；

柠檬汁——15毫升；

石榴糖浆——1茶匙；

柠檬皮——适量。

将石榴糖浆以外的原材料摇匀后，倒入鸡尾酒杯中。等石榴糖浆缓慢地沉淀下来后，再拧入几滴柠檬皮汁。

（8）斗牛士

其英文 Matador 是指斗牛比赛中最后出场并刺死牛的“斗牛场上的英雄”。这是一款使用特基拉酒摇和制作出的代表性的鸡尾酒之一。饮用该酒品入喉时可微微感到甜甜的水果味。

特基拉酒——30毫升；

菠萝汁——45毫升；

青柠汁——15毫升。

将原材料摇匀后，倒入盛有冰块的古典式酒杯中。

（9）八哥

这款用摇和法制成的鸡尾酒在色泽上，绿薄荷酒那鲜艳夺目的色彩让人不禁联想到绿色的森林，让人越喝心情越畅快。

特基拉酒——45毫升；

绿薄荷酒——15毫升；

青柠汁——15毫升。

将原材料摇匀后，倒入鸡尾酒杯中。

5. 基酒之威士忌

用作基酒的威士忌是以数种精选酒品为原料酿成的。既清爽可口，又有悠久历史的原产鸡尾酒数不胜数。

（1）威士忌酸味鸡尾酒

这是一款在威士忌中加入了苦精酒的苦味和糖浆的甜味后摇和而成的鸡尾酒。在制作这款酒品时，多使用苏格兰威士忌、黑麦威士忌或者波本威士忌等威士忌作为基酒。

威士忌——45毫升；

柠檬汁——15毫升；

砂糖（糖浆）——1茶匙；

柳橙片——适量；

酒味樱桃——适量。

将原材料摇匀后，倒入酸味鸡尾酒杯内，并装饰上青柠片和酒味樱桃。

（2）曼哈顿

这款用摇和法调成的鸡尾酒被誉为“鸡尾酒女王”，从 19 世纪中叶开始陆续被世界各地的人们饮用。原材料中甜味美思的香甜口味使得该酒品口感极佳，因此也深受女性们的青睐。

黑麦威士忌——45 毫升；

甜味美思——15 毫升；

安哥斯特拉苦精酒——适量；

酒味樱桃——适量；

柠檬皮——适量。

将原材料在混合杯中搅拌均匀后，倒入鸡尾酒杯内，并装饰上用鸡尾酒饰针穿的酒味樱桃，最后拧入几滴柠檬皮汁。将甜味美思换成干味美思后，就可以调制出干曼哈顿。

（3）生锈钉

这款用兑和法制成的鸡尾酒将杜林标和威士忌调配在一起，使得口味甜美、芳香四溢。因为这款酒品在色泽上类似生锈的钉子，所以被称作生锈钉。

威士忌——30 毫升；

杜林标——30 毫升。

将原材料倒入盛有冰块的古典式酒杯中并轻轻地搅拌。

（4）罗伯·罗伊

这是将曼哈顿鸡尾酒中的基酒换成苏格兰威士忌后调制而成的一款鸡尾酒。

苏格兰威士忌——45 毫升；

甜味美思——15 毫升；

安哥斯特拉苦精酒——适量；

酒味樱桃——适量；

柠檬皮——适量。

将原材料在混合杯中搅拌均匀后，倒入鸡尾酒杯内，并装饰上用鸡尾酒饰针穿的酒味樱桃，最后拧入几滴柠檬皮汁。

（5）爱尔兰咖啡

这款用兑和法制成的以爱尔兰威士忌作为基酒的鸡尾酒是热饮的鼻祖。据说此款鸡尾酒是一位吧员为心爱的空姐调制，充满着醇香而又苦涩的爱意。

爱尔兰威士忌——30 毫升；

砂糖——1 茶匙；

浓热咖啡——适量；

鲜奶油——适量。

将砂糖放入加热过的爱尔兰咖啡杯内，倒入热咖啡，再注入威士忌并轻轻搅拌，最后让纯鲜奶油缓慢地悬浮上来。

（6）帝王菲士

这是一款菲士风格的鸡尾酒。这款饮品将威士忌和白朗姆酒调制在一起，口感清凉畅快。

威士忌——45毫升；

白朗姆酒——15毫升；

柠檬汁——15毫升；

砂糖（糖浆）——1～2茶匙；

苏打水——适量。

将苏打水以外的原材料摇匀后，倒入盛有冰块的酒杯内，用冰凉的苏打水注满杯子并轻轻地搅拌。

（7）教父

这款兑和鸡尾酒因《教父》这部电影而得名。这款酒品有着威士忌的馥郁芳香和杏仁利口酒的浓厚味道，最适合成人饮用。

威士忌——45毫升；

杏仁利口酒——15毫升；

将原材料倒入古典式酒杯内，轻轻地搅拌。

（8）薄荷茱莉普

这款兑和鸡尾酒是茱莉普风格的长饮，飘溢着新鲜薄荷叶的清爽香气。饮用时，充分搅拌直至酒杯外挂霜，这样才更加美味。

波本威士忌——60毫升；

砂糖（糖浆）——2茶匙；

水或苏打水——2茶勺；

薄荷叶——5～6片。

将威士忌以外的原材料倒入酒杯内，并一边搅拌以使砂糖溶化，一边搅入薄荷叶。然后将碎冰放入酒杯内，再倒入威士忌并充分搅拌。最后装饰上薄荷叶。

6. 基酒之白兰地

极具白兰地浓郁酒香又略带甜味的鸡尾酒很有情调。调制鸡尾酒时请尽量选用上等白兰地。

（1）亚历山大

这款摇和鸡尾酒深受19世纪中叶英国国王爱德华七世的王妃亚历山大的青睐。本款酒品具有奶油般的口感、巧克力般的甜味。因为使用了鲜奶油，所以在摇动的过程中动作要快速、强烈、有力。

白兰地——30毫升；

棕可可酒——30毫升；

鲜奶油——30毫升。

将原材料充分摇匀后倒入鸡尾酒杯中。

（2）边车

第一次世界大战期间军队常用挎斗摩托作为交通工具，这款鸡尾酒由此得名。本款用摇和法制成的鸡尾酒将白兰地基酒和利口酒、果汁的甜酸味绝妙地搭配在一起，使得口感协调。

白兰地——30 毫升；

君度——15 毫升；

柠檬汁——15 毫升。

将原材料摇匀后倒入鸡尾酒杯中。

(3) 奥林匹克

这是为了纪念 1900 年奥林匹克运动会而用摇和法特别调制的一款鸡尾酒。芬芳醇厚的白兰地中加入柳橙香味，一款水果风味、口感浓厚的鸡尾酒就呼之欲出了。

白兰地——30 毫升；

橘子酒——30 毫升；

柳橙汁——30 毫升。

将原材料摇匀后倒入鸡尾酒杯内。

(4) 白兰地奶露

这款用摇和法调成的鸡尾酒是以白兰地做基酒的蛋诺风格的长饮。由于这款酒品中放入了鸡蛋和牛奶，所以它作为一款具有极高营养价值的滋补型饮品而闻名。另外，夏季将它做成凉饮，冬季则做成热饮。

白兰地——30 毫升；

黑朗姆酒——15 毫升；

鸡蛋——1 个；

砂糖——2 茶匙；

牛奶——适量；

豆蔻粉——适量。

将牛奶以外的原材料充分摇匀后倒入酒杯中，用牛奶将酒杯注满，再放入冰块轻轻地搅拌。可以根据个人的喜好撒上豆蔻粉。

(5) 白兰地酸味鸡尾酒

这是一款用摇和法调成的酒品。白兰地芬芳醇厚的香气，加上柠檬汁的酸味，一款爽口的正宗鸡尾酒就调制成功了。

白兰地——45 毫升；

柠檬汁——15 毫升；

砂糖（糖浆）——1 茶匙；

青柠片、酒味樱桃——各适量。

将原材料摇匀后倒入酸味鸡尾酒杯中，可以根据个人的喜好装饰上青柠片和酒味樱桃。

(6) 白兰地司令

这款用兑和法制成的美味可口的鸡尾酒是在白兰地中加入柠檬汁的酸味和砂糖的甜味调制而成的。

白兰地——45 毫升；

柠檬汁——15 毫升；

砂糖（糖浆）——1 茶匙；

矿泉水——适量。

将柠檬汁和砂糖放入酒杯中充分搅拌后倒入白兰地，然后放入冰块并用冰凉的矿泉水注满酒杯，轻轻地搅拌。

（7）白兰地牛奶宾治

这款用摇和法制成的鸡尾酒是宾治风格的长饮，它用白兰地做基酒，并放入大量牛奶。这款酒品口感柔和，美味可口。可以根据个人喜好放入磨好的豆蔻粉。

白兰地——45 毫升；

牛奶——120 毫升；

砂糖（糖浆）——1 茶匙。

将原材料摇匀后，倒入盛有冰块的高脚酒杯内。

7. 基酒之利口酒

使用香草和药草系列、果肉系列、坚果和种子系列利口酒调制而成的鸡尾酒纷繁各异。

（1）绿色蚱蜢

这是一款将薄荷和可可豆的芳香摇和的餐后鸡尾酒。

白可可利口酒——30 毫升；

绿薄荷酒——30 毫升；

鲜奶油——30 毫升。

将原材料充分摇匀后，倒入鸡尾酒杯中。

（2）金色梦想

这款用摇和法制成的鸡尾酒融合了紫罗兰的芳香和柳橙的清爽。它属于奶油甘口类，特别适合在睡前饮用。

加利安奴——30 毫升；

君度——30 毫升；

鲜奶油——30 毫升；

柳橙汁——30 毫升。

将原材料充分摇匀后，倒入鸡尾酒杯中。

（3）中国蓝

这款用兑和法调成的水果口味的鸡尾酒，在相融性极好的荔枝利口酒中加入了西柚汁和具有爽快口感的汤力水。另外，酒杯中漂浮的蓝橙酒十分美丽。

荔枝利口酒——30 毫升；

西柚汁——45 毫升；

汤力水——适量；

蓝橙酒——1 茶匙。

将荔枝利口酒和西柚汁倒入盛有冰块的酒杯中，然后用冰凉的汤力水将酒杯注满，并轻轻地搅拌，最后让蓝橙酒沉淀下来。

（4）彩虹

这是一款利用各种酒品所含糖分比重不同的特性，将它们进行分层的兑和鸡尾酒。通过改变利口酒和所调出的层数，可以调制出此种类型以及其他款式的鸡尾酒。

石榴糖浆——10 毫升；

甜瓜利口酒——10 毫升；

蓝橙酒——10 毫升；

荨麻酒——10 毫升；

白兰地——10 毫升。

将石榴糖浆、甜瓜利口酒、蓝橙酒、荨麻酒、白兰地依次倒入利口酒杯中，然后让它们慢慢地悬浮上来。

（5）甜瓜牛奶

这款兑和鸡尾酒融合了牛奶和甜瓜利口酒，香甜可口，深受女士们的喜爱。

甜瓜利口酒——30～45 毫升；

牛奶——适量。

将甜瓜利口酒倒入盛有冰块的酒杯中，然后用冰凉的牛奶将酒杯注满并轻轻搅拌。

（6）荔枝与西柚

这款兑和鸡尾酒将荔枝利口酒的甜水果味与西柚汁的弱苦味巧妙地搭配在一起。

荔枝利口酒——45 毫升；

西柚汁——适量；

绿樱桃——适量。

将荔枝利口酒倒入盛有冰块的酒杯中，然后用冰凉的西柚汁将酒杯注满，并轻轻地搅拌。可以根据个人的喜好装饰上绿樱桃。

（7）杏仁酷乐

这款用摇和法调成的鸡尾酒色泽鲜亮，是由杏子白兰地和石榴糖浆调制而成的。它属于酷乐类的常饮。

杏子白兰地——45 毫升；

柠檬汁——30 毫升；

石榴糖浆——1 茶匙；

苏打水——适量；

青柠片、酒味樱桃——适量。

将苏打水以外的原材料摇匀后，倒入盛有冰块的酒杯中，然后用冰凉的苏打水将酒杯注满，并轻轻地搅拌。可以根据个人的喜好装饰上青柠片和酒味樱桃。

（8）卡路尔牛奶

这款兑和鸡尾酒是用众所周知的咖啡利口酒制成的。饮用这款酒品就如同在喝咖啡牛奶。它的酒精度数较低，所以非常适合女性饮用。

咖啡甘露酒——30～45 毫升；

牛奶——适量。

将咖啡甘露酒倒入盛有冰块的酒杯中，然后用冰凉的牛奶将酒杯注满，并轻轻地搅拌。

（9）金色卡迪拉克

这款用摇和法调成的鸡尾酒是将香草系列利口酒的加里安奴酒、带有咖啡味的可可豆利口酒混合而来的。它甘甜可口、爽润舒滑。

加里安奴酒——30 毫升；

白可可利口酒——30 毫升；

鲜奶油——30 毫升。

将原材料充分摇匀后，倒入鸡尾酒杯中。

（10）甜瓜球

这是使用甜瓜利口酒调制的最具代表性的一款兑和鸡尾酒。本款酒品中甜瓜利口酒的丰富口味和柳橙的酸甜味恰到好处地搭配在一起。

甜瓜利口酒——60 毫升；

柳橙汁——60 毫升；

柳橙片——适量。

将甜瓜利口酒和伏特加倒入盛有碎冰的酒杯中，然后用冰凉的柳橙汁将酒杯注满，并轻轻地搅拌。可以根据个人的喜好装饰上柳橙片。

第三节　酒水服务规范

一、酒吧营业前的服务准备

营业前工作准备俗称为“开吧”，主要有酒吧内清洁、领货、酒水补充、酒吧摆设和调酒准备工作等。

（一）酒吧内清洁工作

1. 酒吧台与工作台的清洁

酒吧台通常是大理石及硬木制成，表面光滑。客人弄洒的酒水会在台面的光滑表层形成点块状污迹，在隔了一个晚上后便会硬结。所以清洁时要先用湿毛巾擦，再用清洁剂喷在表面擦抹，至污迹完全消失为止。清洁后要在酒吧台表面喷上蜡光剂以保护光滑面。工作台若是不锈钢材料，表面可直接用清洁剂或肥皂粉擦洗，清洁后用干毛巾擦干即可。

2. 冰箱清洁

冰箱底部常由于堆放罐装饮料和食物而形成油滑的尘积块，网隔层也会由于果汁和食物的翻倒沾上滴状和点状污痕，大约 3 天必须对冰箱彻底清洁一次，从底部、壁到网隔层。要先用湿布和清洁剂擦洗干净污迹，再用清水抹干净。

3. 地面清洁

酒吧柜台内地面多用大理石或瓷砖铺砌。每日要多次用拖把擦洗地面。

4. 酒瓶与罐装饮料表面清洁

瓶装酒在散卖或调酒时，瓶上残留下的酒液会使酒瓶变得黏滑，特别是餐后甜酒，由于酒中含糖多，残留酒液会在瓶口结成硬颗粒状；瓶装或罐装的汽水啤酒饮料则由于长途运输舱贮而表面积满灰尘。要用湿毛巾每日将瓶装酒及罐装饮料的表面擦干净以符合卫生标准。

5. 杯、工具清洁

酒杯与工具的清洁与消毒要按照规程做，即使没有使用过的酒杯每天也要重新消毒。

6. 其他清洁

酒吧柜台外的地方每日按照餐厅的清洁方法去做，有的饭店是由公共地区清洁工或服务员做。

（二）领货工作

1. 领酒水

每天将酒吧所需领用的酒水（参照酒吧存货标准）数量填写酒水领货单，送给酒吧经理签名，拿到食品仓库交保管员取酒发货。此项工作要特别注意在领酒水时清点数量以及核对名称，以免有误差。领货后要在领货单上收货人一栏签名以便核实查对。食品（水果、果汁、牛奶、香料等）领货程序大致与酒水领货相同，只是还要经行政总厨或厨师长签名认可。

2. 领酒杯和瓷器

酒杯和瓷器容易损坏，领用和补充是日常要做的工作。

需要领用酒杯和瓷器时，要按用量规格填写领货单，再拿到仓库交保管员发货，领回酒吧后要先清洗消毒才能使用。

3. 领百货

百货包括各种表格（酒水供应单、领货单、调拨单等）、笔、记录本、棉织品等用品。一般每星期领用1～2次。领用百货时须填好百货领料单交酒吧经理、饮食部经理和成本会计签名后才能拿到百货仓库交仓管员发货。

（三）补充酒水

将领回来的酒水分类堆好，需要冷藏的如啤酒、果汁等放进冷柜内。补充酒水一定要遵循先进先出的原则，即先领用的酒水先销售使用，先存放进冷柜中的酒水先卖给客人，以免因酒水存放过期而造成浪费。特别是果汁及水果食品更是如此。例如纸包装的鲜牛奶的存放期只有几天，这是调酒员要认真对待的。

（四）酒水记录

每个酒吧为便于进行成本检查以及防止失窃现象，需要一本酒水记录簿，上面清楚地记录酒吧每日的存货、领用酒水、售出数量、结存的具体数字。每个调酒员取出酒水记录簿就可一目了然地知道酒吧各种酒水的数量。值班的调酒员要准确地清点数目，记录在案，以便上级检查。

（五）酒吧摆设

酒吧摆设主要是瓶装酒的摆设和酒杯的摆设。摆设要有几个原则，就是美观大方、有吸引力、方便工作和专业性强。酒吧的气氛和吸引力往往集中在瓶装酒和酒杯的摆设上。摆设要给客人一看就知道这是酒吧，是喝酒享受的地方。

瓶装酒的摆设，一是要分类摆，开胃酒、烈酒、餐后甜酒分开。二是价钱最贵的与便宜的分开摆，例如干邑白兰地，便宜的几十块钱一瓶，贵重的几千块钱一瓶，两种酒是不能并排陈列的。瓶与瓶之间要有间隙，可放进合适的酒杯以增强气氛，使客人得到满足和享受。经常用的"饭店专用"散卖酒与陈列酒要分开，散卖酒要放在工作台前伸手可及的位置以方便工作。不常用的酒放在酒架的高处，以减少从高处拿取酒的麻烦。

酒杯可分悬挂与摆放两种，悬挂的酒杯主要是营造酒吧气氛，一般不使用，因为拿取不方便，必要时，取下后要擦净再使用；摆放在工作台位置的酒杯要方便操作，加冰块的酒杯（柯林杯、平底杯）放在靠近冰桶的地方，不加冰块的酒杯放在其他空位，啤酒杯、鸡尾酒杯可放在冰柜冷冻。

（六）调酒准备

1. 取放冰块

用桶从制冰机中取出冰块放进工作台上的冰块池中，没有冰块池的可用保温冰桶装满冰块盖上盖子放在工作台上。

2. 配料准备

如李派林喼汁、辣椒油、胡椒粉、盐、糖、豆蔻粉等放在工作台前面，以备调制时取用。鲜牛奶、淡奶、菠萝汁、番茄汁等，打开罐装入玻璃容器中（不能开罐后就在罐中存放，因为铁罐打开后，内壁有水分很容易生锈引起果料变质），存放在冰箱中。橙汁、柠檬汁要先稀释后倒入瓶中备用（存放在冰箱中）。其他调酒用的汽水也要放在伸手拿得到的位置。

3. 水果装饰物

橙角预先切好与樱桃串在一起排放在碟子里备用，面上封上保鲜纸。从瓶中取出少量咸橄榄放在杯中备用，红樱桃取出用清水冲洗后放入杯中（因樱桃是用糖水浸泡，表面太黏）备用。柠檬片、柠檬角也要切好排放在碟子里用保鲜纸封好备用。以上几种装饰物都放在工作台上。

4. 酒杯

把酒杯拿去清洗间消毒后按需要放好。工具用餐巾垫底排放在工作台上，量杯、酒吧匙、冰夹要浸泡在干净水中。杯垫、吸管、调酒棒和鸡尾酒签也放在工作台前（吸管、调酒棒和鸡尾酒签可用杯子盛放）。

（七）更换棉织品

毛巾是用来清洁抹台的，要蘸水用；餐巾（镜布、口布）主要用于擦杯，要干用，不能弄湿。棉织品都只能使用一次清洗一次，不能连续使用而不清洗。每日要将脏的棉织品送到洗衣房更换干净的。

（八）工程维修

在营业前要仔细检查各类电器、灯光、家具，如酒吧台、椅、墙纸及装修有无损坏。

如有任何不符合标准要求的地方，要马上填写工程维修单交酒吧经理签名后送工程部，由工程部派人维修。

（九）单据表格

检查所需使用的单据表格是否齐全够用，特别是酒水供应单与调拨单一定要准备好，以免影响营业。

二、酒吧营业中的服务规范

（一）迎接客人

客人到来时，酒吧服务员应先微笑后礼貌地使用专业语言问候客人。

问候时酒吧服务员应同客人保持1～2米的距离，目光注视客人。

如果是熟客，应能称呼出客人的姓氏。

如果客人中有女性，应先向女士问候。

（二）引领客人入座

伸手示意客人进入酒吧。

在客人左前方1.5米处为客人引领。

在引领途中询问客人的人数，以便安排相应的人力服务。

到达位置后，首先征询客人对座位的位置是否满意。如果客人不喜欢酒吧服务员所指定的位置，则可以由客人自己选择座位。

（三）拉椅让座

将椅子向后搬开，使客人能够站立于椅子前。

示意客人坐下。

当客人向下坐时，将椅子向前推至客人腿部，使客人坐下时感到舒适。

注意服务时应遵循先女后男、先宾后主的服务次序。

（四）酒水单服务

1. 准备酒水单

酒水单应完整、无污渍、无破损。

酒水单的数量应充足，符合酒店的标准规定。

2. 向客人展示酒水单

站立于客人右后侧。

将酒水单的第一页打开，双手礼貌地递送给客人。

递送给客人酒水单时，应遵循先女后男、先宾后主的服务次序。

3. 为客人开单

将酒水单递送给客人后，应给客人一定的选择时间，然后询问客人是否可以开单。

注意要听清楚客人所点的酒水名称和数量（或分量）。

开列的酒水订单应字迹工整、内容完整。

记录完毕后应向客人复述一遍其所点的酒水。

注意在开单过程中，应向客人积极地推销酒吧的产品，争取客人最大限度地在酒吧消费。

当客人点要进口蒸馏酒或一些特殊饮品时，要问清客人所点要的分量和如何饮用，并记录下来，以便调酒员制作。

开单结束后，要礼貌地向客人道谢并请客人稍事等待。

开单具体要求如下：

开单前必须写好日期、姓名、金额等。

开单时必须写下台号和开单时间。

点单必须唱单、唱收、唱付。

下单后发现单据有错误，须找齐三联单交给领班签字更改。单据有任何改动要有领班及以上签名方可盖章。

下完单后所剩的单联自行保管，下班前要求整单上交。

4. 传递酒水订单

酒吧服务员开单完毕后，应将一份酒水订单迅速地交给调酒员为客人调制或斟倒酒水。

将另一份酒水订单交酒水账台收银员及时记账，以避免漏账。

（五）酒水服务

1. 饮料的服务

站在客人右侧 0.5 米处，按先女士后男士、先客人后主人的次序，以顺时针方向依次进行服务。

左手托盘，右手从托盘中取出酒杯，在客人的右侧将杯子放在客人的右上方。

倒饮料前须提示客人要倒饮料了，对外国客人要说："Excuse me，sir/madam，here is your drink."

右手从托盘中取饮料，在客人的右侧将饮料倒至杯子的 3/4 处。

给客人倒饮料时速度不宜过快，饮料的商标要朝向客人，瓶口不要对着被服务的客人。

将剩余的饮料放在杯子的右上方。

请客人慢慢品尝，对外国客人要说："Please enjoy your drink."

当客人的杯中饮料剩余 1/3 时，应上前为客人添加饮料或询问客人是否再续另一杯饮料。

当客人再次订饮料时，应更换新的饮料杯。

空瓶及时撤走，客人杯中饮料用完后，客人示意再要饮料时，征得客人同意，马上撤下空杯。

当为客人服务完毕，客人向服务员道谢时，服务员要向客人表示非常高兴提供服务，对外国客人要说："My pleasure，madam/sir."

2. 啤酒的服务

将啤酒、啤酒杯和杯垫放在托盘上，送至客人桌前。

从客人的右侧为客人服务。

先将杯垫放在桌子上，徽标朝向客人，再将啤酒杯放在杯垫上。

将啤酒顺杯壁慢慢倒入杯中，啤酒的商标朝向客人。

将剩余的啤酒放在另外一个杯垫上，酒瓶的商标朝向客人。

当杯中的啤酒占杯体 1/2 时，上前为客人添加啤酒。

空瓶及时撤走。

3. 烈酒的服务

烈酒的服务和饮料的服务相同。

在提供混合烈酒时，附加饮料要根据客人的喜好添加。

提供完附加饮料后，要用搅棒将混合饮料搅匀，之后将搅棒放入调酒杯中。

4. 白葡萄酒的服务

将酒从冰桶中取出并向订酒的客人展示，订酒的客人确认后放回冰桶中。

用酒刀将瓶口凸出部分的铅封割开、去掉，用口布将瓶口擦拭干净。

将酒钻慢慢钻入酒塞内，轻轻将酒塞拔出，用力不得过猛，以防止酒塞断裂。此过程中严禁转动或摇动酒瓶。

将拔出的酒塞交予订酒的客人评判酒的储存情况。

将已开瓶的酒从酒桶中抽出，用口布将瓶外的水擦拭干净，之后用口布包住瓶子。

向品酒的客人酒杯中注入 1/5 杯的酒，帮助客人在桌子上轻轻晃动酒杯，以使酒与空气充分接触。

订酒的客人品过酒之后，服务员须征得其同意再依次斟酒。

斟酒时服务员须用右手握酒瓶，从客人的右侧按顺时针方向服务，女士优先，先宾后主。

酒的商标始终朝向客人。

斟酒的量为整个酒杯容量的 2/3，以保证酒应有的冷度。

每斟完一杯酒，须将酒瓶按顺时针方向轻轻转动一下，避免瓶口的酒落在桌面上。

为所有客人斟完酒后，将酒瓶轻轻放回冰桶内。

瓶中的酒还剩下一杯的量时，须及时征求客人的意见，看是否再备一瓶酒。

5. 红葡萄酒的服务

将红葡萄酒与相应的酒篮一同向客人展示，订酒的客人确认后，在桌边开启酒瓶。

用酒刀将瓶口凸出部分的铅封（或塑封）去除，用口布将瓶口擦拭干净。

将酒钻慢慢钻入酒塞内，轻轻将酒塞拔出，用力均匀，以防止酒塞断裂。此过程中严禁转动或摇动酒瓶。

将拔出的酒塞交予订酒的客人评判酒的储存情况。

向品酒的客人酒杯中注入 1/5 杯的酒，帮助客人在桌子上轻轻晃动酒杯，以使酒与空气充分接触。

订酒的客人品过酒之后，服务员须征得其同意再依次斟酒。

斟酒时服务员须用右手握住酒瓶，从客人的右侧按顺时针方向服务，女士优先，先宾后主。

酒标须朝向客人。

酒须倒至杯子的 3/4 处。

每斟完一杯酒须将酒瓶按顺时针方向轻轻转动一下，避免瓶口的酒落在桌面上。

为所有客人斟完酒后，将酒瓶连同酒篮一起轻放在客人桌上或桌旁最近的准备台上，瓶口不许指向客人。

服务当中动作要轻、慢，避免酒中的沉淀物浮起，影响酒的质量。

瓶中的酒还剩下一杯的量时，须及时征求客人的意见，看是否再备一瓶酒。

如果客人点了陈年的葡萄酒，则在服务中要加入过滤程序，具体细节见下：

① 酒吧服务员将酒水服务车轻推到客人的面前。

② 将需要过滤的红酒轻轻开启，在开启过程中尽量不要让酒中的沉淀物浮起。

③ 左手拿住过滤瓶，右手拿住红酒瓶，借助烛光将红酒慢慢倒入过滤瓶中。

④ 如观察到红酒瓶中的沉淀物浮起，须将酒瓶静置一段时间后再继续过滤。

⑤ 将过滤完毕的红酒静置一段时间，使空气和酒充分接触。

⑥ 用过滤瓶为客人服务。

6. 香槟酒的服务

将香槟酒从冰桶内抽出并向订酒的客人展示，订酒的客人确认后放回冰桶内。

用酒刀将瓶口的锡纸去除，左手握住瓶颈，同时用拇指压住瓶塞，右手将捆扎瓶塞的铁丝拧开，取下。

用干净的口布包住瓶塞顶部，左手依旧握住瓶颈，右手握住瓶塞，双手同时向反方向转动并缓慢地上提瓶塞，直至瓶内气体将瓶塞完全顶出。

开瓶时动作不宜过快，以避免发出过大的声响而影响客人。

用口布将瓶口和瓶身上的水迹擦拭干净，将酒瓶用口布包住。

用右手拇指抠住瓶底，其余四指分开，托住瓶身。

向订酒的客人杯中注入 1/5 杯的酒，由其品尝。

订酒的客人品完认可后，服务员须征求客人意见再开始斟酒。

斟酒时服务员右手持瓶，从客人右侧按顺时针方向进行，女士优先，先宾后主。

斟酒的量为整个酒杯的 2/3。

每斟 1 杯酒须分 2 次完成，以防止杯中泡沫溢出，斟完酒后须将瓶身按顺时针方向轻轻转一下，防止瓶中的酒液滴落在桌面上。

酒标要朝向客人。

为所有的客人斟完酒后，将酒瓶重新放回原冰桶内冰冻。

当酒瓶中只剩下一杯酒时，须及时征求客人的意见，看是否再备一瓶酒。

（六）撤换烟灰缸

1. 烟灰缸的准备

新烟灰缸应洁净，无水渍、污渍和破损；将 2 个新烟灰缸放在托盘上。

2. 更换烟灰缸的时机

当客人台面上的烟灰缸内有两个烟蒂时应马上予以更换。

撤换烟灰缸时应用右手从客人的右侧进行更换。

先用一个洁净的新烟灰缸盖在脏的烟灰缸上，再将两个烟灰缸一同撤下放在托盘上。

再将另一只新烟灰缸摆放回台面上原来的位置。

撤换时如果烟灰缸中有半截未熄灭的香烟，应向客人征询是否可以更换。

如果台面上有客人掉落的烟蒂，注意不得用手直接去拾取，应用镊子镊取。

（七）结账服务

1. 结账准备

核对账单，确保账单金额正确、台号无误。准备账单夹和签字笔。

2. 为客人结账

当客人提出结账要求时，方可为客人结账。将账单放在账单夹中，在客人面前打开，双手递给客人，并说："对不起，先生，这是您的账单。"

礼貌地告诉客人账单的金额。

如果客人支付现金，服务员应当着客人的面，核对一下钱款的数目，并唱收钱款。

将账单第一联及找的零钱放在账单夹中，在客人面前打开交给客人。

如果客人使用信用卡，当客人在账单上签完字后，应注意核对笔迹是否同信用卡上的背书相同，并由收银员检查信用卡是否可以使用。

如果客人签单消费时，应请客人在账单上签写正楷字体，并请客人出示房卡或房间钥匙，核对房间号码是否有误。

（八）告别服务

当结账手续完成后，客人起身离去时应主动为客人拉椅道别，并欢迎客人再次光临。

第四节　咖啡与红茶服务

一、咖啡

（一）咖啡的历史

咖啡的起源可追溯至百万年以前，事实上它被发现的真正年代已不可考，仅相传咖啡是埃塞俄比亚高地一位名叫柯迪的牧羊人，在放牧时发觉他的羊儿在无意中吃了一种植物的果实后变得精神亢奋、充满活力，从此发现了咖啡。所有的历史学家似乎都同意咖啡的诞生地为埃塞俄比亚的咖发地区。但最早有计划栽培及食用咖啡的是阿拉伯人，且咖啡这个名称被认为源自阿拉伯语"Qahwah"，意即"植物饮料"。最早期阿拉伯人食用咖啡的方式，是将整颗果实咀嚼，以吸取其汁液。其后他们将磨碎的咖啡豆与动物的脂肪混合起来当成长途旅行的体力补充剂，一直到约公元1000年，绿色的咖啡豆才被拿来在滚水中煮成芳香的饮料。又过了3个世纪，阿拉伯人开始烘焙及研磨咖啡豆，由于《古兰经》严禁喝酒，阿拉伯人消费了大量的咖啡，因而宗教也是促使咖啡在阿拉伯世界广泛流行的一个很大的因素。16世纪，咖啡以"阿拉伯酒"的名义，经由威尼斯及马赛港逐渐地传入欧洲。欧洲人喝咖啡的习惯是17世纪由意大利的威尼斯商人在各地经商中渐次传开的，在威尼斯出现了欧洲第一家咖啡店——波的葛。400多年来，咖啡的饮用习惯不仅由西方传至东方，甚至俨然成为势不可当的流行风潮。

（二）咖啡的主要产地及特性

1. 巴西

巴西的咖啡生产量占世界总量的1/3，在整个咖啡交易市场上虽然占着极重要的地位，但由于巴西咖啡工业一开始即采取价格策略——即低价、大量栽植，故所生产的咖啡较少为极优的等级，一般被认为是混合调配时不可缺少的咖啡豆。巴西咖啡的众多品种中以Santos较著名，其次是Bourbon Santos。Bourbon Santos的口味圆润，中浓度，带着适度的酸，是一种口味高雅而特殊的咖啡。

2. 哥伦比亚

哥伦比亚为世界第二大咖啡生产国，生产量占世界总产量的12%。虽然产量排名低于巴西，但其咖啡豆品质优良。咖啡栽植于高地，小面积耕作，精细采收，且经湿式的加工处理，所生产的咖啡因质美、香味丰富而独特，无论是单饮还是混合都非常适宜。主要的品种为——Supremo：哥伦比亚等级最高的咖啡，香味丰富而独特，具有酸中带甘、苦味中平之良质风味。Medellin、Armenia、Manizale为哥伦比亚中部中央山脉所产的三个主要品种。Medellin咖啡浓郁，口感丰富，细致而带着调和的酸味。Armenia、Manizale咖啡的浓度和酸度则较低。这三个品种在咖啡市场上被称为MAM。Bogota、Bucaramanga产于哥伦比亚的首都——波哥大。Bogota咖啡被视为哥伦比亚所产最好的咖啡之一，酸味略低于曼特宁，但在浓度和口感上却同样丰富。Bucaramanga咖啡则带有一些优质苏门答腊咖啡的特性，浓郁、酸度低、口感丰富而多变。

3. 牙买加

牙买加为闻名于世之蓝山咖啡的出产地。牙买加所生产的咖啡品质两极化，低地所生长的咖啡品质非常普通，仅用来制作成或混合为廉价咖啡，但高地所生产的咖啡则被视为世界上最高级的品种，主要为Jamaica Blue Mountain、Jamaica High Moutain。Jamaica Blue Mountain（牙买加蓝山）被视为世界上最有名、最昂贵和最具争议性的咖啡。其因生长于海拔3000米以上的蓝山区而得名，具有咖啡的所有特质，三味（甘、酸、苦）调和，为咖啡中的极品。一般都单品饮用，但由于产量极少、价钱昂贵，故市面上很少见到真正的蓝山咖啡，多是味道极接近之综合蓝山咖啡。Jamaica High Mountain是指生长高度低于蓝山的咖啡，品质及味道都不及蓝山。

4. 危地马拉

危地马拉中央高山地区生长着一些世界上最好、口味最独特的咖啡。其酸度较强，浓度中等、口感丰富、味道芳醇而稍带炭烧味。主要的品种有Antigua、Coban、Huebuetenango、Guatemala Antigua，有丰富而复杂的口味，带着一些可可香，被认为是危地马拉品质极好的咖啡。

5. 夏威夷

靠夏威夷西南海岸的康那岛上出产一种最有名且最传统的夏威夷咖啡——夏威夷康

那。这种咖啡豆仅生长在康那岛上，也是唯一生产于美国的咖啡。康那海岸的火山岩土质孕育出此香浓、甘醇的咖啡。上品的康那在其适度的酸中带着些微的葡萄酒香，具有非常丰富的口感和令人无法抗拒的香味。如果您在品尝咖啡前喜欢先享受咖啡那撩人的香气，或是觉得印尼咖啡太浓，非洲咖啡酒味太重，中南美洲的咖啡又过于强烈，则夏威夷康那将会是您最佳的选择。由于生产的成本过高，再加上特色咖啡在美国蔚为风潮，数以百计的特色咖啡烘焙商对康那咖啡豆的大量需求，使得夏威夷康那在市场上的价格直追牙买加蓝山。上好的康那咖啡豆也越来越难买到。

（三）几款知名咖啡的制作

1. 维也纳咖啡

将咖啡糖或粗粒砂糖 3 小匙放入杯内，再注入深烘焙的咖啡，然后将 2 大匙的奶精静静地放在其上。

2. 摩卡奇诺咖啡

在杯子里放入巧克力糖汁 20 毫升，注入浓深烘焙的咖啡，放些巧克力装饰在上面。加上肉桂枝、咖啡，仔细搅拌。再将一大匙鲜奶油放在其上，然后，在沸腾之前以泡沫器搅拌。泡沫尚未消失前，轻轻地加入咖啡中。

3. 卡布奇诺咖啡

将深烘焙的咖啡注入事先温热的小杯子，加上 2 小匙的砂糖。将一大匙鲜奶油放在其上，再撒些柠檬薄片或柳橙薄片，然后以肉桂枝代替汤匙来享用。

4. 椰香卡布奇诺

滴 2 滴椰精在杯子里，再注入深烘焙的咖啡，然后注入 60 毫升刚沸腾的牛乳，放上奶精，再装饰烘焙过的椰丝。

5. 梅兰锡咖啡

在杯子里注入稍深的中烘焙咖啡，再把和咖啡同量的牛乳放入手持锅内加温，然后在沸腾之前以泡沫器搅拌。泡沫尚未消失前，轻轻地加入咖啡中。

6. 俄式咖啡

将成块的巧克力放进开水，加入少量的牛乳，加热后与深烘焙的咖啡仔细搅拌。再将一小匙砂糖注入杯子里，搅拌均匀，然后加上一大匙鲜奶油。完成后再削些巧克力块撒在其上。

7. 土耳其咖啡

将深烘焙的咖啡豆放在乳钵里研磨成极细的粉状，与肉桂等香料放在一起再细磨。然后将其放入锅内，再加上水煮沸，反复煮沸约 3 次。待咖啡渣沉淀在杯子底部，再将上层澄清的咖啡液倒出。有时可加柠檬或蜂蜜。要注意若不轻轻地倒出，连咖啡渣都会一起倒出来。

8. 柠檬黄咖啡

在杯子中注入浅烘焙的咖啡，滴 2～3 滴烧酒，最后将切薄的柠檬轻放在其上。

9. 弗莱明咖啡

事先准备好定量的砂糖加上热咖啡。深杯子装进白兰地，螺丝状的柠檬皮浸在其中。点火后将它放在杯上让柠檬的芳香扩散，白兰地慢慢滴落下来。切薄的柠檬轻放在杯上。

（四）咖啡的服务方式与饮用风格

过去咖啡用小咖啡杯盛后，每位顾客一杯，并且同时供应两只小碟子，分别放牛奶和方糖。现在的许多餐厅则在桌上放置一把大咖啡壶，其容量为 1.5 升，然后将咖啡倒入小咖啡杯递给顾客。大多数餐厅的咖啡可以随意饮用，不限数量。

咖啡的不同饮用风格如下：

① 过滤咖啡：最常用的风格，每次过滤一下盛咖啡的盘，加热一次需要 15 分钟。

② 科娜咖啡：更流行于美国，外形美观。

③ 维也纳咖啡：加掼奶油于杯上即可。

④ 冰冻咖啡：浓的清咖啡，浇在香草冰激凌上面，再加掼奶油于杯上。饮用时可用麦管吸或用果冻匙饮。

⑤ 牛奶咖啡：法国人喜欢的风格。

⑥ 热牛奶咖啡。

⑦ 意式咖啡：意大利风格，用一架蒸汽咖啡壶，使蒸汽通过咖啡颗粒，然后在顶部得到极浓的咖啡汁。

⑧ 卡普契诺：加热牛奶的意式咖啡。

⑨ 土耳其式咖啡：用咖啡粉和糖，加水煮到产生泡沫，然后不经过滤用小杯饮用，也不使用茶匙。

⑩ 速溶咖啡：创始于 1930 年，将咖啡用喷雾浓缩的方法，除去水分，立冲立饮。另一种是用冷冻干燥的方法，经真空加热，也可得到质量很好的速溶咖啡精。

二、红茶

（一）红茶的简介

红茶是我国历史悠久的茶类，属全发酵茶，因其冲泡后的茶汤、茶叶以红色为主，故得此名。红茶的汤色、滋味、香型独特，深受大众喜爱。据统计，在全球茶叶贸易中，红茶占 70%以上的份额，其次才是绿茶、乌龙茶等。

红茶茶叶色泽乌黑或偏红褐色，冲泡后的茶汤颜色偏红，叶底红亮，滋味醇和，有水果香气。红茶品性温和，有养胃功效，较适合冬天饮用。红茶中含有茶多酚、氨基酸、蛋白质等有益于人体健康的营养物质，是理想的茶饮品。

（二）红茶的特点

一般来说，红茶的色泽有乌黑、红褐、棕红等几种不同的类型，其中质量最好的是乌黑油润的，其他次之。还有一些质量较差的红茶呈灰褐、枯黑、青褐等颜色。

制作红茶时，在干燥过程中，发酵茶叶的外表会黏附浓厚的多酶类化合物以及氨基酸、糖类、果胶、蛋白质等其他化合物，这些物质经过高温干燥后会浓缩、干化，茶坯也就由湿变干，其颜色会由红变成乌黑色或者红褐色。由于茶叶有老有嫩，质量不一，有的茶又瘦又薄，内含物较少，还有些茶叶可能受到过重的揉捻而使茶汁流失，因而红茶产生不同的色泽。

1. 汤色特点

红茶的茶汤呈鲜红或橙红色，但由于茶叶色素反应的不同，其汤色会有深浅、亮暗、清浊等分别。

清饮时，其汤色看起来越是红艳、明亮、清澈，质量越好；反之，汤色红暗、淡黄、浑浊的红茶则质量较差。此外，茶汤乳凝，也就是冷后浑，说明此茶是优质红茶。若是在红茶中加入牛奶，优质的红茶会变成均匀而温暖的棕红色。

红茶呈现红色是茶叶中含有的多种水溶性有色物质的综合反应，其中对汤色影响最大的是多酶类成分。如果采摘的鲜叶过度萎凋就会产生红变，或者发酵过度会形成较多的茶红素、茶褐素，这样的红茶冲泡后汤色往往是暗红色的。如果发酵不足，多酶类的氧化产物就不够，或茶叶粗老、多酶类含量低，这样的红茶汤色就会偏淡黄。如果红茶发酵过度或湿茶坯在烘干前堆放时间较长，那么多酶类及其氧化产物与蛋白质的不溶性结合物形成量便会过多，进而使泡出来的茶汤浑浊。此外，鲜叶如果储存不当会产生微生物反应，这样的茶泡出来也有可能茶汤浑浊。

2. 茶味特点

相较于绿茶或乌龙茶，红茶具有独特的馥郁花香与水果甜香。之所以会这样，是因为红茶在发酵时发生了复杂的化学反应，茶叶中的醛类、醇类、酮类、酯类等芳香物质剧增，而这些物质都具有果香或花香。

即便如此，不同红茶的香气也各有不同，这是因为其香气受茶树种类、鲜叶品种、产地、季节等影响。如小种红茶香气高长并带有松烟香，冲泡之后茶汤带有一些桂圆香；祁红香气浓郁，其茶汤之中带有蜜香，又蕴含着兰花之香，令人难忘；滇红之香又与以上两种不同，其香气高鲜，刺激性较强，犹如鲜花之香；等等。

（三）红茶的功效

我国大多数名茶都生长在生态环境优越的名山胜水之间，它们纳山川之灵气、集天地之精华。红茶中含有丰富的营养物质，如糖类含量较高，还有大量的酚类物质，如茶多酚、儿茶素等。长期饮茶对人体有一定的保健功效，对一些疾病的预防和控制也能起到辅助的作用。红茶的茶性温和，对健脾胃、消食、化痰、开胃、养颜有一定功效。

1. 提神解乏

红茶中含有大量的咖啡因，而咖啡因可以刺激大脑的神经中枢，使人思维敏捷，增强记忆力。同时红茶中的咖啡因还可以使人的血管系统和心脏兴奋，加快血液循环和新陈代谢，解除疲乏。

2. 解毒助消化

随着生活水平的不断提高，人们吃得越来越丰盛。过多食用大鱼大肉不利于身体健康，常常导致消化不良，进而引发各种病症。久而久之，很多毒素就会积压在体内。又由于现代人生活节奏快，工作压力大，很多人经常熬夜，这也会阻碍身体排毒。红茶中含有丰富的茶多酚、生物碱和咖啡因等利于排除体内毒素的物质。常饮红茶，有助于消化和改善肠胃功能，从而起到一定的维护身体健康的效果。

3. 生津清热

红茶中的多酚类、糖类、氨基酸、果胶等可刺激唾液分泌，滋润口腔，并且产生清凉感，因此夏天饮红茶能止渴消暑。

4. 利尿

红茶中的咖啡因和芳香物质可以增加肾脏的血流量，提高肾小球过滤率，扩张肾微血管，增加尿量，这样就会促进体内的乳酸、尿酸（与痛风有关）、过多的盐分（与高血压有关）等有害物排出，可以缓解心脏病或肾炎造成的水肿。

5. 消炎杀菌

红茶中的多酚类化合物可以消炎，同时红茶中的儿茶素类能与单细胞的细菌结合，使蛋白质凝固沉淀，进而能抑制和消灭病原菌。民间常用浓茶涂伤口、褥疮和泡“香港脚”就是这个道理。

6. 养胃护胃

红茶是经过完全发酵烘制而成，对胃部有刺激作用的茶多酚在氧化酶的作用下发生酶促氢化反应，含量减少，自然就会大大减少对胃部的刺激。红茶性温，不仅不会伤胃，还能保护胃，非常适合冬天饮用，能起到驱寒暖胃的功效，尤其适合体寒的女性。经常饮用加糖、加牛奶的红茶，能消炎、保护胃黏膜。

7. 美容养颜

长期饮红茶有利于保护皮肤。这是因为红茶中的芳香物质有一定的促进皮肤新陈代谢的功效。特别是女性朋友，长期饮用红茶，有利于血液循环，从而促进新陈代谢，可使肌肤有光泽。

8. 强壮骨骼

红茶中的多酚类（绿茶中也有）有抑制破坏骨细胞物质活力的作用。因此，常饮用红茶可以有效预防骨质疏松症。在红茶中加入柠檬，强壮骨骼效果更好。

9. 活血降脂

红茶具有一定的活血作用，每天适当地饮用红茶，可以起到降脂的作用。喜欢运动的朋友，在运动后喝上一杯香醇的红茶，对降血压、降血脂会起到更好的作用。

10. 预防感冒

红茶中的黄酮类化合物具有杀灭食物中的有毒菌、使流感病毒失去传染力的作用，因而可以预防感冒。

（四）红茶的服务方法

① 茶杯及茶托要放在杯垫上。

② 茶壶在茶杯边，茶壶口有一个滤茶叶器。

③ 现在普遍采用袋泡茶，以免叶渣泛起。

④ 在茶盘边配备白糖，牛奶和柠檬（或挤出的柠檬汁）待用。

⑤ 有时须准备一只热水瓶加冲。在美国还流行一种冰镇茶：将准备好的浓茶加半杯水，过几分钟后再加入冰块搅和。然后将茶滤入高脚杯中，放一片装饰用的柠檬，加糖，用麦管吸饮。在较高级的餐厅中应具备冰镇茶的设备。

第七章 西餐零点服务

零点餐厅是指宾客随点随吃、自行付款的餐厅，通常设置散桌，并接受预约订餐。早餐供应点心、粥、面等品种，午晚餐提供菜单供宾客点菜，饭菜酒水供应到台。零点餐厅通常设置大小不同的餐桌，以适应不同客人数的需要。客人可以随到随吃，也可预约订餐。其经营方式是提供菜单，接受客人点菜，食品饮料服务到桌，最后凭点菜单结账。

第一节 西餐零点服务程序

一、为客人服务点菜

（一）呈递菜单

呈递菜单要看清人数，菜单应每人一份，酒单通常每桌一份，如人数众多，则可隔几人送一份。菜单应保持崭新干净，如菜单上有污渍应立即更换，不能将这种菜单交给客人。

呈递菜单应走到客人的身边轻轻递上，不能隔很远伸着手递送。呈递菜单的方法有以下两种：①合上封面，使顾客可以欣赏一下菜单封面的图案。②打开封面，翻到菜单的第一页，使顾客可以阅读菜单。但无论采用哪种方式，服务员都应握住菜单的上端，使客人可以接住菜单的下端。先递给女宾或主要宾客，说："小姐（先生），请看菜单。"再依次递给每位客人。酒单应递给男宾："先生，这是酒单。"

（二）招呼客人点菜

在"了解"客人方面，读懂客人"肢体语言"的作用很大。服务员要注意仔细观察客人肢体语言发出的信号，例如竖起食指、合上菜单本、挥一下手、点一下头或者带有询问含义的眼神等都可以表示客人已经准备就绪，可以点菜。而若客人双手交叉在胸前，则说明他们犹豫不决、不知所措（也许他们是第一次进这家餐馆），他们需要服务员的指点。服务员应集中注意力，观察客人的肢体语言所发出的信号。

当发现客人有意点菜时，服务员应主动迎上前："请问餐前需要些什么酒水？来一些鸡尾酒、啤酒或是果汁，您看怎样？"然后向客人介绍几种鸡尾酒或餐前酒。如果客人不点餐前酒，则问客人："我可以为您点菜吗？"

在西餐中，客人往往各自点菜，有时，在一批客人中，主人会为他所邀请的客人点菜。这时，服务员应先招呼这位主人，如果主人是请客人各自点菜的话，则从主人右边的客人开始，或者从其中的一位女客人开始，有时也可从已经准备好的那位客人开始。服务员在招呼客人点菜时态度要热情，要有礼貌，面带微笑。

（三）接受点菜

1. 点菜服务姿态

服务员应端正地站立在客人的斜后方能够看到客人面部表情的地方，手拿点菜记录本和笔，记录时，不能趴在餐桌上。

2. 填写点菜单

① 定位编号。定位编号是将每位客人和他所点的菜对号。由于西餐是采用分食制就餐形式，所以在点菜时要每个客人分开点。为了方便记忆通常需要记录第一个点菜客人，具体的做法是从一批客人中的一位开始，一般餐厅统一规定朝向的座位为1号，然后顺时针方向依次为2号、3号等。在给客人点菜前要先在点菜草单上注明每位客人的编号，把客人点的菜写在相应编号后，如果是男女两名客人用餐，我们在草单上简单地注明男、女就可以了。这样在上菜时就能够准确地端上每个客人所点的菜，而不需要一一询问。

② 点菜单的填写。服务员要根据点菜单上的栏目，逐项进行填写，例如台号、人数、菜名、菜肴数量等，还要将客人号和对菜肴的特别要求准确、完整地记录在点菜单的备注栏里。例如：选用何种色拉调味汁；主菜选用何种蔬菜配菜和沙司；肉排的老嫩程度；鸡蛋的老嫩程度（即煮鸡蛋需煮几分钟，煎蛋是双面的还是单面的）；何时上咖啡，因为西方人有餐前用咖啡和餐后用咖啡两种习惯。如使用速写，需使用在厨房里通用的那些记号，并且字迹要清晰可看。

3. 复述点菜内容

服务员在记录完客人点的菜以后，为了避免差错，应向客人复述一遍所点的菜肴，以便客人确认。

4. 把点菜单送入厨房

服务员将客人点的菜和酒水填写在正式三联点菜单上，同时将菜单和酒单交给领位员。点菜单一联交给账台，一联送到厨房，另一联留在备菜间作为服务时的参考。现已有较多的酒店使用“电脑掌上宝”进行点菜，已省略了此过程。

5. 向厨房定菜

服务员在开好点菜单后，将点菜单的厨房联送入厨房交厨师长，待厨师长进行安排。点菜单上有特别要求的要与厨师长解释清楚。

小提示

1. 将客人与其所点的菜肴对号，定位编号准确。
2. 书写清楚，符合规范。
3. 信息要准确、完整。
4. 缩写标准，不随意简化。

二、帮助推荐食品饮料

在西餐厅工作经常会碰到顾客不了解餐厅菜肴的风味特色而要求服务员进行推荐或征求服务员意见的情况，所以作为一名西餐厅服务员，必须对本餐厅的所有菜肴的风味特色、烹饪方法、主料配料等有一个全面的了解，这样有利于服务员更好地做促销工作。

（一）了解需求

在给客人推荐菜肴时首先要了解客人的喜好，可以先征求客人意见："请问先生（小姐），您在饮食上有什么忌讳吗？""有哪些食品是您所不喜欢的？""您喜欢口味清淡点的菜肴还是浓一点的？"

（二）推荐特色菜肴

如果客人没有特别的要求，服务员可以推荐餐厅的特色菜肴，因为该菜肴之所以成为特色一定是得到大多数客人认可的。在推荐时还要向客人简单地介绍一下该菜肴的制作方法、主料、配料及口味特色。如果客人只点了主菜，服务人员可以告诉客人主菜的制作时间相对较长（需要明确大约需要多长时间），在等候的时间里是否需要开胃菜或汤。

（三）向客人推荐酒类

当客人点了主菜或是鱼类，服务员可以适时地向客人推荐与之相搭配的酒水。如客人点了牛排，服务员可以询问客人："请问您需要红酒搭配您的牛排吗？我们这里最近推出了一种红酒，客人的反响都很好，您一个人可以单点一杯。"

（四）向客人推荐饮料

客人入座后可以先不为客人斟倒冰水而是询问："请问先生（小姐），需要什么饮料？我们有各种果汁、矿泉水、苏打水。"如果客人说只要水，也可以询问："请问您需要什么样的矿泉水？带汽的还是不带汽的？"如果客人说只要一般的矿泉水就可以了，那么再给客人倒上普通的冰水。

（五）向客人推荐甜点

当客人吃完主菜时可以将甜品菜单递给客人，询问客人是否需要饭后甜点。在推荐时要注意不要只问客人还需要什么，而应该列举若干品种供客人选择，例如："这两种食品您喜欢哪一个？"

（六）推销特别活动

当近期饭店有特殊活动时可以向客人推荐，比如圣诞节套餐："先生（小姐），圣诞节马上就要到了，我们酒店在圣诞夜推出了圣诞套餐×元一位，包括一道主菜和一道配菜，以及甜品自助、酒水畅饮，到时我们请本市著名的乐队现场演奏，还有抽奖活动，非常划算，现在位置已经订得差不多了，您需要我为您预订吗？"

小提示

1. 态度要诚恳。
2. 注意使用敬语。
3. 注意说话时的语音、语调、语速。

三、就餐服务

（一）根据点菜单重新布置餐桌

客人点完菜后根据客人所点的菜肴将餐桌的基本布置改成点菜摆法，以合乎客人点的菜。如客人只点了汤和牛排，那么值台服务员就应该将主菜刀换成牛排刀；如果客人点了龙虾或螃蟹，就要为客人准备好蟹钳。根据客人点的酒水摆上相应的酒杯。不管是添减餐具还是酒杯都应该用正确的手势，并注意要先放后收。在更换餐具时尽可能避免影响客人的交谈，如一定要越过客人的胸前，就必须说声“对不起”。

（二）给客人上菜及台面服务

1. 上菜的基本方法

① 女士优先原则。通常的礼貌都是先女士和年长的客人。

② 左边上菜用左手，右边上菜用右手。

③ 按前菜—汤—主菜—甜品—咖啡或茶的上菜顺序进行。

2. 菜肴服务顺序与方法

（1）前菜

前菜的服务有三种方式：服务车式、装盘式、派菜式。服务车式是将几种供选择的冷菜放在服务车上送到餐桌前，由客人自由选用。装盘式是将冷前菜预先在厨房装好盘，用服务车送进餐厅提供给客人。派菜式是将前菜放在大盘中，由服务员直接送进餐厅，用服务叉勺分到客人的餐盘中。

分派前菜应注意：前菜应放在客人的正前方。前菜一般使用小刀、小叉。特殊菜肴使用特殊刀叉。

（2）汤

汤可以代替前菜先上，也可以作为第二道菜上。热汤要用加热的盛器，上台时提醒客人小心。带有盖子的汤盅上桌以后，要将盖揭去拿走。热汤一般用深底汤盆提供服务，冷汤用汤杯提供服务。汤要摆在席位的正中。

（3）面包

面包在汤菜之后提供，也可在汤菜之前提供。可放在面包篮里或服务车上提供服务。

（4）色拉

色拉应从客人的左侧送上，可放在面包盘的上方，或将面包盘往上挪动一下，放在面包盘的位置上。色拉使用什么调味汁首先要征求客人的意见。色拉一般放在主菜前上，也有放在主菜后上的做法。

（5）主菜

主菜是一餐中的主要部分，餐具必须与选定的主菜相对应，如吃牛排要配牛排刀，吃龙虾时要配龙虾开壳夹和海味叉；吃鱼类要配鱼刀、鱼叉等。主菜送上后应迅速地为客人提供沙司。沙司一般放在沙司盅内由服务员依次为客人进行服务。主菜要放在摆台的正中位置，并要注意将肉食鲜嫩的一面朝向客人。

(6) 奶酪、甜品、水果

一般上甜品前先请客人点奶酪。提供奶酪服务时，服务员应将若干个品种的奶酪放在大浅底盘中送到餐桌，先请客人欣赏，然后请客人自行挑选，再由服务员用肉刀切割奶酪分派到客人的餐盘中。切割不同品种的奶酪不能使用同一把刀。甜品是最后一道食品，上甜品前应将主菜餐具及盐瓶、胡椒瓶等撤去，收去除水杯、咖啡杯外所有的不用餐具，并抹掉餐桌上的面包屑等。提供甜品服务时使用甜品刀、叉，一般在客人点了甜品后再摆上需要的餐具，有的餐厅则在上甜品时将餐具放在甜品盘内一同送上。上水果时不能忘记放洗手盅，盅内放1/3的温水，放在铺有餐巾纸的垫盘中提供，通常摆在客人的左侧（在提供烧对虾、烧鸡块等菜肴时，也要准备洗手盅）。

(7) 咖啡或茶

一般有两种方法服务：如果是套餐服务一般用餐后用咖啡杯提供服务；多数餐厅的做法则是预先在餐桌上摆好咖啡杯，然后用咖啡壶进行服务。在斟倒咖啡、酒水、饮料时不要从餐桌上拿起杯具斟饮料。如果为座位很紧的一批客人斟热饮料，左手要拿块干净、叠好的餐巾把客人挡住，以免客人碰到热烫的饮料盛器。

3. 台面服务

① 撤脏盆子。要在餐桌上所有的客人都吃完一道菜后再进行撤盆，在上下一道菜品时，将所有用过的脏盘子和用具全部撤下。

② 收盘。要用右手从客人的右侧撤下盘子，然后按顺时针方向绕台进行。

小提示

1. 第一道菜不能让客人久等。

2. 热菜要趁热上，冷菜趁冷；热菜用热餐具，冷菜用冷餐具。

3. 不让客人等菜，也不让菜等客人。

四、结账服务

餐厅最为常见的结账方式有现金结账、信用卡结账、支票结账和签单结账等。

（一）现金结账操作程序与方法

① 当客人示意结账时，用收银夹或收银盘将账单送给客人："这是您的账单。"

② 双手将收银夹递给客人并打开收银夹。

③ 不要主动、大声报出账单的金额。

④ 收受的现金要当面点清，并向客人表示感谢。

⑤ 将现金放在收银夹或收银盘内送交账台；然后将找零和发票一同用收银夹或收银盘交给客人，并让客人当面点清；再次表示感谢。

（二）信用卡结账操作程序与方法

① 当客人示意结账时，用账单夹或收银盘将账单递送给客人："这是您的账单。"

② 检查持卡人性别、信用卡有效期，并向客人致谢。

③ 将信用卡和账单送交收银台。

④ 刷卡办理结账手续。

⑤ 回到客人的座位，请客人确认账单金额并在信用卡签购单上签名。

⑥ 核对客人签名是否与信用卡背后签名相同。

⑦ 将“顾客副本”的存根、信用卡交还客人，正本由收银员保管。

⑧ 再次向客人礼貌致谢。

（三）支票结账操作程序与方法

① 当客人示意结账时，用收银夹或收银盘将账单送给客人：“这是您的账单。”

② 当客人递过支票结账时，服务员应请客人出示有效证件，并礼貌向宾客致谢；然后将支票放在支票夹中或与发票一起放在收银夹或收银盘中交给账台。

③ 由账台核对支票的有效期限，检查支票有关印章、电脑密码等。

④ 收银员填写支票，复印有效证件（如身份证），并留下客人电话，以便联系。

⑤ 将支票存根、有关证件和发票送还客人，并礼貌致谢。

（四）签单结账操作程序与方法

① 当客人示意结账时，用收银夹或收银盘将账单递给客人：“这是您的账单。”

② 当客人提出要签单结账时，服务员应请客人出示房卡，然后递上笔，并为客人指点签名处；核清客人的房卡和签名，并向客人致谢。

③ 将签好的账单迅速交账台收银员核对。

④ 收银员将账单的正本留存，第二联交总台，以便在客人离店时结算。

第二节　对特别客人的服务

在餐厅的接待服务过程中，服务员经常会遇到各种年龄和不同身份的客人，对于这些客人应如何为他们进行服务呢？

一、接待小孩

小孩对周围的事物永远充满好奇，活泼好动是孩子的天性，所以在接待带小孩的客人时保证小孩的安全是第一考虑因素。

① 安排在周围有墙的角落。这样小孩有一定的活动空间又不会影响到其他人，尤其是服务员的工作。千万不能把小孩安排在靠近走廊的位置，这样不光小孩的活动会影响到周围的人，而且对小孩存在安全隐患。

② 刀叉之类的餐具要远离小孩。比如穿食物用的竹签在客人吃完上面的食物后要及时收走，以免威胁小孩安全。

③ 不要轻易去逗弄小孩。小孩的天真烂漫非常讨人喜欢，而且有的服务员本身又非常喜欢小孩，但没有把握不要轻易去逗小孩，万一把小孩给逗得大哭反而会尴尬，也影响

其他客人用餐。也有的客人不愿意陌生人接触他的孩子，所以在这方面服务员也要有所注意。

④ 远离烫食。刚上桌的热菜都很烫，这时要注意将其放在小孩碰不到的地方，以避免烫伤事故的发生。

二、接待老人

多数老人行动迟缓，听力及理解能力较差，所以要求服务员细心观察、耐心解释。如果发现老人听力不好要提高音量，要及时帮助老人入座和离座，应该推荐软烂食物方便咀嚼，饮料注意不要太冰或是太烫。

三、接待残障客人

残障客人应该安排在靠近出入口的位置方便他们进出。如果是自助餐厅，则应安排在靠近自助餐台的位置，这样方便他们取菜，或者指挥服务员取菜。对于残障客人，服务人员既要给予特别的照顾，又不能显得过分，不要用可怜和同情的眼光看待残疾人，对于残疾人的服务更重要的是满足他们的心理需求。

第三节　意外事故的预防与应对

客人到餐厅就餐不仅仅是为了满足饱腹这样一个简单的生理需求，更是为了在优雅、放松、舒适的环境下悠闲地享受美食。所以餐厅服务人员要尽一切努力给顾客创造一个安全、舒适、幽雅的就餐环境，杜绝安全隐患，正确处理突发情况。

绊倒和滑倒是餐厅里最常发生的事故，所以要求工作人员在每餐开餐前都仔细检查一遍餐厅地面，看是否有裸露在外的电线、地毯的拼缝是否平整。如有上述情况应立即通知工程部处理，如无法在开餐前完成的一定要放置警示标志。餐厅的大理石地面，尤其是楼梯一旦沾到水就非常滑，所以服务员要随时注意大理石地面上是否有水迹，一旦发现要立即处理，并在水迹未干前放置“小心滑倒”的警示牌。

食物中毒事件的发生是所有餐厅的致命打击，所以做好食品卫生工作是非常重要的。虽然食品大部分是在厨房由厨师处理，但也要经过服务员的手，所以服务员在将菜肴端到客人面前时要仔细检查食物的外观质量，发现有异味、异物或与平时标准不统一的要立即退回厨房要求重做，不要等到菜肴端上桌后再由客人发现问题，或是等客人吃下食物以后才发现问题。

预防失窃事件的发生。餐厅人员流动性大，客人在用餐时由于注意力集中在菜肴上，所以往往对自己的物品放松警惕，也就是在这种情况下有些不法分子乘客人不备，偷盗客人财物。餐厅服务员有义务也有责任保护就餐客人的个人财物。为了预防餐厅失窃事件的发生，下列情况应该引起警觉：

① 客人用餐时将随身携带的包放在身边的椅子上，而背后又有一名客人坐着不点任何食物或是只点最便宜的饮料。

② 客人将外衣披在身后的椅背上，背后同样坐着一名如上述的不点餐或象征性点餐的客人。

③ 两名客人本来一同进入餐厅坐在同一张桌子上，可突然两人分开坐到不同的桌子边，并且周围有上述两种放置衣物和包的客人。

④ 客人一进餐厅就拿着手机打电话，自己找位子坐下，不给服务员以插话的机会。

服务人员在发现有这类人员出现时要严加注意，同时及时通知保安部，尽可能避免盗窃分子动手。最好的方法是服务人员始终守在嫌疑对象身边，让他感到没有机会动手而离开。

第四节　咖啡厅服务

一、早餐服务

（一）餐前准备

准备好果酱、黄油、面包、果汁、咖啡、茶等。

（二）迎宾入座

领位员向宾客微笑问好，问清宾客就餐人数，将宾客带到合适的餐桌，拉椅让座，递呈菜单。

（三）咖啡或茶服务

在客人点菜前，先问宾客是否需要咖啡或茶。

（四）点菜服务

记录点菜单。客人点蛋类食品需问清烹调方式，如煎蛋是单面煎还是双面煎；问清烹调时间，如需要几分钟煮蛋；问清所配肉类，如配熏肉、香肠、火腿。

将点菜单送入厨房备菜。

（五）调整餐具、准备配料

根据客人所点的菜肴品种进行二次铺台，调整添加餐具；备妥食物的配料放在餐桌上，如烤面包应备有果酱、黄油等。

（六）就餐服务

1. 美式服务

送上果汁；送上谷物类食品；送上蛋类配肉类食品、烤面包、黄油、果酱；收去已用完的求司杯。

2. 欧式服务

送上果汁；送上各式面包、黄油、果酱。

（七）咖啡或茶服务

客人用餐完毕，要清理台面、收去餐具（在客人未离座前不要收客人未饮用完的饮料杯），根据客人需要提供咖啡或茶服务。

（八）结账服务

提前检查核对账单，保证准确无误，将账单开好放入收银夹内并准备好笔。按照结账程序为宾客结账服务，要求准确、快捷。

（九）送客服务

拉椅送客并检查餐桌上是否有客人遗留物品，与客人道别并欢迎客人再次光临。

（十）清理台面、重新铺台

清理台面并重新铺台，做好迎接下一批客人的准备工作。

二、午晚餐服务

（一）介绍鸡尾酒或饮料

当客人入座后，值台服务员在客人点菜前首先向客人介绍几款鸡尾酒和餐前酒，如果客人不要鸡尾酒的话，应推荐一些其他饮料。

（二）服务鸡尾酒或饮料

为客人上鸡尾酒或饮料。

（三）呈递菜单、介绍菜肴

餐厅服务员应主动为客人介绍餐厅的当日特选菜肴。

（四）接受点菜

当客人看过菜单有意向点菜时，服务员应上前为客人点菜，记录客人所点的菜肴食品，向客人复述一遍所点的菜肴，以便客人确认。

（五）调整餐具

客人点完菜后根据客人所点的菜肴收取或添加餐具。

（六）席间服务

① 上面包。给客人送上烘热的面包，将面包放在专用的面包篮或餐盘里，里面要放上折叠好的餐巾，这样可以给面包保温，同时要送上黄油。

② 上前菜。如果客人点开胃冷菜应首先送上。

③ 上汤。汤盅可垫折叠的餐巾，既美观又保温。

④ 上主菜。主菜的摆放应将盆中肉的部分放在盆子的下半部分（靠近客人的前边），蔬菜配菜部分放在盆子的上端，跟配色拉时可将色拉钵放在上主菜盆的左前上方，在上主菜前应先给客人斟酒（如果客人点酒的话）。通常菜在客人的右侧送上，在客人的左侧送上沙司。

⑤ 询问客人对菜肴的质量是否满意，以示对客人的关心。

⑥ 当客人全部用完主菜后，清除餐桌上所有的盆、碟和剩余的食物，用干净的服务巾或面包滚将台面上的面包屑等扫除到一只碟子里，并收去餐桌上的调味品。

⑦ 向客人介绍甜品。

⑧ 送上甜品、咖啡，根据客人的需求添加冰水。

⑨ 向客人推荐餐后酒。

⑩ 送上餐后酒，添加咖啡。

（七）结账服务

在客人结账前，需要询问客人是否还要添加其他什么东西，如客人表示没有的话，服务员在客人结账前应到收银台对账单进行核对，检查完账单后提前用收银夹夹好，在收银夹里还要放一支笔，准备给客人签单用；当客人要求结账时，手拿准备好的收银夹，迅速走到客人的身边用双手打开收银夹，托到客人面前以便客人结账。

（八）拉椅送客

当客人结账完毕，服务员应向客人道谢。当客人起身离座时，服务员应把椅子轻轻向后拉以方便客人离座；提醒客人不要有东西遗忘，同时也帮助检查一遍；跟在客人身后礼貌地送客人离开餐厅，再一次对客人表示感谢，欢迎客人再次光临。

（九）清理台面、重新铺台

当客人离开餐厅时，值台服务员应该清理台面为迎接下一位客人做好准备。先检查是否有客人遗留物品，如有应及时归还，不能归还的应交餐厅经理负责保管。清理台面餐具应按顺序并且分门别类进行，不可将所有的餐具、酒具、餐巾等混在一起收。应先收银器餐具，然后收餐巾、小毛巾，再收玻璃酒具，接着收瓷器等。按照餐厅规定重新布置台面，摆齐桌椅，并收拾好工作台，补充必备品，归还所借的服务用品。

小提示

1. 一般咖啡厅的铺台。咖啡厅的铺台通常是将刀叉直接铺放在简易的纸垫上或餐具垫上，较少使用餐台，餐台多为小方台或长条台。

2. 酒店咖啡厅服务方式。酒店的咖啡厅通常为 24 小时营业，主要为客人提供各式早餐和简便午晚餐、自助餐服务。咖啡厅宾客流动量大，要求服务快捷、简单方便。

第五节　扒房服务

扒房的“扒”是西餐的烹调术语“grill”。所谓“扒”，就是在烤炉上用铁架或煎锅烧烤菜肴的烹调技术。扒房即专为客人提供此种服务的餐厅。在欧洲的饭店里，扒房乃是该饭店最高级的专门提供点菜服务的餐厅。在中国扒房含义较广，不仅提供高级的点菜服务，还提供套餐用餐服务。

一、扒房特点

（一）环境布置与气氛

扒房在餐厅的环境布置上重点凸显高雅、华丽的气氛，大都采用法式的装潢与设计。采用大型的吊灯和吸顶灯，光亮度可以调节，一般灯光调得较低，餐台上点蜡烛，以营造典雅神秘的气氛。餐厅的座位安排比较宽敞舒服，一般安排圈椅和有扶手的椅子。过道宽敞以方便手推车通过。餐具用品则选用高档镀金、镀银。四周有花草盆栽点缀。除此之外，餐厅还需要摆放雕塑和悬挂油画，以烘托气氛。这种环境氛围与法式的菜肴结合，能够给客人提供完美的感受。

（二）菜单与酒单特点

扒房主要以供应烧烤、煎、扒的牛排为主，同时兼顾冷热头盆、汤类、鱼、海鲜、色拉等菜肴品种。

扒房的菜单、酒水甜品单一般单独分开，菜单中的菜肴主要是法式大菜和法国的特色菜。酒水的品种较齐全，应备有世界各地著名的红、白葡萄酒。

扒房的菜单、酒水单的印刷十分精致讲究，常用真皮制封面，装帧精美，以体现餐厅的服务档次。

扒房菜肴的价格一般较高，人均消费通常是咖啡厅的一倍以上。

（三）背景音乐与现场演出

扒房通常播放古典音乐和世界名曲等背景音乐，除此之外，还聘请具有较高水准的钢琴和小提琴演奏员进行现场的表演。

（四）预订、餐前享用鸡尾酒

通常，前来扒房用餐的客人都会预订，他们喜欢在正餐前在扒房的酒廊里喝杯鸡尾酒，然后再由领位员引领到预订的餐桌，所以扒房的预订程序较其他餐厅更加完善。

（五）采用法式服务

扒房多采用法式的手推车服务，许多特色的菜肴都采用客前烹饪的方法进行服务，服务烦琐且时间较长，尤其是正餐，客人边享受美味佳肴，边感受优雅的气氛。

二、扒房午晚餐服务程序

（一）餐前预订

扒房由于客人进餐节奏较慢，用餐时间较长，特别是晚餐。因为在欧美国家，人们通常比较重视晚餐，并把晚餐作为正餐，客人一般用餐的时间在一个半小时到两个小时，所以，餐厅餐位的周转率很低。为了避免客人到餐厅没有座位，应设置餐前预订，以确保客人到餐厅就有座位。

（二）餐前准备

1. 餐台布置

按餐厅规格对餐台进行布置，有预订的台子如果客人已点菜，则应按照菜单内容进行餐具的配备并将餐台铺好，把留座卡放于餐桌上，并准备好各种调味品及服务用具。

2. 开班前会

通常在餐厅开餐前半小时，餐厅经理负责分配任务、介绍当日特色菜以及采用的服务方式、讲解 VIP 客人接待注意事项、检查仪表仪容等。

（三）迎宾服务

客人进餐厅，领位员或餐厅经理向客人问候："晚上好，先生（小姐），请问有预订吗?"领位员或餐厅经理检查预订簿，找出客人预订的位置，引领客人到预订的餐桌，拉椅让客人就座，服务时应按女士优先原则，先为女士拉椅，通常将好的座位让给女士或贵宾，如朝向餐厅较好的一边。如果不止一位客人，该服务区域的服务员要上前招呼客人，服务其就座。

（四）餐前服务

扒房通常由领班为客人进行点菜服务，专设一名酒水员为客人提供酒水服务。

1. 鸡尾酒或开胃酒服务

由领班或服务员将酒单呈递给每位客人，女士优先，并向客人介绍鸡尾酒或开胃酒。领班或酒水员在客人已准备好后，接受客人点鸡尾酒。注意为确保准确性，应重复客人的要求，3 人或 3 人以上的台子要开草单，以防止上错酒水。

为客人开三联酒水单，第一联交收银台以备结账，第二联送酒吧领取酒水，第三联服务员自己备用。

客人入座后，如果不点饮料，服务员要立刻服务冰水，给客人上冰水。

上鸡尾酒或餐前酒。服务员去吧台递单，服务员或酒水员用圆托盘给客人上酒水，根据点菜草单的记录上酒水，为确保准确无误，在给客人上酒水时应轻声报出酒名。

2. 点菜服务

由领班给客人呈递菜单，并能用建议的方法介绍菜肴。呈递菜单服务时，女士优先。向客人推荐当日特选菜肴，如果有某菜单项目已售完，要告知客人。注意呈递菜单后，要给客人一点时间看菜单，等客人已准备好点菜后，再接受客人的点菜。

3. 推销佐餐酒

领班或酒水员呈递酒单，如果是酒水员给客人点酒，要先了解领班所开点菜单内容，根据客人所点菜式为客人推荐酒水。注意客人如不需要推荐时，可暂时走开，等客人有意向时再为客人点酒。开点酒单，领班或酒水员在开订单后要重复一遍，以免出差错。客人点红葡萄酒后要问清立刻就要还是与主菜一起上。如果与主菜一起上，要问清是否需要立即打开让其散发一下香气。桌上地方不够时，可将酒瓶放在边盘上。客人若是点了白葡萄酒要立刻服务。按点菜单的要求，领班或酒水员开点菜单并交给服务员。

4. 传递点菜单、调整餐具

服务员将点菜单厨房联先送入厨房，再回餐厅根据客人所点的菜式配备调整餐具。

5. 佐餐酒服务

酒水员从酒吧取来酒，白葡萄酒需放在冰桶里加冰冰镇，红葡萄酒放酒篮里。向客人展示酒。

6. 面包和黄油服务

按客人的人数每人一份面包和黄油，另需有一定数量的备份（也有的餐厅则在上汤前或上汤后服务面包和黄油）。

7. 备好烹制车

服务员将烹制车推至客人的餐桌旁。

（五）就餐服务

通常由 2 名服务员负责菜肴服务，即 1 名领班或比较资深的服务员带 1 名服务员助理。由 1 名酒水员进行酒水服务。

菜肴的服务一般是由厨师在厨房里部分准备好，然后服务员助理放在一只大银盆内送入餐厅放在加热炉上加热，由服务员去骨、切割、准备调味汁以及配菜。当服务员将客人所挑选的食品自银盆盛入客人的盘内时，服务员助理把客人的盘子放在大银盆之下。上菜时，服务员助理应用右手从客人的右侧送上。

在上第一道菜时，酒水服务员就开始为客人上酒服务。要根据客人的要求，如果客人要求与主菜一起上酒，在上主菜时提供上酒服务；如果已上过要注意为客人添加酒。在整个服务中，服务员要灵活机动，随时提供席间服务：撤下空的饮料杯，添加酒和冰水，添加面包和黄油，为离桌的客人拉椅和整理餐巾，客人回座时再帮助其拉椅、铺好餐巾。

1. 前菜的服务

前菜是用餐前的一道菜，通常人们一说起前菜就会联想到冷盆，其实前菜和其他菜肴一样也有热的，上热前菜要注意不要让它冷掉。如果是鹅肝酱的服务，通常是在厨房事先将鹅肝酱装盘，然后再一起放到冰箱内冷藏。在服务时，助理将已装盘的鹅肝酱送入餐厅，由服务员从客人的右侧进行服务。鹅肝酱一般附有烤成的小三角形吐司，每人 2 片，吐司要装在面包篮里由服务员助理分派给每个客人。

2. 汤的服务

服务员助理从厨房取出客人所点的汤，放在小炉上进行加热保温。准备好加热的汤盆放在垫盘上，汤盆与垫盘之间需垫上垫纸或叠好的餐巾，以避免烫手。用大银勺将汤盛入汤盘里，用右手从客人的右侧送上。

3. 主菜的服务

如前所述按国际上法式餐桌服务，在提供主菜前，由餐厅领班在服务车或桌上将菜装盛到餐盘中，再由服务员送上餐桌。一般除放在客人左侧的面包和色拉从客人的左侧上外，其余的菜肴全部从客人的右侧送上，用过的餐具也从客人右侧撤下。美式餐桌服务则从客人左侧上菜，从右侧撤餐具。

主菜送上后，应迅速地为客人提供沙司，沙司一般放在沙司盅内由服务员依次为客人服务。不同的菜肴搭配使用不同的沙司，不同的沙司其采用的服务方式也有所不同。例如煎烤鱼菜类用鞑靼沙司，面拖鱼菜类（用黄油炸）用文也沙司，扒房使用黄油沙司。鞑靼沙司不直接浇在鱼菜上，液状的黄油沙司将 1/3 轻轻浇在鱼菜上，2/3 放在客人餐盘下部靠近盘子边沿的地方。沙司不能撒到蔬菜配料上去。

为了烘托餐厅的气氛，在扒房主菜服务时往往采用法式服务。在服务时要注意，由餐厅服务员助理去厨房取菜，取菜的时间要与燃焰的准备协调好。如果是整形菜肴要为客人提供切割服务，如是整条鱼要询问客人是否需要出骨。菜肴装盆顺序是主菜、蔬菜、配料、沙司。要注意配菜放在主菜的上方，酱汁不沾盘边。

4. 色拉服务

上主菜后应随即从客人的左侧送上色拉。色拉使用何种调味汁要事先征求客人的意见。

当全部客人用完主菜后，服务员助理撤走主菜盘和刀叉并清理台面，用服务巾和面包滚将桌上的面包屑清除干净，征询客人对菜肴是否满意，至少每一桌征询一次。

5. 甜品服务

地道的西餐甜品包括奶酪、甜点、水果等。

一般先请客人点奶酪。奶酪服务：服务员将若干个品种的奶酪放在大的浅底盘中用餐车送到餐桌，先请客人观赏，然后请客人自己挑选，将客人所点的奶酪当场切割装盘并摆位。在切割时要注意，不同品种的奶酪不能使用同一把刀。服务时要配胡椒、盐盅。待客人用完奶酪后，收去所有用过的餐具和胡椒、盐盅等。

展示甜品车或甜品单请客人选择。在提供甜品服务时使用甜品刀叉或甜品勺。一般点菜餐厅铺台时不铺设甜品餐具，在客人点了甜品后再摆上需要的餐具，有些餐厅则在上甜品时将餐具放在甜品盘内一起上。个别的甜品可以在客人面前进行制作表演，如火焰草莓、苏珊特煎饼等。在送上水果时要为客人提供洗手盅。

6. 咖啡或茶服务

甜品用完后服务员请客人点咖啡或茶。送上糖盅和奶盅并置于餐桌中间，一般 3 人合用一套。糖盅内放 2 包低糖、4 包咖啡晶糖、6 包白糖；奶盅内倒 1/2 的奶。然后准备咖啡或茶具，服务员右手拿咖啡底碟，上放咖啡杯，茶匙平置于咖啡杯前，从客人右侧放于客人餐位正中位置，用茶壶或咖啡壶为客人倒 2/3 杯，将壶放于客人右手边，壶口勿对客人，应朝外。

7. 餐后酒服务

由售酒服务员向客人推荐餐后酒、白兰地或其他烈性酒等。

（六）结账服务

账单必须事先进行核对，检查价格是否正确，做到准确无误。未经客人的示意，不能随便送上账单。结账时，服务员应将账单夹在收银夹内送给准备付款的客人，只显示出台号，让付账的客人知道金额。注意收银夹中应准备签字笔，以方便客人签字。

（七）拉椅送客

当客人起身离座时，服务员应把椅子轻轻向后拉以方便客人离座；提醒客人不要有东西遗忘，同时也帮助检查；跟在客人身后礼貌地送客人离开餐厅，再一次对客人表示感谢，欢迎客人再次光临。

（八）清理台面、重新铺台

当客人离开餐厅时，值台员应该收拾餐桌为迎接下一位客人做好准备。

小提示

扒房通常采用法式服务，在法式服务中：调味汁和配料可从客人的左侧服务，鲜胡椒必须从客人的右侧服务。从左侧服务调味汁和配料时，服务员一定要右手托调味盅、左手拿勺为客人服务，并说明汁和配料的名称，询问客人调料放于盘中的位置。服务鲜胡椒时，应左手握住胡椒磨，右手转动磨的顶部，同时询问客人胡椒的用量。停止服务时，须轻转胡椒磨的顶部，防止胡椒散到盘外。

第八章　西餐宴会服务

一般不同的饭店、不同的宴会厅、不同主题的宴会，气氛要求各不相同。如国宴从宴会厅环境，到宴会乐队、赴宴人员和服务人员的服装、言谈风度，都必须显示出隆重的气氛。国宴宴会厅内悬挂国旗、会标，环境要求豪华、庄严、隆重。欢庆喜宴要求迎合顾客喜气洋洋的心理状态，必须营造出一种热烈兴奋、流光溢彩、辉煌华贵的环境气氛。

西餐宴会环境气氛的要素包括宴会厅面积、空间、档次、风格，座位的类型、布置方法，餐桌上的用具，声音的高低，环境温度，装饰的色彩，照明，清洁卫生等方面。

第一节　宴会氛围设计

西餐宴会的气氛是西餐宴会设计的一项重要内容。气氛设计的优劣直接影响宴会厅对顾客的吸引力。认真研究西餐宴会气氛的设计及其相关的因素，对做好西餐宴会有一定的指导意义。

一、西餐宴会气氛概述

气氛是指一定环境中给人某种强烈感觉的精神表现与景象。西餐宴会的气氛就是举行西餐宴会时，顾客面对的整个西餐宴会厅的内环境。西餐宴会的气氛包括两种：一种为有形气氛，如西餐宴会厅面积、餐桌位置摆设、花草景色、内部装潢、构造和空间布局等方面；另一种是无形气氛，如服务人员的态度、礼仪、能力以及让顾客满意的程度等。有形气氛依靠设计人员和管理人员的协作，无形气氛主要是西餐宴会经理的责任。

二、西餐宴会气氛的作用

西餐宴会气氛是西餐宴会整体设计的重要组成部分，西餐宴会气氛的好坏对顾客有很大的影响，从而直接关系到西餐宴会经营的成败。理想的宴会气氛具有以下几种作用：

① 西餐宴会气氛与西餐宴会的其他设计工作共同组成一个有机的整体，能体现西餐宴会的主题思想。

② 西餐宴会气氛的主要作用在于影响顾客的心境。所谓心境就是指顾客对组成西餐宴会气氛的各种因素的反应。优良的西餐宴会气氛完全能够影响顾客的情绪和心境，给顾客留下深刻的印象，从而增强顾客再次惠顾的动机。现代餐饮业中不同类型的西餐宴会厅

采取不同风格的装饰美化，以及同一西餐宴会厅中用不同的装饰、灯光、色彩、背景等手段来丰富餐饮环境，目的都是满足不同顾客的心理需求。

③ 西餐宴会气氛是多因素的组合，能影响消费者的舒适程度。优良的西餐宴会气氛是西餐宴会厅的光线、色调、音响、气味、温度等方面因素的最佳组合，它们直接影响顾客的舒适程度。想要设计出优良的气氛，就要考虑到舒适这一标准。由于舒适的含义是抽象的，况且不同的顾客对舒适又有不同的标准，因此，要想达到舒适的程度就必须深入了解西餐宴会的主题及顾客的心理需求。

④ 西餐宴会气氛设计是西餐宴会经营的良好手段。顾客的职业、种族、风俗习惯、社会背景、收入水平和就餐时间，以及偏好等因素都直接影响西餐宴会的经营。针对西餐宴会主题及顾客要求进行气氛设计，既要体现饭店的能力与实力，又要能促进西餐宴会的销售。

三、西餐宴会气氛的内容

要想达到良好的西餐宴会气氛设计，通常要考虑以下几项基本内容。

（一）光线

光线是西餐宴会气氛设计应该考虑的最关键因素之一，因为光线系统能够决定西餐宴会厅的格调。在灯光设计时，应根据西餐宴会厅的风格、档次、空间大小、光源形式等，合理巧妙地配合，以产生优美温馨的就餐环境。

西餐宴会厅使用的光线种类很多，如白炽灯光、烛光以及彩光等。不同的光线有不同的作用。白炽灯光是西餐宴会厅使用的一种重要光线，能够突出西餐宴会厅的豪华气派。这种光线最容易控制，食品在这种光线下看上去最自然。调暗光线，还能够提高顾客的舒适度。烛光属于暖色，是传统的光线，采用烛光能调节西餐宴会厅气氛，这种光线的红色火焰能使顾客和食物都显得漂亮，适用于西式冷餐会、节日盛会、生日宴会等。彩光是光线设计时应该考虑的另一因素。彩色的光线，如桃红色、乳白色和琥珀色光线可用来增强热情友好的气氛。

不同形式的西餐宴会对光线的要求也不一样，传统西餐宴会的气氛特点是幽静、安逸、雅致，西餐宴会厅的照明应适当偏暗、柔和，同时应使餐桌照度稍强于宴会厅本身的照度，以使西餐宴会厅空间在视觉上变小而产生亲密感。

在办西餐宴会过程中，还要注意灯光的变化调节，以形成不同的西餐宴会气氛。在西餐宴会厅中，宴会厅照明应强于过道走廊照明，而宴会厅其他的照明则不能强于餐桌照明。总之，灯光的设计运用应围绕西餐宴会的主题，以满足顾客的心理需求。

（二）色彩

色彩是西餐宴会气氛中可视的重要因素。它是设计人员用来创造各种心境的工具。不同的色彩对人的心理和行为有不同的影响。如红、橙之类的颜色有振奋、激励的效果，绿色则有宁静、镇静的作用，桃红和紫红等颜色有一定柔和、悠闲的作用，黑色则表示肃穆、悲哀。

颜色的使用还与季节有关。寒冷的冬季，西餐宴会厅里应该使用暖色（如红、橙、黄等)，从而给顾客一种温暖的感觉。炎热的夏季，绿、蓝等冷色的效果最佳。

色彩的运用更重要的是能表达西餐宴会的主题思想。西餐宴会多用白色，因为白色表示纯洁、善良。

不同的西餐宴会厅，色彩设计应有区别，一般豪华宴会厅宜使用较暖或明亮的颜色。西餐宴会厅可采用咖啡色、褐色、红色之类，色暖而较深沉，以创造古朴稳重、宁静安逸的气氛；也可采用乳白、浅褐之类，使环境明快，富有现代气息。

(三) 温度、湿度和气味

温度、湿度和气味是西餐宴会厅气氛的另一方面，它直接影响着顾客的舒适程度。温度太高或太低，湿度过大或过小，以及气味的种类都会给顾客带来迅速的反应。

豪华的西餐宴会厅多用较高的温度来增加其舒适程度，因为较温暖的环境给顾客以舒适、轻松的感觉。湿度会影响顾客的心情。湿度过低，即过于干燥，会使顾客心绪烦躁。适当的湿度才能增加西餐宴会厅的舒适程度。气味也是西餐宴会气氛中的重要组成因素。气味通常能够给顾客留下极为深刻的印象。顾客对气味的记忆要比视觉和听觉记忆更加深刻。如果气味不能严格控制，西餐宴会厅里充满了污浊和一些不正的气味，必然会给顾客就餐造成极其不良的影响。

一般西餐宴会厅温度、湿度、空气质量达到舒适程度的指标如下：

温度：冬季温度为18℃～22℃，夏季温度为22℃～24℃，用餐高峰客人较多时为24℃～26℃，室温可随意调节。

湿度：相对湿度为40%～60%。

空气质量：室内通风良好，空气新鲜，换气量不低于30立方米/(人·小时)，其中一氧化碳含量不超过5毫克/立方米，二氧化碳含量不超过0.1%，可吸入颗粒物不超过0.3毫克/立方米。

(四) 家具

家具的选择和使用是形成西餐宴会厅整体气氛的一个重要部分，家具陈设质量直接影响宴会厅空间环境的艺术效果，对于西餐宴会服务的质量水平也有举足轻重的影响。西餐宴会厅的家具一般包括餐桌、餐椅、服务台、餐具台、花架等。家具设计应配套，以使其与西餐宴会厅其他装饰布置相映成趣、统一和谐。

家具的设计或选择应根据西餐宴会的性质而定。就餐桌而言，西餐宴会以长方桌为主，餐桌的形状和尺寸必须能满足各种不同的使用要求，要便于拼接成其他形状以为特定的西餐宴会服务。西餐宴会厅家具的外观与舒适度也同样十分重要。外观与类型一样，必须与西餐宴会厅的装饰风格相统一。家具的舒适感取决于家具的造型是否科学，尺寸比例是否符合人体结构规律，应该注意餐桌的高度和椅子的高度及倾斜度，餐桌和椅子的高度必须合理搭配，不能使客人因桌椅不适而产生疲劳感，而应该让客人感到自然、舒适。

除了桌椅之外，西餐宴会厅的窗帘、壁画等都是应该考虑的因素，就艺术手段而言，围与透、虚与实的结合是环境布置常用的方法。围指封闭紧凑，透指空旷开阔。西餐宴会厅空间如果有围无透，会令人感到压抑沉闷，但若有透无围，又会使人觉得空虚散漫。墙壁、天花板、隔断等能产生围的效果；开窗借景、布景箱、山水盆景等能产生透的感觉。

西餐宴会厅如果同时举行多场宴会，则必须使用隔断，以免互相干扰。小宴会厅、小型西餐厅则大多需要窗外景色，或悬挂壁画、放置盆景等以造成扩大空间的视觉效果。大型西餐宴会的布置要突出主桌，主桌要突出主席位。以正面墙壁装饰为主、对面墙次之、侧面墙再次之。

（五）声音

声音是指西餐宴会厅里的噪声和音乐。噪声是由空调、顾客流动和宴会厅外部噪声等形成的。西餐宴会厅应加强对噪声的控制，以利于西餐宴会的顺利进行。一般西餐宴会厅的噪声不超过50分贝，空调设备的噪声应低于40分贝。

（六）绿化

宴会前需对西餐宴会厅进行绿化布置，使就餐环境有一种自然情调，对西餐宴会气氛的烘托起相当大的作用。

花卉布置以盆栽居多，如摆设大叶羊齿类的盆景，摆设马拉巴栗、橡树或棕榈等大型盆栽。依照不同季节摆设不同观花盆景，悬吊绿色明亮的柚叶藤及羊齿类植物等。西餐宴会厅布置花卉时，要注意将塑料布铺设于地毯上，以防水渍及花草弄脏地毯，应注意盆栽浇水及擦拭叶子上的灰尘等工作，凋谢的花草会破坏气氛，因此要细查花朵是否凋谢。

有些西餐宴会厅以人造花取代照料费力的盆栽，虽然是假花、假草，一样不可长期置之不理，蒙上灰尘的塑料花、变色的纸花都让人不舒服。应当注意塑料花每周要水洗一次，纸花每隔两三个月要换新的。另外，尽量不要将假花、假树摆设在顾客伸手可及的地方，以免让客人发现是假物而大失情趣。

综上所述，西餐宴会厅的气氛是西餐宴会设计的重要任务。要想达到优良的气氛设计，必须利用现代科学技术，使室内温度、湿度、光线、色彩、空间比例符合西餐宴会的需要，充分利用各种家具设备进行恰到好处的组合处理，使顾客感受到安静舒适、美观雅致、柔和协调的艺术效果与艺术享受。

第二节　宴会餐桌设计与场地布置

西餐宴会餐桌设计又称台型设计，是指西餐宴会厅根据宾客宴会形式、主题、接待规格、习惯禁忌、特别需求、时令季节和西餐宴会厅的结构、形状、面积、光线、设备等情况，设计西餐宴会的餐桌排列组合的总体形状和布局。其目的是合理利用西餐宴会厅的现有条件，表现主办人的意图，体现西餐宴会的规格标准，烘托西餐宴会的气氛，便于宾客就餐和席间服务员进行西餐宴会服务。由于西餐宴会厅并未设置固定桌椅，而是依照各种不同的西餐宴会形式进行摆设，所以同一场地可依顾客不同的要求摆设多种形式。

西餐宴会厅通常都会预先备有数种不同的摆设标准图，提供给客人作为选择时的参考。为力求精确，这些摆设的基本图形事先都必须经过一番谨慎的计算并经实际采用后才推荐给客人，完善的标准图更是通过电脑测试绘制而成。一般而言，西餐宴会厅应尽量推荐选用标准安排，若顾客有特殊要求，仍需尊重其意见，并综合考虑现场场地情况，以完成符合客人需求的适当布置。但是如果该项需求因受场地限制而有执行的困难时，应据实相告，与顾客进行沟通，设法提出可行并使其满意的摆设方式。

一、西餐宴会厅桌椅及其他家具的选用

西餐宴会厅家具的选择非常重要，尤其是桌椅类型的选择。由于西餐宴会厅必须根据宴会类型的不同而变更场地的布置，所以在桌椅选择方面，应该考虑安全性、耐用性以及桌椅所能承受的重量。具体可参考以下原则：

① 所有桌子的高度必须统一。一般采用 71～76 厘米高的桌子，但若选用某一高度的餐桌，则全部桌子的高度均应统一。

② 最好全部采用同一品牌，以免不同品牌的桌子在衔接时产生高低不一的情况。

③ 采用桌面与桌脚合一的餐桌，而不要用两件式餐桌（桌脚与桌面分开的餐桌）。

④ 各种桌面大小尺寸应力求规格化，彼此之间必须能完全衔接。

⑤ 需考虑安全性及耐用性。每张桌子都能承受一定的重量。

⑥ 需设计适合各种不同桌型及椅子大小的推车来协助搬运，以减少搬运时的危险性及员工体力的负荷。

⑦ 椅子以可叠放者为佳，最好能十张一叠，这样置放在仓库内不占空间。

⑧ 椅子不能太笨重，以免叠起后因过重而倾斜，造成危险。

二、西餐酒会餐桌布局

（一）酒会场地的设计

酒会中不摆放桌椅，也不设置主宾席，只摆设餐台以及一些小圆桌或茶几，宾客在酒会中以站姿进餐。宽敞的空间使主人及宾客均得以自由地在会场内穿梭走动，自在地和其他与会宾客交谈。

接受一场酒会的预订时，预订员必须根据顾客的需求提供一份酒会的布置设计图，同时向客人报价。在设计酒会场地之前，必须了解顾客办酒会的目的、与会人数以及所希望的菜肴等。然后，预订员便可就相关细节与行政主厨进行进一步的研究。

酒会菜色、菜肴道数、摆设方式、餐台大小等因素都足以影响一场酒会的成败，所以预订员对上述的诸多细节都必须事先了解，否则一旦设计出来的餐台过大而菜肴太少，就会使人感觉空洞；反之，如果因餐台太小，而使菜肴摆起来显得拥挤，则不论菜色如何，都会给人压迫感，从而降低宴会的质量。

在酒会的场地设计中，舞台设计是非常重要的一环。倘若舞台布置适宜、主题明确，能让所有与会宾客在进场之后留下深刻的第一印象，那么这场酒会已经成功一半。而另外一半的成功，有 30％取决于餐台的布置，最后的 20％则取决于服务人员的服务态度。也就是说，在一场成功的酒会中，单布置方面便已占影响要素的 80％，由此可见场地的设计对举办一场成功的酒会是多么重要。

（二）场地及餐台的布置要求

① 酒会中餐台的摆设方式主要着重于酒吧台与餐台的位置规划。酒会通常采用活动

式的酒吧台，并且摆放一些辅助桌以放置酒杯。至于餐台的布置，不仅需要配合西餐宴会厅的大小，还应摆设在较显眼的地方，一般都摆设在距门口不远的地方，让客人一进会场就可清楚看到。

② 餐台摆放可用有机玻璃箱、银架或覆盖着台布的塑料可乐箱来垫高，使菜肴摆设呈现出立体效果。

③ 餐台的摆设要视菜单上菜肴道数来准备，过大或过小的餐台都是不适当的布置，所以必须事先了解厨师推出的菜肴分量，以作为布置的依据，有时也需配合特殊餐具的使用来进行摆设。

④ 酒会会场除了放置餐台及酒吧台之外，还需摆设一些辅助用的小圆桌。小圆桌中间可摆一盆蜡烛花，并将蜡烛点燃以增强酒会的气氛。

⑤ 小圆桌上可放置一些花生、薯片、腰果等食品，供客人取用。同时，小圆桌也具有让客人摆放使用过的餐盘、酒杯等功用。

⑥ 若要使餐台看起来更有气氛，可以使用透明的白色围布来围餐桌，并在桌下分别放置各种颜色的灯光来照射，如此一来便可使酒会更添浪漫唯美的气氛。

⑦ 酒会不需要太亮的灯光照明，毕竟保持酒会的气氛非常重要，而微暗的灯光恰好可提供酒会适宜的气氛。如果酒会中采用调整灯光的装置，则整体的灯光亮度适合设定在3～4段；但若酒会场地有舞台的布置，则舞台的灯光应比舞台周围的酒会场地要亮，必要时可用投射灯来照明，以凸显舞台的布置。此外，冰雕等装饰也可借灯光技术来增强效果，而冰雕的投射灯需以有色灯光来衬托其美感，因为适当的灯光投射往往能恰如其分地增强冰雕装饰的质感与感染力，更加彰显冰雕的存在意义。

⑧ 如果酒会中只有一两个餐台，菜肴可以不按照自助餐的摆设方式进行布置，只需摆出层次感，使菜肴呈现高低不同的视觉效果即可。但是如果餐台为数众多，则可依照菜肴类别分区摆设，比如分成冷盘区、热食区、切肉区、小点心区、饮品区等不同的餐台以示区别。

⑨ 酒吧台的摆设以尽量靠近入口处为原则。如果参加酒会的人数很多，应尽可能在会场最里面另设一个酒吧台，并将部分客人引导到该吧台区，以缓解入口处拥挤的状况。

三、冷餐会餐桌设计

冷餐会的餐桌应保证有足够的空间以便布置菜肴。按照人们每走一步就能挑选一种菜肴的原则，应考虑所供菜肴的种类与规定时间内服务客人人数的比例问题，否则进度缓慢会造成客人排队或坐在自己座位上等候。

餐桌可以摆成 H 形、Y 形、L 形、C 形、S 形、Z 形及四分之一圆形、椭圆形。另外，为了避免拥挤，便于供应主菜，如烤牛肉等，可以设置独立的供应餐桌。如不在客人所坐位置供应点心，也可另外摆设点心供应餐桌以与主要供应餐桌分开。

桌布从供应桌下垂至距地面 6.6 厘米处，这样既可以掩蔽桌脚，也避免了客人踩踏。

如果使用色布或加褶，会使单调的长桌更加赏心悦目。

可将供应餐桌的中央部分垫高，摆一些引人注目的拿手菜，例如火腿、火鸡及烤肉等。

装饰架及其上面的烛台、插花、水果及装饰用的冰块也会烘托高雅的气氛。各类碟之间的空隙可以摆一些牛尾菜、冬青等装饰用果实花木等。

四、自助餐餐台设计

自助餐台也叫食品陈列台，可以安排在西餐宴会厅中央或靠某一墙边，也可放于西餐宴会厅一角；可以摆一个完整的大台，或由一个主台和几个小台组成。自助餐台的安排形式多样，常见的自助餐台有以下几种类型：

① I形台即长台，是最基本的台型，常靠墙摆放。

② L形台由两个长台拼成，一般放于餐厅一角。

③ O形台即圆台，通常摆在餐厅中央。

④ 根据场地特点及宾客要求可采用长台、扇面台、圆台、半圆台等拼接出各种新颖别致、美观实用的台型。

自助餐台的摆设要注意以下事项：

① 餐台的设计布置通常可以选定某一主题，譬如以节庆为设计主题（例如圣诞节便以圣诞节时的气氛来布置），或取用主办单位的相关事物（例如产品、标识等）来设计装饰物品（如冰雕等），均可使西餐宴会场地增色不少。自助餐台要布置在显眼的地方，使宾客一进入西餐厅就能看见。自助餐台不应让宾客看见桌腿，可铺台布并围上桌裙或装饰布。

② 菜肴的摆设应具有立体感，色彩搭配要合理，装饰要美观大方，不要过于拥挤。另外可在可乐箱上覆盖桌布作为垫菜的工具。

③ 菜肴必须按规矩来摆放。例如，冷盘、沙拉、热食、点心、水果等应依顺序排好。如果西餐宴会场地够大，可再细分成拼盘沙拉区、热食区、切肉面包区、水果点心区等。

④ 自助餐台必须设在客人进门便容易看到且方便厨房补菜之处，另须考虑其摆设地点应为所有客人都容易到达而又不阻碍通行的地方。

⑤ 在人数很多的大型西餐宴会中，可以采用一个餐台两面同时拿菜的方法。最好是每150～200位客人就有一个两面拿菜的餐台，这样可以节省排队拿菜的时间，以免客人等太久。

⑥ 自助餐台的大小要考虑宾客人数及菜肴品种的多少，并考虑宾客取菜的人流方向，避免拥挤和堵塞。

⑦ 餐台的灯光必须足够，否则摆设再漂亮的菜肴也无法显现其特色。尤其是冰雕部分更需要不同颜色的灯光来照射。可用聚光灯照射台面，但切忌用彩色灯光，以免使菜肴改变颜色，从而影响宾客食欲。

第三节　宴会台面设计

西餐宴会的台面设计要求有一定的艺术手法和表现形式，其原则就是要因人、因事、因地、因时而异，再根据就餐者的心理要求，营造一个与之相适应的和谐统一的气氛，显示出整体美。要恰到好处地设计一个完美的西餐宴会台面，不仅要求色彩艳丽醒目，而且每桌餐具必须配套。餐具经过摆放和各种装饰品的点缀，使整个西餐宴会的序幕拉开，就不难看出西餐宴会的内容、主题、等级和标准，同时引起每位宾客对西餐宴会美的艺术兴趣，并能增进食欲，这就是西餐宴会台面设计的目的。

一、西餐宴会台面的种类

西餐宴会的台面按用途可分为餐台、看台和花台。

（一）餐台

此种西餐宴会台面的餐具摆放应按照就餐人数的多少、菜单的编排和西餐宴会标准来配用。餐台上的各种餐具、用具，要间隔适当、清洁实用、美观大方，放在每位宾客的就餐席位前。各种装饰物品都必须整齐一致地摆放，而且要尽量相对居中。这种餐台多用于中、高档西餐宴会的餐具摆设。

（二）看台

根据西餐宴会的性质、内容，用各种小件餐具、小件物品和装饰物品摆设成各种图案，供宾客在就餐前观赏。在开席上菜时，要撤掉桌上的各种装饰物品，再将小件餐具分给宾客，便于宾客在进餐时使用。

（三）花台

花台就是用鲜花、绢花、盆景、花篮，以及各种工艺美术品和雕刻物品等点缀构成的各种新颖、别致、得体的台面。这种台面设计要符合西餐宴会的内容，突出西餐宴会主题。图案的造型要结合西餐宴会的特点，要具有一定的代表性或者政治性，色彩要鲜艳醒目，造型要新颖独特。

二、西餐宴会台面的装饰方法

西餐宴会台面的装饰效果不仅决定西餐宴会的气氛，而且体现西餐宴会设计者的水平以及整个西餐宴会的服务质量。西餐宴会台面的装饰效果，主要通过餐具的摆放位置、餐巾折花以及餐桌上的摆花艺术来体现。

（一）用餐具装饰台面

可用杯、盘、碗、刀、叉、勺等物件摆成各种象形或会意图案。用餐具装饰台面应掌握以下几点：

① 高档宴会和名贵菜肴应配用较高级的餐具，以烘托宴会的气氛，突出名菜的“身价”。

② 餐具的件数应依据宴会的规格和进餐的需要而定。普通西餐宴会一般配 5 件餐具，中档西餐宴会一般配 7 件餐具，高档西餐宴会一般配 8～10 件餐具。

（二）用鲜花装饰台面

花是美的象征，它给人们带来愉快、活力和希望。餐桌以花装饰，使人赏心悦目、食欲大增，有力地烘托出西餐宴会的气氛。

人们通常用插花来装饰餐桌。餐桌上的插花可随意轻松些，造型要注意顾及不同角度的观赏者。

用盆花来装饰餐桌的效果不亚于插花，它具有花期长且生机勃勃的优点。餐桌上的盆花应选择植株低矮、丛生、密集多花的种类。餐桌摆设盆花应注意盆与土的清洁卫生，并在盆底垫上雅致的盆座或盘碟。餐桌上的桌花还应根据季节的变化予以调整。

（三）用餐巾花装饰台面

为了提高服务质量和突出宴会气氛，服务人员把小小的餐巾折叠成许多栩栩如生的花鸟鱼虫等形状。形形色色的花卉植物和惟妙惟肖的实物造型，摆在餐桌上既可起到点缀美化席面的作用，又能给西餐宴会增强热烈欢快的气氛，给宾客一种美的享受。餐巾花还可以用无声的形象语言，起到独特的媒介作用，表达和交流宾主之间的感情，表明宾主的座次，体现西餐宴会的规格与档次。要能根据西餐宴会的要求、特点和对象不同，分别叠成不同式样的餐巾花。餐巾花的种类很多，一般总体原则是：

① 根据西餐宴会的性质来选择花形。如以欢迎答谢、表示友好为目的的西餐宴会餐巾花可设计成友谊花篮与和平鸽。

② 根据西餐宴会的规模来选择花形。一般大型西餐宴会可选用简单、快捷、挺括、美观的花形。小型西餐宴会可以在同一桌上使用各种不同的花形，形成既多样又协调的布局。

③ 根据时令季节选择花形。用台面上的花形反映出季节的特色，使之富有时令感。

④ 根据宾主席位的安排来选择花形。宴会主人座位上的餐巾花为主花，主花要选择美观而醒目的花形，其目的是使西餐宴会的主位更加突出。主花要摆插在主位，一般的餐巾花则摆插在其他宾客席上，高低均匀，错落有致。

此外，还可采用印有各种具有象征意义图案的台布铺台，并以台布图案的寓意为主题，组织拼摆各小件餐具和其他物品，使整个台面协调一致，组成一个主题画面。用水果装饰台面，根据季节变化，将各种颜色和形状的水果，衬以绿色的叶子，在果盘上堆摆成金字塔形状上台，既可观赏，又可食用，简便易行，此法传统的西餐宴会摆台运用较多。

关于国旗，在西餐宴会厅使用最多的是桌旗。一般桌旗的摆放方法为国旗在上位席的左侧。摆放桌旗的数量要根据桌子的长度，一处摆放国旗的场合以餐桌中央为宜；两处摆放国旗的场合要间隔相等。这里需要注意的是桌花的高度，桌花要比桌旗略低一些。

三、西餐宴会花台设计

花台是餐台当中一个很特殊的类型，花台是用鲜花组成的、具有一定艺术造型的、供人观赏的台面。花台虽然缺少餐台的实用性，但在高档西餐宴会中却有着必不可少、举足轻重的作用。首先，花台体现了西餐宴会的档次，只有高档的西餐宴会才设花台，普通西餐宴会往往不设花台。其次，花台体现了西餐宴会的主题，如在欢迎或答谢宴会上用友谊花篮的图案来体现和平、友好，在婚宴上可用艳丽的红玫瑰来体现爱情、喜庆。最后，花台还可增强宴会的气氛。

一个成功的花台设计，就像一件艺术品，它通过巧妙地排列构成的以花卉的自然美和人工的修饰美相结合的艺术造型，令人赏心悦目，给宴会创造出了隆重、热烈、和谐、欢快的氛围，因此花台制作已成为高档西餐宴会中一种不可缺少的环境布置。

（一）确定花台主题

这是花台制作的第一步，制作一个好的花台需要事先进行构思，确定出明确的主题，根据主题创作出不同类型、不同风格、不同意境的花台。可以说，有了好的主题，花台制作就成功了一半。确定主题时应做到以下几点：

1. 不能脱离西餐宴会的主题

西餐宴会的主题是花台制作时确定主题的依据，因此，在动手制作花台前一定要先考虑西餐宴会的主题是什么，不能随心所欲、自由发挥。所以，花台主题的确定要依据西餐宴会的主题。

2. 创作要新颖

在突出主题的前提下，花台的制作也应该注意创新，不能惯用传统的或别人的构思。宾客以往没有见过的花台才富有吸引力，才能够使宾客感到新奇，从而达到一定的效果。

3. 要符合西餐宴会的具体要求

花台制作者在构思花台的主题时，要根据西餐宴会厅的环境、餐桌的大小、形状进行创作。比如，餐桌是长台，花台的形状不能摆成圆的。花台的大小也必须适合餐桌的大小，如果花台过大，无法在餐桌上摆放；如果花台过小，又起不到渲染西餐宴会气氛的效果。

（二）选择合适花卉

选择花卉是花台制作的前提。适用于花台制作的花卉材料很多，无论是植物的哪一部分，只要具有鲜明的色彩、优美的形态，能给人以美感，都可以用于花台的制作。但是如果不恰当地加以选用，哪怕花材本身很艳丽，也可能起不到制作者想要达到的效果。因此，只有选择合适的花材才能给花台的制作创造条件。正确地选择合适的花材必须注意以下几点：

1. 要注意各民族的不同习惯

制作花台要避免使用宾客忌讳的花材。比如，宴请法国人时，花台制作就不能使用黄菊花，因为他们认为此花是不吉利的。

2. 要注意花材色彩的调配

由于不同的色彩会引起不同的心理反应，因此，在花台制作中要根据西餐宴会的主题，灵活掌握花卉之间的关系。比如，为了突出宴会热烈、欢快的气氛，可用红色作主色，辅以其他色彩的鲜花（但不能太多，一般四五种即可）。这种情况要求配合在一起的色彩必须互为补充、协调如一。也可以根据实际情况用单种颜色制作出别具一格的花台。在注重色彩的搭配时，不可忽视青枝绿叶在花台制作中的衬托作用，因为绿色最富有生机，能给人带来春天的气息。

3. 要注意花材的质量

由于鲜花是具有生命的，当其离开母体后，生理功能受到了破坏，水分和养料的吸收已无法与前期相比。因此，挑选花材时在考虑客人喜好和色彩配置的前提下，一定要尽量选用色彩艳丽、花朵饱满、花枝粗直、长短适中的花材，避免使用垂头萎蔫、脱水干枯、虫咬烂边及有残缺病斑等花材。

（三）正确运用插花技法

正确运用插花技法是花台制作的关键，制作者只有正确、熟练地掌握、运用插花技法才能完成自己精心构思的花台。正确运用插花技法要做好以下工作：

1. 要遵守花台造型的规律

花台的造型要有整体性、协调性，这是花台制作中最基本的要求。尽管主花在花台中占据主导地位，配花、枝叶居辅助地位，但主花少不了配花，要做到有主有配，才能使花台成为有机的整体。插配中任何花卉都是整体中的一部分，每一部分都相互辉映，少了任何一部分都会有损于花台的整体美。

2. 要按制作步骤展开

制作时，应先插主花，用主花将花台的骨架搭起来；然后再插配花，使花台初显生动丰满的造型；最后再对枝叶进行必要的点缀，使整个花台充满活力、富有韵味。制作完毕的花台最后还要检查一遍，看看是否有不足之处，并将桌面收拾洁净。

3. 要利用各种辅助手法

尽管强调要选择合适的花材，但在实际工作中，花台制作人员常常会遇到有缺陷的花材。比如，枝干过短、过软，花朵未开或太小等情况，这就要求制作者借助一些辅助手法来弥补花材的不足。比如，枝干较短时，可将废弃的枝干用金属丝绑在较短花枝的下方，增加其长度；花朵未开或太小时，可向花朵吹气或用手帮助其打开；花枝较细软时，可用其他粗枝固定在细枝上，增强其支撑力。

总之，花台设计使插花艺术和摆设艺术上升到一个更高的境地，设计者应充分发挥自己的想象力和创造力，设计出合时、合宜、合适的花台造型。

第四节　宴会座次安排

西餐用餐时，人们对于座次的问题十分关注。越是比较正式的场合，这一点就越显得重要。与中餐相比，西餐的座次排列既有不少相同之处，也有许多不同的地方。

一、西餐宴会台形设计

西餐宴会的台形主要有以下几种常见形式：

（一）“一”字形长台

“一”字形长台通常设在宴会厅的正中央，与宴会厅四周的距离大致相等，但应留有较充分的空地（一般应宽大于 2 米），以便于服务员操作。

（二）“U”字形台

“U”字形台又称“马蹄形”台，一般要求横向长度应比竖向长度短一些。

（三）“E”字形台

“E”字形台的三翼长度应相等，竖向长度应比横向长度长一些。

（四）正方形台

正方形台又称“回”形台，一般设在宴会厅的中央，是一个中空的台形。

除上述基本台形外，还有“T”形台、鱼骨形台、星形台等。现在，许多西餐宴会也使用中餐圆桌来设计台形。

二、西餐宴会座位安排原则

（一）恭敬主宾

在西餐中，主宾极受尊重。主宾即指主人重点邀请和招待的客人，即便用餐的来宾中有人在地位、身份、年纪方面高于主宾，主宾仍是主人关注的重点。在排定位次时，应请男、女主宾分别紧靠着女主人和男主人就座，以便进一步受到照顾。

（二）女士优先

在西餐礼仪里，女士备受尊重。排定用餐位次时，主位一般应请女主人就座，男主人则须退居第二主位。

（三）以右为尊

在排定位次时，讲究右高左低，同一桌上席位高低以距离主人座位远近而定。如果男、女主人并肩坐于一桌，则男左女右，尊女性坐于右席；如果男、女主人各居一桌，则尊女主人坐于右桌；如果男主人或女主人居于中央之席，面门而坐，则其右方之桌为尊，右手旁的客人为尊；如果男、女主人一桌对坐，则女主人之右为首席，男主人之右为次席，女主之左为第三席，男主人之左为第四席，其余位次依序而分。

（四）面门为上

面门为上有时又叫“迎门为上”，即面对餐厅正门的位子，通常在序列上要高于背对餐厅正门的位子。

（五）距离定位

一般来说，西餐桌上位次的尊卑，往往与其距离主位的远近密切相关。在通常情况下，离主位近的位子尊于距主位远的位子。

（六）交叉排列

用中餐时，用餐者经常有可能与熟人，尤其是与其恋人、配偶在一起就座，但在用西餐时，这种情景便不复存在了。商界人士在出席正式的西餐宴会时，在排列位次上要遵守交叉排列的原则，即男女应当交叉排列，生人与熟人也应当交叉排列。因此，一个用餐者的对面和两侧，往往是异性，而且还有可能与其不熟悉。

三、西餐宴会座次排列

吃西餐时，人们所用的餐桌有长桌、方桌和圆桌之分，最常见、最正规的西餐桌是长桌。下面，介绍西餐排位的几种具体情况。

（一）长桌

以长桌排位，一般有两种排序方式。

方式一：男、女主人在长桌中央对面而坐，餐桌两端可以坐人，也可以不坐人。

方式二：男、女主人分别就座于长桌两端。

（二）“U”形桌和“T”形桌

“U”形桌和“T”形桌在西餐宴会中也是比较常见的桌形，在座次安排上讲究对称。

（三）方桌

以方桌排列位次时，就座于餐桌四面的人数应相等。在一般情况下，一桌共坐8人，每侧各坐两人的情况比较多见。在进行排列时，应使男、女主人与男、女主宾对面而坐，所有人均与自己的恋人或配偶坐在斜对角。

（四）圆桌

在西餐宴会里，使用圆桌排位的情况并不多见，在隆重而正式的宴会里则尤为罕见。其具体排列，基本上是各项规则的综合运用。

便宴可以不拘泥于正规的席位排列，但可以根据主宾关系和便宴规格、场合等，参照上面所列的桌次席位安排规则或惯例，选择随意、半正式、正式的桌次席位排列方法。

四、不同西餐宴会座次安排要求

家庭、朋友式宴会在西餐厅或家中都可举办，参加的人互相之间比较熟悉，气氛活跃，不拘形式。在安排席位时要求不是很严格，只有主宾之分，没有职务之分。为便于席上交谈，只需考虑以下两点：男、女宾客穿插落座；夫妇穿插落座。这样安排为的是便于交谈，扩大交际。

如果属于外交、贸易性质的宴会，或国与国之间、社会团体之间的工作性宴会，则一般在西餐宴会厅举行。双方都有重要人物参加，气氛较之于朋友、家庭式宴会相对要正规、严肃得多。安排座次时，需考虑参加宴会的双方各有几位首要人物，双方首要人物是否带夫人及译员，主客如何穿插落座，分桌时餐桌的主、次安排等内容。

五、西餐宴会上位席与下位席

一般有壁炉台的一侧为上位席，门口处为下位席。没有壁炉的房间，门口处为下位席，对面则为上位席。如果门口处的对面不适合作为上位席，可以将面向庭院靠墙的一侧作为上位席，背对庭院的一侧作为下位席。会客室的上位席是长沙发的右侧。上位席原则上是女主人（主人妻子）的座位，对面是男主人的座位。出席宴会的人全部为男性或全部为女性的，女主人的席位由主宾（年长者、有社会地位的人、上司）坐。总之要以男、女主人为基轴，按顺序男女交叉匀称地分坐在餐桌旁，但要避免夫妻相邻或相对而坐。如果可能，餐桌两端由男性坐，不要安排已婚女士就座。主人女儿替代主人夫人出席宴会时，另当别论。至于女主人以外的座位安排，有法式、英式、美式。

第五节 宴会服务流程

相对于中餐宴会服务来说，西餐宴会的服务环节多，要求也较严格，其主要特点包括以下几点：

① 餐桌以长台为主，有时也用圆台或腰形台。

② 用餐方式是采用分餐制，一人一份餐盘，以食用西餐风味的菜点为主。

③ 西餐中每吃一道菜都要更换一套餐具，多用刀叉服务，收盘时连同用过的刀叉一起收走。餐具的摆台亦按事先定好的菜单，根据菜式摆上不同的刀叉餐具。

④ 在酒水的选用上，西餐宴会有一套传统的规则，吃什么菜就饮什么酒、选用什么样的酒杯。

⑤ 西餐宴会按照西餐操作程序和礼节进行服务，环境灯光柔和或偏暗，有时点蜡烛，并在席间播放音乐，气氛轻松舒适。

西餐宴会服务可分为四个基本环节，即宴前准备工作、餐前鸡尾酒服务、席面服务和宴会结束工作。每个环节的服务程序、注意事项在本书前面的内容中有详细介绍，此不赘述。

北欧学者格鲁诺斯提出：服务是指或多或少存在无形特点的一种或一系列活动，通常产生在顾客与服务的供给者及其有形的资源、商品或体系彼此作用的过程中，以便解决消费者的有关问题。菲利普·科特勒将服务定义为一方提供给另一方的不可感知且不导致任何所有权转移的活动或利益。实际上，服务就可以理解为是餐厅无形和无价的商品，随时随地地向客人出售。服务也可以说是为满足他人的需要而付出的智能和必要的劳动。因此，在西餐服务中，一定要掌握规范的服务知识和技能，明确顾客的服务期望，缩小或消除顾客期望的服务质量与实际服务质量之间的差异。

参考文献

[1] 陈燕航．西餐服务 [M]．北京：中国人民大学出版社，2014.

[2] 何强．西餐服务 [M]．北京：中国人民大学出版社，2007.

[3] 刘宝丽．酒店西餐服务员精细化操作手册：漫画图解版 [M]．北京：人民邮电出版社，2012.

[4] 滕宝红．西餐服务员岗位作业手册 [M]．北京：人民邮电出版社，2008.

[5] 格雷厄姆·布朗，卡隆·赫普纳．西餐服务员手册（第 3 版）[M]．北京：旅游教育出版社，2006.

[6] 袁小娟．现代餐厅服务与管理 [M]．北京：化学工业出版社，2008.

[7] 杨士英，郝志阔．中西餐饮服务实训教程 [M]．北京：中国质检出版社，2015.

[8] 代义国．餐饮服务流程实操：餐饮服务流程一本通 [M]．广州：广东经济出版社，2015.

[9] 杜建华．酒店餐饮服务技能实训 [M]．北京：清华大学出版社，北京交通大学出版社，2009.

[10] 胡爱娟．餐饮技能实训 [M]．北京：北京大学出版社，2007.

[11] 牛志文．中西餐厅服务职业技能培训 [M]．北京：电子工业出版社，2008.

[12] 郝璐．西餐实务 [M]．北京：电子工业出版社，2008.

[13] 沈群．初级餐厅服务技能 [M]．北京：中国劳动社会保障出版社，2011.

[14] 阮秀梅．餐饮服务与管理 [M]．天津：天津科学技术出版社，2013.

[15] 谢民，何喜刚．餐厅服务与管理 [M]．北京：北京交通大学出版社，2006.

[16] 刘敏．中西餐服务知识与服务技能 [M]．北京：旅游教育出版社，2014.

[17] 韩鹏，刘晓芬．酒店服务实训教程（第 2 版） [M]．北京：旅游教育出版社，2015.

[18] 秦志红．餐厅服务与管理 [M]．北京：中国农业大学出版社，2013.

[19] 樊平，李琦．餐饮服务与管理（第 3 版）[M]．北京：高等教育出版社，2012.

[20] 赵庆梅．餐饮服务与管理 [M]．上海：复旦大学出版社，2011.

[21] 谢民．餐厅服务与管理（第 2 版）[M]．北京：北京交通大学出版社，2012.

[22] 成都市教科院职教室．餐饮服务综合实训 [M]．北京：北京师范大学出版社，2012.

[23] 孙乐中．餐饮服务知识与技能 [M]．北京：中国旅游出版社，2009.

[24] 华广兰．餐厅服务技能［M］．北京：机械工业出版社，2008.

[25] 宋春亭，李俊．中西餐饮服务实训教程［M］．北京：机械工业出版社，2008.

[26] 汪珊珊．西餐与服务［M］．北京：清华大学出版社，2011.

[27] 邵怡萍．关于西餐厅服务者应如何为客人提供更优质服务［J］．商品与质量，2016（16）：3－4.

[28] 于沅，谢静，陈玛莉．西餐服务的“一体三化”教学模式［J］．旅游纵览（下半月），2019（2）：229.